成功自我導向學習與五行

郭麗玲 著

序

　　在研究所教授社會科研究法一科，教的方法中除了量化研究方法外，也包括質性研究方法。自己一向做量化研究，對質方面研究的指導，若有所缺；一直希望有機會練習一下質化研究的做法。此外自我導向學習已成為當今社會之趨勢，研究者也曾從事某些自我導向學習；但是效果不彰。為什麼有人自我導向學習能成功，自己都不能成功，這一直是研究者心中的疑問，因而決定做此研究；以深度訪談的質性研究取向，找出成功自我導向學習者的學習方法及處理困難的方式。

　　找到博士班學生李惠明和碩士班研究生陳加雯，來做研究助理後，此研究有一定進度。我們每週或隔週見面一次，進行訪談，謄寫逐字稿，並討論每個研究對象的逐字稿及各自做好的分析類目。起初在學校見面，九九年底研究者得了鼻咽癌，接受治療，體力較差，研究助理就到家裡來討論。惠明聰穎、活潑、有先見之明，加雯穩健、屬理論型的人物，研究者跟他們的討論常常是針鋒相對、真理愈辯愈明，研究者從她們學到許多；這樣的討論也成為病中唯一的工作和最大的樂趣。

　　四位專家，黃明月、陳雪雲、林朝鳳和黃玉，成為隨時請益的人物，對此研究有很大的指引和幫助。十五位研究對象經深度訪談和斷斷續續的電話補充資料，大多成為莫逆之交；他們喜愛學習的精神、獨立、堅持、找老師的技巧、

面對挫折和處理障礙的方法，令研究者感動不已。原來如此，他們成功，自己失敗！更發現自我導向學習者若想成功，從設定目標開始就要有技巧，一步步才有成功的可能。

　　完成分析之後，原以教育理論的分類方式描述，從背景、起點行為、目標設定，到學習活動的學習方法、策略、時間、增強、挫折和障礙及資源、評鑑、最後有學習成果和實踐。深思之後，為顧及一般常民之閱讀興趣，又改以木、火、土、金、水之五行概念來闡述，全部重寫。希望雖然是學術研究，卻讓從一般常民社會中選出研究對象的成功自我導向學習研究報告，能回饋給日常社會中的百姓，大家肯讀、愛讀、尤其人人學會如何成功、順利地終生進行自我導向學習，是此研究之最終目的。

目　　　　錄

圖表目次
表目次

圖目次

第一章　緒論

第一節　研究背景及其重要性

壹、研究背景

　　自我導向學習的概念由來已久，東、西方著名的學者如孔子、孟子、莊子、蘇格拉底、柏拉圖、亞里斯多德、富蘭克林等人，至近代的錢穆、王雲五，他們之所以博學多聞，成為世界千古名人，均為自我學習成功的典範。而新進之所以興起一股研究自我導向學習的風潮，乃由於社會變遷快速，終生學習概念的普及，認為無論何人，都應該從正式、非正式、正規、非正規的學習中，達成自我實現的目標。

　　以往行為學派的學習理論，認為學習是反應的習得（learning as response acquisition）；此一理論受到認知論者的批判，認為學習是一種知識的建構（learning as knowledge construction）。認知論者將學習者的角色從被動者，提昇至主動的學習者（Mayer 著，林清山譯，民 86）；國內外眾多學者的實徵研究，也肯定自我導向學習的效果。自我導向學習的概念，更於 Tough、Knowles 之後蓬勃發展，使得自我導向學習的定義與內涵、理論與模式更加詳盡。

　　什麼是自我導向學習呢？有些人認為自我導向學習就是自我獨立的學習，完全不需依靠外在資源的一種個人式的學習方式。這並不完全正確，自我導向學習雖然隱含著自主、獨立的意思，但卻並不是要將學習與社會脈絡或社會資源隔絕；反而是要在社會的情境中，借用所有可資利用的資源，進行自我的學習與成長。Moore（1993）說，自我導向的學習者，不應被看做是知識上的魯濱遜；Tough（1979）也指出，成人在學習過程中，通常希望得到較多的

協助。而根據 Brookfield（1983）、Thiel（1984）的研究發現，大多數成人的學習活動均在非正式的學習網路之中進行，他們利用同儕、專家和學習夥伴，來做為資訊來源和技能的模仿。（Brokett & Hiemstra ，1985）根據這些學者的說法可知，自我導向學習並非孤立的學習，而是學習者在學習的過程中，利用社會中的各種資源，其中包括人、事、物的社會網絡，以達成自我學習的目標。

Knowles 認為個體需要進行自我學習的原因有下列幾項：（Knowles，1975a）

1、 己引發的學習比由教師做被動教導的學習為優：

　　學習的主體是個人，教師只是一個促進者或協助者的身分。因此，學習由個體自己引發的會較由教師引發的學習更具主動性，學習的過程或效果自然會比較好。

2、自我導向的學習較符合自然的心理發展過程：

　　由自己所引發的學習，通常是體認到學習的需求與慾望，並非由他人所強迫產生，因此由自己所引發的學習是較自然的方式。

3、自我導向的學習可以適應教育的新發展：

　　未來的教育趨勢並非填鴨式的教育，教師的主導權也將回歸到學習的個體身上，而自我導向學習著重自我主動學習與成長，正符合此種教育的新趨勢。

4、基於因應未來社會訊息瞬息萬變的需要：

　　未來社會是多變的、日新月異的，充斥著各種資訊與知識的。若缺乏自我學習的能力，容易變成功能性的文盲，對適應未來的社會有極大的困難，更遑論自我實現。

　　由此可知，自我導向學習是未來學習的一種新趨勢。因此，期望藉由自我導向學習成功者，探討其成功的因素、學習的方法及困難突破的狀況等，企圖找出一個可行的模式，以提供國內成人教育

工作者及成人自我導向學習者，規劃自我導向學習活動時的參考。

貳、研究的重要性

　　此研究之重要性，有三項：

一、對成人自我導向學習領域，有更深入之認識。

二、瞭解我國成人自我導向學習的困難、挫折及障礙，並知道如何
　　突破。

三、可協助我國成人學習者，有效地規劃自我導向學習計畫。

第 二 節　　研 究 動 機 與 目 的

壹、研究動機

　　自我導向學習是未來學習的趨勢，尤其社會已進入終身學習社會，個人一生的學習，大多都得靠自我導向學習了。Sears（1989）的研究發現，美國德州五十歲以上老年成人，95% 在過去一年中，至少從事一項學習專案。郭麗玲（民88）更發現我國圖書館資訊專業人員，平均一年進行 4.74 項學習專案。

　　這麼多人從事學習，尤其是自我導向學習，經常是為時不長，或半途轉向，或遇到挫折困難，以至不能成功。既然一般成人有意願學習，卻無法完成當初的學習目標，這是很令人沮喪的事，如何幫助他們呢？

　　再看，也有人自我導向學習竟然成功了，他們是如何成功的呢？研究者想找出他們成功的可能因素，告訴其他不能成功或不太成功的自我導向學習者；如此人人都能終生學習，也都能享受到成功的喜悅。教導從事自我導向學習的人，如何規劃自己的學習，包括如何設定適切的目標，該學些什麼，向誰求教，何時學，採用什麼方法和策略，可能遭遇哪些障礙和挫折，遇到困難時如何面對、怎麼處理，學到的成果又如何應用。學習也得學，才能學得有效；學有所成，就更想學習其他事務，以致終生學習，日日享受。這是研究者進行此一研究的動機。

貳、研究目的

　　依據上述背景及研究動機，本研究之研究目的如下：

一、找尋並描述常民社會裡，自我導向學習者成功的典範。

二、瞭解自我導向學習成功者的學習歷程。

三、歸納自我導向學習成功者的學習經驗，協助成人學習者規劃自
　　我導向的學習計劃。

第三節　研究問題與研究限制

壹、研究問題

依照前述之研究動機與目的，陳述本研究之待答問題如下：

1. 常民社會中，有哪些自我導向學習成功者的典範？

2. 自我導向學習成功者的學習背景如何？

　　2-1　自我導向學習成功者，在個人因素方面（包括人格特質及個人興趣、學習動機、學習態度），有何特色？

　　2-2　自我導向學習成功者，在環境因素方面（包括家庭教養、社會文化狀況），有何特色？

3. 自我導向學習成功者，如何啟動學習？

　　3-1　自我導向學習成功者，如何設定其學習目標？（包括學習觸發及目標的轉化）

　　3-2　自我導向學習成功者在學習前，具備哪些先備條件？

4. 自我導向學習成功者，如何進行學習活動？

　　4-1　自我導向學習成功者的學習方法，有何特色？

　　4-2　自我導向學習成功者的學習策略，有何特色？

　　4-3　自我導向學習成功者的學習時間，長短如何？

　　4-4　自我導向學習成功者，接受哪些學習增強？

　　4-5　自我導向學習成功者，遭遇哪些學習挫折？

　　4-6　自我導向學習成功者，如何處理學習挫折？

　　4-7　自我導向學習成功者，遇到哪些學習障礙？

　　4-8　自我導向學習成功者，如何處理學習障礙？

　　4-9　自我導向學習成功者的學習資源有哪些？

　　4-10　自我導向學習成功者的「重要他人」是誰？

5. 自我導向學習成功者，如何評鑑其學習成果？

    5-1   自我導向學習成功者，學習成果的評鑑標準為何？

    5-2   自我導向學習成功者，學習成果的評鑑方法為何？

    5-3   自我導向學習成功者，學習成果的評鑑結果如何？

6. 自我導向學習成功者，如何實踐其學習成果？（包括職場、日常生活與社區服務）

貳、研究限制

本研究雖盡力而為，但仍有以下限制：

一.　研究對象之選取，恐無法代表一般常民。

此研究以常民社會中自我導向學習成功者為研究對象。但對象之選取，僅從研究小組三位成員所熟識的親戚、朋友、同事、同學中來尋找，恐無法代表一般常民社會。

雖然涵蓋的行業具多樣性，但仍有重複之處，如手療與按摩、推拿，國畫與油畫，仍屬同性質之職業類屬。學歷部份，具博士學位者三，也有偏高的傾向。

二.　研究對象檢核時，恐有不好意思修正的心態。

請研究對象檢核訪談逐字稿及分析出來的類目時，更改及修正的部份很少。雖然顯示資料相符的程度相當高，但研究者仍懷疑是否研究對象存有不好意思更動我們的研究結果之心態，而可能造成未能全然讀出研究對象心聲的情況。

三.　未普遍執行三角測量（**triangulation**）。

三角測量僅就疑點部份進行，並未普遍執行。

限於時間及人力，對於資料多元化所做的三角測量，僅就研究者存有疑點的部份來執行，並未對所有訪談資料一一查證。

第四節　名詞釋義

本研究所涉及的重要名詞，解釋並定義如下：

一、自我導向學習

「自我導向學習」從 Tough（1966）提出後，涵蓋的層面愈來愈廣，它可能是一種學習的歷程，可以是一種人格或心理特質，也可說是一種學習型態。本研究所稱之「自我導向學習」指成人結束正式學校教育後，按照自己的興趣或需求，自訂學習目標、尋求資源、找老師、決定學習計劃並執行之、學完後進行評鑑的歷程，尤其所學的項目不是學校主修的範圍。

二、成功者

採用 Tough 的定義，依本研究之目的略作修改，「成功者」指自我導向學習後獲得相當成果，例如：曾撰寫相關文章，對相關社團發表演講，得到重要競賽的優勝或接受檢測合格，或成為該專業領域的教學者。

三、學習方法

融合皮亞傑、布魯那、馬濟洛等人的理論，發展出適合本研究的四類學習方法：初級學習、次級學習、統整學習和發展學習。初級學習偏重由物理經驗所得的外生知識，包括摸索、觀察、模仿/練習、閱讀、老師教導、詢問及試驗七種。次級學習偏重由邏輯－數學經驗所產生的內生知識，包含比較、反思、發現及改變四種。統整學習進入經驗的整合，有教學、批判及實務工作三種。發展學習是自我的發揮和創造，包括發表和創新兩種。

四、學習策略

指學習者選擇自己喜愛的方式來進行學習，包括做中學和學中做兩類。「做中學」的策略屬問題導向式，遭遇必須解決的問題而去學習。「學中做」的策略是先學習理論，具備相關知識後，才動手實行。

五、增強

凡能維持學習持續進行或加強學習意願、增進學習效果的事物，都視為學習的增強。本研究的學習增強有三類：精神性增強（包括誇獎、讚美、受人信賴及肯定自己的表現）、物質性增強（實際物質與金錢方面的獲得），及文化性增強（包括獲頒證照、競賽得獎及對社會文化瞭解而產生的感動）。

六、挫折

指學習者在學習歷程中，在心中產生了不利學習的感覺或感受，屬心理層面。

七、障礙

指學習者因外在環境及人為因素，而造成學習困難或無法繼續學習的情況。Cross（1986）歸納為情境障礙、機構障礙和意向障礙三項。本研究另加先備條件障礙，共四項學習障礙。

八、重要他人

引發學習者興趣，並指引學習方向與途徑的人，稱為學習上的重要他人。

九、學習資源

學習資源指學習時所需要的人力、物力、財力、知識、經驗和精神支持等。Tough（1978）及Penland（1979）均將學習資源分為人力資源、非人力資源及團體資源三類。為配合本研究情況，將學習資源依資源性質，分為精神資源、物質資源、文化資源（包括

學習知識及學習經驗）、和環境資源（由家庭、學校及工作環境提供的資源）。

十、評鑑標準

　　評估學習成果所依據的準則，稱為評鑑標準。依照嚴謹程度，分為三個層次：(1)標準檢定或測驗，(2)由專家評定或以訂單及售貨量為依據的較嚴謹的考核，和(3)由服務對象執行的較不嚴謹的考核。

十一、評鑑方法

　　指學習成果由「誰」來執行評鑑，包括自評和他評兩類。

十二、學習實踐

　　學習一段時間後，將學習成果應用於職場、日常生活或社區中的情況，稱為學習實踐。職場的應用，包括教學、工作和展演，社區則運用在社會服務和回饋兩方面。

十三、手療

　　手療（hands-on work）是所有以雙手為患者做治療或復健之技術的統稱，包括推拿、按摩、刮痧、點穴和針灸等項目，比起只做推拿和按摩，更為廣泛。

第五節　研　究　倫　理

為顧及研究對象的安全，本研究盡量做到以下數點，以符合研究倫理。

一、研究對象姓名及背景之表述

完全依照研究對象之意願，採真名或匿名；學歷、職業、家庭背景等，都先徵求他們的意見，才做敘述。所以有採真名者，也有匿名者；筆名也均由研究對象自己選取。

二、訪談時間、地點

希望在最輕鬆、自由，不影響其生活作息及工作狀況下，進行訪問，所以訪談的時間及地點，均由研究對象決定。

三、不願意深談或不便剖白之處

凡有顧忌之處完全不勉強，盡量以研究對象方便暢談且甘心樂意討論的方式訪談；若已經談到，卻不願意公開發表的部分，也都遵照囑咐，行文時簡單帶過。

第二章 自我導向學習的意義、理論與模式

此章分為二節：自我導向學習的意義及自我導向學習的理論與模式。

第一節 自我導向學習的意義

雖然行為學派的學習理論認為學習是反應的習得（learning as response acquisition），透過反覆練習或增強作用，使學習者獲得新的反應，建立新習慣的活動；也就是將個體視為被動的學習者。（林清山，民 86；轉引自林進材，民 87）但人文主義的教育者，更將注意力放在行為改變的目的、人內在的情感及自己獨特的特徵與能力；也主張為自己做抉擇並為自己負責。如此一來，學習的重責大任，都落在個人身上了，每個人都得為自己安排學習的活動；這個看法肯定了自我導向學習的必要性。

柏拉圖認為青年人教育之終極目的，在於使其成年後成為一位自我學習者（self-learner）。亞里斯多德也一再強調，能發展潛在智慧之自我實現（self-realization）的重要性。蘇格拉底更自稱是能抓住機會向四週人學習的「自我學習者」。（Brockett & Hiemstra,1991）可見，自我導向學習的概念由來已久，自我導向學習也在歷史上扮演了重要的角色；東、西方著名學者，從孔子、孟子、蘇格拉底、柏拉圖、亞里斯多德、富蘭克林等人，至近代我國的錢穆、王雲五，他們之所以博學多聞，成為世界上偉大的人，大多經由自我學習而成功。近來，由於社會變遷快速，終生學習概念普及，認為無論何人，都應為了自己的目標，尋找各種機會學習，以達成自我實現的目標。

　　自我導向學習的概念在 Tough、Knowles 之後蓬勃發展，使得自我導向學習的定義、內涵與理論模式更加詳盡。Knowles（1975）首先提出：自己引發學習比由教師作被動教導的學習為優，自我導向的學習較符合自然的心理發展過程，並能適應教育的新趨勢，及因應未來社會資訊瞬息萬變的需要。

　　什麼是自我導向學習呢？自我導向學習強調，學習者對自己的學習負起更多的責任。Rogers（1983）把學習的個人層面，視為是如何學、如何改變及如何適應的歷程。Bruner（1966）著重讓學習者成為自給自足的人（self-sufficient）。Kidd（1973）建議教育要使其對象，繼續成為能進行內在指引（inner directed）及自我操縱（self-operating）的學習者。有些人認為自我導向學習就是自我獨立的學習，是完全不需要靠外在資源的一種個人式的學習方式。這並不正確，自我導向學習雖然隱含著自主、獨立的意思，但卻並不是要將學習與社會脈絡或社會資源隔絕，反而是要在社會的情境中，藉助所有可資利用的資源，進行自我的學習與成長。Moore（1973）說，自我導向的學習，並不是自我隔離的學習；Tough（1979）也指出，成人在學習過程中，通常希望得到較多的協助。而根據 Theil（1984）的研究發現，大多數成人的學習活動均在非正式的學習網絡之中；他們利用同儕、專家和學習夥伴，來作為資訊來源和技能的模仿。根據這些學者的說法可知，自我導向學習並非孤立的學習，而是學習者在學習過程中，利用社會資源，包括人、事、物的社會網絡，以達成自我學習的目標。

　　Merriam & Caffarella（1991）整理文獻，更明確地列出自我導向學習的三個漸進的目的：最初為增進成人學習者在學習中

自我引導之能力；接著要使轉換學習（transformational learning）
成為自我導向學習的中心；最終要讓解放學習（emancipatory
learning）及社會行動（social action）成為自我導向學習的一部
份。也就是說，自我導向學習者從自我引導到批判性反思，最後
能發展出合作性的行動。

　　下面將分別討論自我導向學習的同義字、它的定義及其基
本假設。

壹、自我導向學習的同義字

　　自我導向學習有許多雷同的名詞，如：自我導向研究
（self-directed study）、自我計劃學習（self-planned learning）、
獨立研究（independent study）、個別研究（individual study）、
自我教導（self-instruction）、自發學習（autonomous learning）、
自我教學（self-teaching）、自我研究（self-study）、自我教育
（self-education）、發現學習（discovery learning）、自主學習
（autonomous learning）及自學（autodidactism）等，（Brockett
&　Hiemstra,1991　；　Guglielmino,1977　；　Tough,1979　；
Gersterner,1992）不勝枚舉。由這些類似的詞語，可看出自我
導向學習具有自己起始、自己主導及自行掌控的特徵。到底「自
我導向」是某些人天生的特質，還是某種教學或學習的方式，讓
我們先為自我導向學習做個定義。

貳、自我導向學習的定義

　　自我導向學習（self-directed learning），從 1966 年由 Tough

提出後，這個詞語即被廣泛使用；爾後更出現了前段所提的數十種類似的辭彙，自我導向學習涵蓋的層面愈來愈廣，以至造成讀者的混淆不清。不過，它可能是一種歷程，可以是一種人格或心理特質，也常用來表示一種學習型態。以下略作說明：

一、是一種歷程

　　將自我導向學習視為一種學習的過程，主要認為：自我導向學習者可以針對自己的學習，設定實際可行的目標，積極尋求可資運用的資源，選用適當的學習策略，並能針對自己的學習結果進行評鑑。Tough（1967）在沒有教師的學習（Learning without a teacher.）一書中，提及他所研究的四十名研究生樣本的自我教導活動，包括以下十二項特徵：決定學習場所、考慮金錢、考慮學習時機及期限、選擇學習目標、決定如何達成目標、獲得資源、正視渴望之缺乏、面對不喜歡的必要活動、處理對成功之懷疑、預估知識或技能的水準、處理內容理解上的難題，及達到某項目標後決定是否要繼續學下去。（Brookfield 著，李素卿譯，民86）顯而易見，Tough 是把自我導向的學習視為一種歷程。另外，Knowles 的定義是最常被採用的，他認為自我導向學習是由學習者啟動，是最自然也是最好的學習方式，他的定義也是歷程性的。自我導向學習是指「在有人或無人協助的情況下，個人主動地診斷自己的學習需求，形成學習目標，尋求學習的人力和物力資源，執行適當的學習策略，並評鑑學習結果的歷程」。（Knowles,1975a：18）又如 Penland（1979）提到個體學習自己喜歡的課程，並有能力自己解決學習的步調、風格、彈性與結構者，即為自我導向學習，這也是歷程取向。

二、是一種能力或特質

　　從個人取向來看自我導向學習，認為這是個人所具有的能力、特質或信心。例如 Moore（1980）認為自我導向是一種人格特質，能下決心、做決定，具有主動性和責任感。Guglielmino（1977）指出，自我導向的學習者是：能自行引發學習、具有自我訓練的能力、有強烈的學習慾望和信心、能應用基本學習技巧、安排學習步驟，並利用時間完成學習計劃的人。Mezirow（1985）強調：自我導向學習不只是一種特定的技術，更是成人用以改變其生活之批判性自我回饋的能力。這些定義都是從學習者的人格特徵，來看自我導向學習的例子。

三、是一種學習型態

　　Bonham（1989）認為學習型態，是在學習情境中行動和思考的方式。此種方式讓學習者感到舒適，並且有能力運用它。Even（1979）說明自我導向學習是獨立的，是一種認知型態或認知策略。Edling（1970）甚至以媒體和目標兩層面（學校或學習者）由誰決定，區分為四種個人的學習型態。Langston（1989）對二年制小型學院修習政治學課程的學生，做了自我導向學習型態和傳統教師導向學習型態的比較，發現採自我導向學習型態組的學生，學習成果較高，他們喜歡做抉擇、撰寫學習目標、決定學習應得的成績，並對自己的工作負責；另外，他們很享受這種獨立、無壓力及涉入的學習方式。到底成人學習者對自我導向式的學習方法，有何見解？Hutchins（2000）對八位博士班學生，以深度訪談及焦點團體（focus group）的方式進行研究，結果：自我導向學習被看做是助力，也是阻力。自我導向學習顯示出四

個重要議題：(1)在學習過程中，生活經驗是很重要的,(2)學習
過程的獨立性，(3)自我導向學習的挑戰性，及(4)合作支持系統
的價值。

　　總之，自我導向學習可以是過程，是能力或是學習型態。
下面談到理論時，會再一一述說，您就會很清楚了。

參、自我導向學習的基本假設

　　自我導向學習的哲學基礎，源於 Maslow（1954）的自我實
現與 Rogers（1969）的經驗學習。（蕭錫錡、陳聰浪,民 85）
Maslow 認為透過自我可以改變實現的過程，並可了解自我的動
機，而 Rogers 更把 Maslow 的自我理論加以充分發揮，認為自
我是個人行為的動力、創造力以及人格形成的核心。Rogers 將
「自我」假設為具有成長的自然傾向，並對未來的成長有積極的
導向，亦即具有整體性、統整性和自動自發等積極傾向。因此個
人被認為，具有「自我導向的需求和動機」，而能成為「完全發
展、自我實現的個人」,（鄧運林,民 84,p146）也就是個體具有
主動與持續自我發展的理想。（Skager,1978）

　　就自我實現論與經驗學習論而言，Griffin（1989）提出自我
導向的基本假設：1.自我導向的成人比被動的學習者，將學得更
多、更好、更持久並更會利用所學；2.成功的成人生活，需要終
身的、持續的、有效的與創造的自我引導學習；3.成人從事終身
學習所需的動機、態度、內在資源及技能，可經由良好設計的學
習情境中的主動參與機會，獲得發展與增強。

　　Knowles（1975a）認為，自我導向學習的基本假設有五：

(1)人類由於成熟，有能力進行自我導向的成長；(2)學習者的經驗是學習的豐富資源；(3)個體有其不同型態的學習準備度；(4)學生的學習屬於任務或問題中心導向；(5)學習動機來自內在的激勵，如自尊需求及成就需求等。

　　由自我導向的哲學基礎，及學習者對自我導向學習的基本假設來看，自我導向學習除了和自我實現的需求息息相關；由 Rogers 的經驗學習來看，自我導向的學習，亦受到個體的生活經驗、內在資源、態度、動機、技能之影響，同時也會與外在環境中的資源、機會與情境等產生互動。

第二節　自我導向學習的理論及模式

　　正如自我導向學習的定義，相關研究、理論及學者建議的模式也有不同的強調；此段共分為六個面向敘述，包括：（1）歷程，將自我導向學習視為學習的歷程；（2）個人心理特質則將自我導向學習者所特有的自我導向性視為一項個人的特質；（3）能力，將自我導向學習視為一種學習能力；(4)教學，特別注重在教與學的情境中，利用自我導向學習的方法於教學計劃及學習活動中；（5）互動，強調兩個或兩個以上的因素集體互動後，產生了自我導向的學習；（6）學習過程與結果，從鉅觀角度不只探究學習歷程或途徑，還將學習結果一併列入考慮。

壹、自我導向學習的歷程

　　人們自行啟動學習計劃，然後執行，完成後再自行評估其學習經驗；這種學習可能是正式學校或機構中的學習；也可能發生在非正規的機構體制之外。其實，學習的自我指導性正是成人生活中最自然的部分。將自我導向學習視為一種歷程，本節介紹Tough（1971）、Knowles（1975a）、Jarvis（1987）及 Cavalier（1992）四位學者的理論或他們發展出來的模式。

一、Tough 自我計劃學習（self-planned learning）的步驟

　　一九七一年，Tough 對加拿大多倫多省 66 位進行學習計劃（learning project）的成人所做的研究發現：70%的計劃都是學習者自行設計的，他們採用了以下十三個步驟，顯示出他們對於選擇什麼來學、在哪兒學及如何學等方面，所做的重要決策。這

十三個步驟是：(Tough,1971,pp.94-95)

1.決定要學的詳細知識與技巧。

2.決定學習的活動、方法、資源或設備。

3.決定在哪兒學。

4.決定學習截止日期或期中目標。

5.設定何時開始學習。

6.決定學習計劃（learning episode）的執行步調。

7.估算目前的知識或技能水準及其進步情形。

8.偵測阻礙學習的因素或發現目前較缺乏效率的學習程序。

9.獲取想要的資源、設備及場所。

10.準備學習使用的房舍及設備。

11.貯存或獲得必要之人力與非人力資源的經費。

12.找出學習時間。

13.增強學習計劃的學習動機。

　　Tough 特別強調所謂學習、學習理由、學習計劃的決定及尋求有利的學習要素。（鄧運林,民 84）他的模式成為全球無數博碩士論文及相關研究的基礎，Tough 建立了在自然情境中，追求自我計劃學習的基本模式。

二、Knowles 的自我導向學習模式（self-directed learning model）

Knowels（1975a）描述自我導向學習的六個步驟：

1.氣氛營造。

2.診斷學習需求。

3.形成學習目標。

4.確認學習所需之人力及資料。

5.選擇並執行適當的學習策略。

6.評估學習結果。

Langenback（1988）曾畫出 Knowles 的自我導向學習模式（如圖 2-2-1），從界定自我導向學習的定義、理由、假設及歷程開始，分為(1)促進者/教師，及(2)學習者兩方面的努力，最終完成學習契約（learning contracts）。「學習契約」包括（鄧運林，民 84,p.176）：(1)學習者轉化所診斷出的學習需求，成為學習目標，(2)學習者與促進者共同確認更有效的學習資源與策略，以完成每個學習目標,(3)學習者執行學習計劃，以達成學習目標,(4)學習者判斷並評鑑其學習過程及結果。

Knowles 提供了完成每一個學習工作時，教師及學習者所該做的各項工作，尤其在學習契約及評鑑兩方面的貢獻最大。

自我導向學習

· 定義

· 理由

· 假設

· 歷程

促進者/教師

· 新角色

· 各種能力

－建立適當氣氛

－計劃

－診斷需求

－設定目標

－設計學習計劃

－從事學習活動

－輔導

－評鑑學習結果

學習者

· 自我概念

· 各種能力

－與他人關係

－自我評估

－轉化學習需求目標

－選擇有效率策略

－蒐集和評鑑完成的證據

完成學習契約

圖 2-2-1　Knowles 的自我導向式學習模式

（資料來源：鄧運林,民 84, p.177）

三、Jarvis 自我導向學習模式

Jarvis（1987）認為，學習是轉換經驗為知識、技巧和態度
的複雜過程。此複雜過程中有九個主要要素：差距、決定學習、
參與型態、設定目的和目標、內容、方法、思考/語言、評估及
行動/結果。這九個要素若由自己引發的，則為自我導向學習；
若由他人引發的，則為他人導向學習。簡述如下：

(一)差距(disjuncture)：學習者對於自我的描述與經驗及實
際的需求有所差距，因而產生需要；此一差距，可視為一種需求。
差距的產生，也可能是由於對預期經驗或未來所須知能的洞悉而
產生。Jarvis 認為：差距事實上並非自我導向學習的過程和結
果，而是引發學習需要與需求的動機。

(二)決定學習（decision to learn）：Jarvis 認為人們有學習
的需求和需要，因此安排學習資源，以促使人們能進行自動學
習。至於決定學習的誘因，可以由自己引發，也可以由他人引發。

(三)參與型態（type of participation）：一位學習者參與學
習的型態有兩種可能：一是學習者決定參與學習課程；二是獨立
學習。Jarvis 強調內在心理過程，自我導向學習者，將採取獨立
學習方式。

(四)設定目的和目標（setting aims and objectives）：目標
的訂定，可以由教師決定、師生共同商議或由學習者自我決定。
若由教師權威式的決定後，由學生進行學習，就不是真正的自我
導向學習了。

(五)內容（content）：自我導向學習者能自行選擇內容，偶
爾也會透過商議的過程，與教師共同商議課程內容。

(六)方法（method）：自我導向學習採獨立學習，因此常發展出契約學習或各種學習方案，以幫助學習。

(七)思考/語言（thought/language）：自我導向學習者通常獨自、個別思考，而不同的思考方式，所使用的語言也不相同。

(八)評估（assessment）：自我導向學習者由自己來進行評估，透過評估可以知道學習的效果，達成目標的情形，也可做為學習情形的回饋。

(九)行動/結果（action/outcome）：學習的結果可能是獲得新的東西，也可能是肯定舊有的經驗。

Jarvis 建構的自我導向學習模式，有助於瞭解、應用自我導向學習的方法，另外也可做比較，並瞭解他人導向的學習。

四、Cavalier 的學習過程五階段模式

Cavalier（1992）從懷特兄弟（Wright brothers）如何學習飛行的個案研究中，找出他們學習專案（learning project）的五個階段：（Merriam & Caffarella,1999, p.198）

(一)探究（inquiring）：需要解決問題。

(二)尋找典範（modeling）：觀察類似現象並發展出一個原型（prototype model）。

(三)實驗與練習（experimenting and practicing）：以此原型繼續修正和練習。

(四)理論化及熟練（theorizing and perfecting）：以使技能及產品達到卓越。

(五)實現（actualizing）：接受學習努力所得成果的認定。

前四階段都是認知程序的重複，不過每個階段之間都充滿了挫折和懷疑；Cavalier 發現懷特兄弟在這個過程中表現出重複、循環和漸進的精神。她解釋懷特兄弟的學習並非單獨發生的，他們能達成所設定的目標是透過不斷的練習和堅忍。

她的模式對於重大之學習努力的程序階段與認知程序的瞭解，有很大的貢獻；不過並未發現任何測試此一模式的研究。

貳、自我導向學習是學習者的個人心理特質

自我導向學習理論的第二個焦點，是把自我引導性視為學習者個人的特質。許多學者（Brockett & Hiemstra，1991；Knowles，1980）認為成年期的學習，變得更具自我導向性及自治性。這個面向的研究常問以下問題：學習者是內向或外向型的，他們的學習型態如何，教育程度是否影響其自我引導的能力，是否較為自治，如何知道學習者準備好做自我導向性的活動等。本節介紹 Guaglielmino（1977），Oddi（1986），Keith（1990）三位學者的研究或模式。

一、Guaglielmino（1977）的自我導向學習準備度量表（Self-directed Learning Readiness Scale，SDLRS）

1977 年，Lucy M.Guaglielmino 在喬治亞大學（University of Georgia）寫博士論文時，設計了此一工具，來評量自認具有自我導向學習技能與態度之學習者的自我導向程度。她邀集 Houle，Tough 及 Knowles 等 14 位自我導向學習方面的權威學

者,經過三次德惠法(Delphi method)之討論,得到此一共識;總計 58 個題目,依李克特式五點量表(5-point Likert scale)測試,得到的信度係數為 0.87;經因素分析,得出自我導向學習準備度的八個因素:(Brockett & Hiemstra,1991)

1.喜愛學習,

2.具有「有效及獨立學習者」的自我概念,

3.能容忍學習中的冒險性、不明確性及複雜性,

4.具創造性,

5.視學習為一終生、有益的過程,

6.能主動起始學習,

7.自我了解,

8.接納自己的學習並對它負責。

民國 83 年,SDLRS 由鄧運林先生譯為中文,並經國內學者專家修訂。再以台中商專補校、台北商專補校、空中大學、政治大學及台灣師範大學等校學生 533 名學生進行預試,再做項目分析,並依答題反應修改部分文字,形成 55 題的中文正式量表題目。接著以台中商專補校學生 286 人,在正式量表上之反應進行因素分析,共得六個因素:效率學習、喜愛學習、學習動機、主動學習、獨立學習及創造學習。亦採李克特式五點量表,由從未如此感受(給一分)、偶而如此感受(給二分)、有時如此感受(給三分)、大都如此感受(給四分)到總是如此感受(給五分),填答 55 題可得一總分;施測時間約需 20 分鐘。本量表之信度考驗,各分量表 Croubach α 係數介於.64 至.85 之間,內

部一致性尚佳。內容效度由七位教授對項目之適切性與代表性評鑑,均給予正面評價。(鄧運林,民 84)此後 SDLRS 也有中文版可供使用了,對國人進行自我導向學習之相關研究,均有極為重大的影響。

一般 SDLRS 都被用在兩方面:(1)透過實驗、類實驗及相關研究設計,來探究自我導向準備度與其他個人變項間的關係;(2)作為評鑑學習者對自我導向學習準備度接受性的工具;(Brockett & Hiemstra,1991)本研究也將採用。

二、Oddi 的歐迪繼續學習量表(Oddi Continuing Learning Inventory ,OCLI)

Oddi(1984,1986)設計的 OCLI 係以突顯的個性特質來辨識自我導向學習者;雖然並不像 SDLRS 那樣經常被採用,但仍有 Six(1989)實徵研究的證明。Six 指出 OCLI 的三個主要面向(一般因素,自我規約的能力,閱讀的渴望),在不同的研究條件下,仍相當穩定。不過若用在大學生及研究生之外的研究對象時,尚須其他的驗證。(Merriam & Caffarella,1991)

三、Keith 的自我增強模式(Self-Empowerment Model)

Keith(1990)特別為了使人們採取有利於自身健康的行為,發展出自我增強模式。Keith 認為只藉著提供訊息、澄清價值和選擇演練,並無法達到所想推廣的各項教育效果。必須先強化個人的能力,而後所做的健康行為抉擇才有意義。自我增強模式的基本精神在增強個人的各種生活能力,提昇自尊,增進自

信，強化自我效能，及拓展社會技能。如此，民眾在抉擇和執行適當的健康行為時，較能抵抗壓力，堅持理想，有信心面對挑戰，克服困難，才能達成自我實現的目標，（鄭惠美，民 84）見圖 2-2-2。

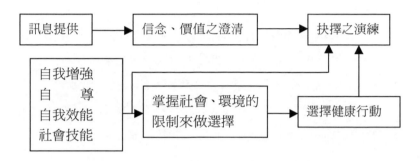

圖 2-2-2　Keith, et al. (1990) 的自我增強模式
（資料來源：鄭惠美，民 84，p.24）

　　Keith 的模式，也可用在健康教育以外的任何自我導向學習，先增強個人（empower the individual）的自尊、自我技能和社會技能，是從根本做起的方法。

參、自我導向學習是一種能力

　　將自我導向學習定義為學習能力，主要是指學習者有計畫、執行、及評鑑學習的能力。Mourad(1979)認為具有自我導向學習能力者，能察覺消息來源且運用之；具變通性觀點；能獨立思考；具備引導、組織技巧；能自我負責、自我肯定；具好奇心、定力、耐心等。（鄧運林，民 84）。此段敘述自我導向學習者能力的內涵，及發展此能力的途徑。

一、自我導向學習能力的內涵

(一)張秀雄（民 **82b**）提及自我導向學習能力，除了一般的學習能力，如讀、聽、寫、發問、蒐集資料等外，時間管理、批判思考 、目標設定、問題解決等能力，都是自我導向學習能力的中心部分。

(二)Sobral(1997)對醫學院的學生做實驗，使用方案以改進其學生自我導向學習技巧，研究發現有三分之二的同學，在自我負責、自我導向及自我監控的部分有顯著的成長。**Sobral** 歸納自我導向學習能力有以下五項：具自我負責之能力、具變通性、具自我導向性、具調適能力、並具自我監控能力。

(三)何青蓉（民 **87**）在其研究中，經由因素分析發現，自我導向學習包括三種能力：自我評估、規劃、以及尋求人力資源的能力；其發現印證 Cheren(1983)所言，促進自我導向學習發展，應強調：個體自我評估能力、生涯研究和計畫能力，及使用同儕、專家支持的能力。

　　Sobral 未觸及人力資源面向,仍以何青蓉的三種能力較具全面性。自我導向學習能力，應有自我評估能力、規劃能力以及尋求人力資源的能力三項。

二、發展自我導向學習能力的途徑

　　學習能力是可以培養的，自我導向的學習能力可以從自主學習、獨立學習及日常學習能力三個層面來培養。

(一)發展自主的學習能力

善用「學習者控制」(learner-controlled)的方法，逐漸增加學習者在內容決定、學習之頻率與步調、學習場所與學習方法等方面的發言權，能增加自主學習的能力與意願。

(二)增進獨立學習之能力

前述之學習者控制教學及契約學習(conntract-baced learning)、經驗學習(experiential learning)，都主張將學習的責任轉移至學習者身上，逐漸培養出學習者獨立學習的能力。張秀雄（民 82b）提出以下七種策略，來增進成人獨力學習的能力：

1.善用原有知識結構

2.鼓勵深入學習

3.增進發問技巧

4.發展批判思考能力

5.查驗理解力的進步情形

6.增強閱讀能力

7.營造支持性的學習氣氛

(三)發展日常的學習能力

大部分成人的自我導向學習，發生於日常生活場合中，而非正式的教學場所。Resnick(1987)指出此兩種場合的成功學習表現十分不同：正式教學場所中的成功學習表現，注重個人對概括性符號知識的心理性操作；而日常生活場合中的成功學習表現，則趨向於大家一起分享某種特殊能力，在情境脈絡中的工具性操作。若能將學習活動安排在一般生活或工作場所中，學習後能充分運用所學，則成人學習者的學習能力，會顯著提高。

肆、自我導向學習的教學

有些學者把自我導向學習放在正式教與學的情境中,將自我導向學習的方法,整合到他們的教學計劃和活動中。一般強調讓學習者擁有更多的控制權,並且在各項教學情況中都能獨當一面。這節介紹 Mezirow（1985）,Brookfield（1986）,Grow（1991）,Hammond & Collins（1991）及 Pilling-Cormick（1996）等五位的理論或模式。

一、Mezirow 提出三種自我導向學習方法

Mezirow（1981）認為要了解自我導向學習,可透過成人學習之三種不同學習的相互關係來理解。這三種學習就是:工具學習、對話學習及自我反省學習,分述如下:（鄧運林,民 84;蕭錫錡&陳聰浪,民 85）

（一）工具學習（instrumental learning）:

工具學習建立在因果關係的模式上,為增進對問題情境的控制;因此焦點放在所觀察事物或事件的正確或不正確的預測。對問題情境的反應,是經由形成行動假設、預期結果、選擇更合理的方法,並經由行動來測試其效應及評估結果。可見工具學習是在學習如何做,而非探求為什麼學習的問題。

（二）對話學習（dialogic learning）:

有關道德、價值、理想等問題及抽象的社會、政治、哲學或教育概念及感覺等方面的學習,無法利用實徵的工具學習方法來建立對錯的客觀標準;因而必須透過每日言談中的對話、報告、預測、解釋、爭辯或否定,來決定其效度。然而在溝通意義的推

測中，要依賴廣泛的訊息、客觀與理性的驗證；因為新的訊息及新的理性規則，可透過問答而達到其一致性效度。可知對話學習的功用，在增進學習者的洞察力與理解力。

（三）自我反省學習（self-reflective learning）：

自我反省學習為使個體對自我有更清晰的理解，並能成熟的生活。因此，自我反省學習所獲得的知識是評價性的而非經驗性的，行動是解放的；當學習者用不同的方式來解釋感覺與行動類型時，舊有的意義基模或經驗，被重組併入新的知識中。學習者經由個人的涉入，將能更完全、更清楚的瞭解自我，且能把過去的經驗統整得更好。

以上所述，並非模式，而是 Mezirow 對自我導向學習所提出的相關理論。他著重的是學習方法，學習者可因應不同之學習目的，而採用不同的學習方式。若想解決問題，就利用「工具學習」來控制環境及人事，學習如何做；要想增進自己的溝通及理解能力，就採用「對話學習」；為了統整過去的學習經驗、更瞭解自己，進而發展自己，就只能用「自我反省學習」了。

從意義化的架構（meaning schemes）及觀點的面向來分析：「工具學習」是在有意義的參考架構內學習；「對話學習」是學習新的、有意義的架構，目的在扮演新角色、學習相關理論；「自我反省學習」則從有意義的架構，轉變成特殊假設的知覺，或從有意義的認知，轉換成特殊意義的組織或架構。Mezirow 讓我們對自我導向學習方式，有更深入的瞭解，如同開啟了一扇嶄新的窗戶。

二、Brookfield 認為自我導向學習是內在意識的改變

　　Brookfield 早期曾以外在學習過程的觀點來分類自我導向學習者為：場地獨立型（field-independent）及場地依賴型（field-dependent）的學習者。後期採納 Vernei 及 Little 的學習觀點，認為學習是內在的改變，認為自我導向學習有兩種型式：一是自我導向學習的技術，包括陳述目的、尋找資源、確定策略及評估學習結果等；二為自我導向學習是內在意識的改變。（Brookfield，1985、1986）正如前述，Mezirow 所提出的自我反省學習是學習者觀點的轉換，也就是學習者的自覺（awareness），和學習者對問題和自己興趣的主觀定義。因而自我導向學習不再是線性的學習過程，而是一種上升的螺旋型（spiral）之學習過程。

　　Brookfield 與 Mezirow 的理論，都有同樣的效果，讓我們對自我導向學習的認知更為深化，不只停留在執行層面的學習程序上，而能對學習所產生的內在變化有更多的瞭解。

三、Grow 的階段性自我導向學習模式（Staged Self-Directed Learning，SSDL）

　　Grow（1991）以 Hersey & Blanchard（1988）的情境領導模式為基礎，發展出的階段性自我導向學習模式；說明在正式學習程序中，老師如何幫助學生成為更具自我導向性的學習者。Grow 提出四種不同階段的學習者，表 2-2-1 說明各階段之學生、教師之特色及教學範例。

　　不同類型的學習者，需要搭配不同類型的教師之教學型態。在 16 種可能的配對中：有兩個是非常不配合的，有四個是不配合的，有六個接近配合，只有四個是配合的；下表說明這些情況。

表 2-2-1　Crow 的階段性自我導向學習模式

階 段	學 生	教 師	教 學 範 例
階段一	依賴的 低自我導向	權威者 教導者	立即回饋的教導練習 資訊性的講述 克服不服與反抗
階段二	有興趣的 中度自我導向	引起動機者 指導者	啟發式的講述加上引導式的討論 目標設定及學習策略
階段三	參與的 中上自我導向	促進者	由教師平等參與所促進的討論 研討會 團體契約
階段四	自我導向的 高自我導向	諮商者 授權者	實習、論文、個別化的作業 自我導向學習團體

（資料來源：陳貞夙，民 84，p.26）

表 2-2-2　階段性自我導向學習模式中學習者與教師類型之配合

教師類型＼學習者類型	階段一 權威者，專家引	階段二 發動機者，推銷員	階段三 促進者	階段四 授權者
階段一 依賴的	配合	接近配合	不配合	非常不配合；學生憎恨自由，因他們尚未準備好
階段二 有興趣的	接近配合	配合	接近配合	不配合
階段三 參與的	不配合	接近配合	配合	接近配合
階段四 自我導向的	非常不配合；學生憎恨權威主義的教師	不配合	接近配合	配合

（資料來源：Grow，1991，p.137）

Grow 的模式告訴我們，好的成人教師，能個別化地考慮學習者的自我導向程度，採用合適的教學策略，並培養學生朝向更自我導向的學習方式努力；對正式機構中的成人教師，是很有貢獻的。

四、Hammond & Collins 自我導向學習者七要素架構

Hammond & Collins（1991）清楚說明自我導向學習的中心目標，就是學習及社會行動。以批判教學法、普及教育及參與研究為基礎，他們列出一個包含七項要素的架構，用以支持學習者在正式成人教育情境中，從事批判性的演練。在此模式中，學習者要啟動來進行以下七個行動：

1.建立合作的學習氣氛。

2.對於自己所處於的社會、經濟及政治環境加以分析，並進行批判性反省。

3.進行自己的能力分析（competency profile）。

4.在個人及社會背景架構中，診斷自己的學習需求。

5.組成與社會及個人相關的學習目標，並記錄在學習合同（learning agreements）中。

6.執行並管理自己的學習。

7.反省並評估自己的學習。

此一模式特意考慮可能影響學習的社會、政治及環境情境，並強調個人及社會學習目標的發展；他們希望經由增強學

習者的批判能力，最終能使用他們的學習，來改進生活及工作的條件。不過，此一模式尚未被任何實徵研究者所採用。

五、Pilling-Cormick 的自我導向學習歷程模式（Self-Directed Learning Process Model）

　　Pilling-Cormick（1996）發展了自我導向學習歷程模式；正如 Cranton（1996）宣稱：「自我導向學習是轉換學習的基石。」（p.95）就理論來說，這兩個概念是互為根基的。此一模式在於提供策略給教育者，以促進學習歷程本身的轉換。當學習者計劃他們自己的學習時，他們要反映出他們的需求及假設；若對於學習的假說改變了，學習歷程也必須轉換。所以轉換學習與自我導向學習是交織在一起的，教育者可以對這兩項都有所促進。依此一模式，自我導向學習是以不同的控制情境下，學生與教育者間的互動為基礎。自我導向學習歷程模式（如圖 2-2-3）包括三個要素：控制因素，教育者與學生間的互動，及教育者與學生間互動的影響。

　　此外，又設計了含有 57 題的「自我導向學習接受度量表」（Self-Directed Learning Perception Scale），用以評鑑學生對於幫助或阻礙其自我導向能力之環境特色的接受度。教育者應盡量開放對於學習本身之假設轉換的可能性；應用此工具測量學生，可立刻檢驗出學生在學習經驗中，對於其控制力的感受。

　　總之，在自我導向學習中，學生決定、調查並評鑑他們的需求。當考慮需求時，學習者必須反省其學習歷程；若反省過程

變的更具批判性時，轉換學習就可能發生。為了使學習者成為更
自我導向的人，學習者經歷了轉換的發展過程--他們改變了原先
對學習的思考方式；他們不再滿意於教師主導的程序，他們要對
自己的發展負責。若學生修正了他們對於學習歷程的假設，此模
式中的「學習」，就包含了轉換學習而得以擴展；甚至學習者會
對學習本身的假設、信念和各面向，都提供轉換的可能。

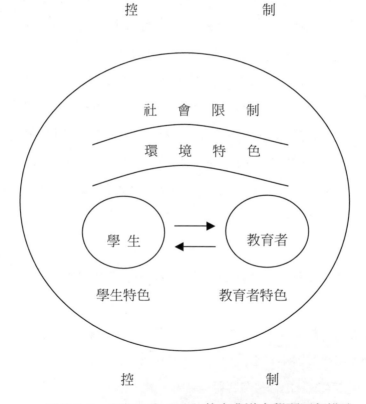

圖 2-2-3　Pilling-Cormick 的自我導向學習歷程模式

（資料來源：Pilling-Cormick，1997，p.70）

　　自我導向學習歷程模式及與其配對的自我導向學習接受度量表，將自我導向學習與轉換學習相結合，與 Merizow 的自我反省及 Brookfield 所提改變內在意識的學習類似，具有提昇學習者反省及批判的能力，甚至挑戰自己對學習的思考。

伍、自我導向學習的互動模式

　　自我導向學習的互動模式，強調兩個或兩個以上的因素集體互動，而形成自我導向學習的產生。這些因素，如：人們在自己所處環境中找到的機會，學習者個人特質，認知歷程及學習情境等。此處介紹 Spear（1988），Brockett & Hiemstra（1991），Danis（1992）及 Garrison（1997）所發展的四種互動模式。

一、Spear 七個要素的自我導向學習歷程

　　Spear&Mocker 在 1984 年提出一項以下列三個要素為主的模式：人們在自己所處環境中找到的機會，過去的或新的知識，及機會的出現。他們研究學歷在高中以下的 78 位成人，發現自我導向的學習者，傾向於從他們生活環境中有限的選擇中，去選取課程並形成學習計劃，此現象稱為「組織環境」（organizing circumstance），過程如下：（Spear & Mocker，1984）（1）學習計劃開始的事件，是因為情境的變化，（2）改變的情境提供了學習的機會，（3）學習的結構、方法、資源與條件，直接受情境的影響，（4）學習序列的進程是因為，一件事製造了情境且成為下一步學習的情境。

　　Spear(1988)以社會學習理論為基礎，將 Spear & Mocker（1984）的模式減化成三個面向、七個主要元素的模式。

＊知識（**Knowledge**）—

1.原來的知識（residual knowledge）：原有可用的知識。

2.獲得的知識（acquired knowledge）：學習活動可獲得的
　知　識。

＊行動（**Action**）—

1.直接的行動（directed action）：直指目標的行動。

2.探究的行動（exploratory action）：不能預知結果或無法
　保證有用的行動。

3.偶發的行動（fortuitous action）：與學習計劃無關的行
　動。

＊環境（**Environment**）—

1.恆常的環境（consistent environment）：一般環境中可接
　觸到的人力和物力資源。

2.偶發的環境（fortuitous environment）：不能預期的環境，
　卻會影響學習者及學習計劃。

　　Spear 認為自我導向學習不一定都發生在一種線性的型態
中；相反的，資訊是一點一滴的儲存而形成更多活動的條件，也
不是一個活動接著一個活動發生的。因此，一個成功的自我導向
學習的計劃，是個人可以進行有效的相關學習活動事件與資訊的
收集，並且把這些學習活動的事件，整合成為一個整體。學習者
在決定哪些學習活動事件需要，或者哪些知識是重要或不重要的
時候，具有很大的控制權。

　　Spear 的模式，特別說明自我導向學習大多發生在偶發的情
境中，學習的行動和獲得的知識都可能是未能預知的；對於冰山

下較大部分的自我導向學習活動，有很大的啟發。

二、Brockett ＆ Heimstra 的個人責任取向模式（Personal Responsibility Orientation）

　　Brockett ＆ Heimstra（1991）分析有關自我導向學習的不同觀點之後，提出一個傘狀的概念，綜合自我導向學習的過程觀點與個人取向的觀點，稱為「個人責任取向模式」。此模式包含兩個不同卻相關的面向---(1)自我導向學習（self-directed learning）：在教學過程中，學習者負責設計、執行及評鑑他們的學習經驗；(2)另一個面向是學習者的自我導向性（learning self-direction）：學習者想要，也喜歡對學習負責。

　　個人責任取向模式，共有以下五個要素：

　　1.個人責任：這是核心概念。個人責任一方面預設人性本善，有無限的潛能；一方面預設，只有學習者肩負起自身的學習責任時，才能積極參與學習歷程。此外，個人責任還隱含了自我決定、自主選擇、對行動後果負責等的責任在內。

　　2.自我導向學習：此一概念是指教學與學習過程中的各種外部因素，屬歷程取向，包括學習目標、計劃、過程、執行與評鑑等。

　　3.學習者自我導向：是指學習者本身人格特質的內部因素，因此，屬於個人取向概念。學習者自我導向強調，學習者對學習負有一種「意欲或偏好」的責任；亦即，學習者必須對其有無自我導向的動機、態度與興趣負起責任。

　　4.學習中的自我導向：學習中的自我導向概念主要目的，是要在歷程取向與個人取向之間求取平衡，他統攝了歷程取向中的

外部因素，使個人對其學習目標、計劃執行與結果評鑑負起基本
的責任；並且涵蓋了個人取向中的內部因素，使個人為了做一個
自我導向學習者而必須負起責任來。

　　5.學習活動產生的社會情境：個人責任取向模式雖然
強調個人責任的重要性，但也認為社會有責任提供適宜的環境、
資源和場所，以供成人做自我導向學習。

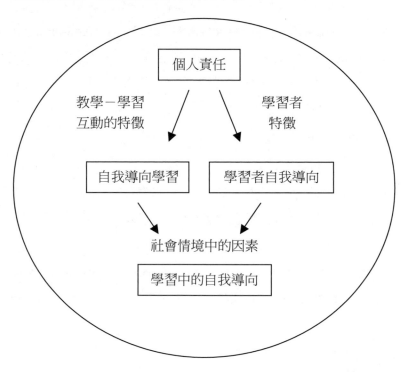

圖 2-2-4　Brockett & Heimstra　個人責任取向模式

（資料來源：胡夢鯨,民 85, p.280）

個人責任取向模式把自我導向學習當作是一種教學

法，把自我導向當成一種人格特質，並重視社會背景與情境因
素，後來被引用很多。但 Flannery（1993）卻批評他們只做了
嘴上功夫，對社會學的貢獻並不這麼大。

三、Danis 自我導向學習架構

Danis（1992）建構了一個自我導向學習主要因素之疆域圖
（map of the territory）。此模式以她的術語「自我規約的學習」
（self-regulated learning）之概念為基礎，將有關自我導向學
習、自我教導、學習策略等的研究納入，找出學習循環中各程序
要素及副要素。主要素如：策略、面向、學習內容、學習者及情
境等。研究者可清楚看出自我導向學習的重要因素，並解釋他們
之間的互動情形。不過此架構尚未被任何研究採用或測試。

四、Garrison 的自我導向學習模式

Garrison（1997）提出一個自我導向學習的多面向互動模
式；此模式採用了合作建構的觀點，包括以下三個面向：自我管
理（情緒控制）、自我監測（認知責任）及動機（進入及操作）
三個層面。

（一）自我管理（self-management）：學習者控制並形塑
情境條件，以利於學習目標之達成。關心學習者在擁有持續溝通
機會的情境中，對學習資料的使用。

（二）自我監測（self-monitoring）：指學習者能監控他們
的認知及後設認知的歷程，包括能使用學習策略，並能思慮他們
的想法，也就是能配合反省及批判性思考，對自己所建構的意義
負責。

（三）動機面向（**motivational dimension**）：影響人們參與自我導向學習的活動，並能持續參與。

下圖說明此一模式，但由於它太新穎，並未被任何研究採用。

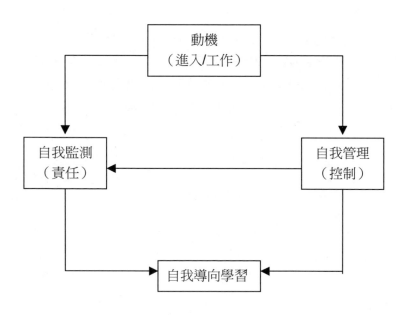

圖 2-2-5　Garrison 的自我導向學習模式

（資料來源：Merriam & Caffarella,1991, p302）

陸、自我導向學習的過程與結果

有些學者認為自我導向學習包含的層面廣泛，所以不只從學習歷程或學習途徑來探究，還把學習結果一併列入考慮；這種

整合觀點的研究，以鉅觀角度觀察自我導向學習的運作和效果，特別值得參考。此處介紹　Long(1989)，Candy(1991)及我國胡夢鯨(1996)三位學者，提出的理論及模式。

一、Long 的自我導向學習理論

　　Long(1989)認為成人自我導向學習包括三個概念面向，即社會學的、教育學的與心理學的。

　　（一)社會的面向：此層面強調學習者的社會隔離性（social isolation），在此概念之下，自我導向學習係指成人追求獨自學習，即成人靠自己獨立學習。若有教師指導，也希望給學習者充分的自主權。

　　（二）教育的面向：強調學習者執行自己的學習程序。在這個概念下，學習者自我導向的程度視其在設定學習目標、尋求與利用學習資源、決定學習的時間分配與評鑑學習結果時所被賦予的自由而定。若教學者控制太多，會造成自我導向學習的阻礙，或傳統學校教育中的中輟率高的情形。

　　（三）心理的面向：強調學習者能主動控制學習過程，指學習者對學習過程抱持積極的程度，學習者為自己的決策負責任。

　　三者之中，以心理學向度最為關鍵；Long 指出，不論學習者在前兩個面向所處的條件如何，學習者在心理方面都有可能是自我導向的。若學習者缺乏心理上的自我導向性，將不可能是獨立學習中的成功學習者。

　　基於此理念，Long 提出一個包含四個要素的自我導向學習

理論，即：環境與資訊（environment and information）、學習者（learner）、學習過程（learning process）與學習結果（learning result）（見圖 2-2-6）。

圖 2-2-6　Long 自我導向學習的要素
（資料來源：洪世昌，民 84，p.34）

　　Long 認為完整的自我導向學習理論應可提供瞭解環境、個人、學習過程的社會變項及學習結果等現象的關係。而一項學習活動的結果是否為自我導向學習，需同時考量環境與資訊、學習者及學習過程三個要素；而其中學習者要素是他所強調的心理控制，Long 表示，「學習者要素是其自我導向理論的核心概念。」（洪世昌，民 84，p33）然而不同的學習者將有不同的學習取向，甚至個人在不同的時間、場合也可能採取不同的學習導向；因此，對自我導向學習的各個要素，會呈現不同程度的影響。（鄧運林，民 84）

　　Long 的理論同時考慮四個不同的因素，不過她最重視學習者的自我導向性，可見其重要程度。

二、Candy 描述自我導向學習的四個現象

　　Candy（1991）認為自我導向學習層面廣泛，應以更兼容並蓄的方式來描述；所以將自我導向學習分為過程和結果兩個層面。就過程層面來說，包括個體在正規教育中組織教育的方法，自我導向學習所表現的就是「自我控制」（self-control）；個體在

非正規或非正式教育體系，也就是自然社會環境中追求教育機會，所指的就是「自我教育」（autodidaxy）。就結果或目標層面來說，可區分為表現人格特質的個人「自主性」（personal autonomy）；和建構自己教育的意願和能力的「自我管理」（self-management）。詳如表 2-2-3。

表 2-2-3　Candy（1991）對自我導向學習的描述

層	自我導向學習的四個現象	
過 程 層 面	自我控制（正規教育）	自我教育（非正規教育）
結果或目標層面	個人自主性（個人人格特質）	自我管理（建構教育之意願）

　　可見自我導向學習可以發生在任何情境中，正規、非正規或非正式的教育體系中；結果會有兩種現象，只表現人格特質或表現出願意設計自己的教育。

三、胡夢鯨的自主學習循環模型（Autonomous Learning Circles Model，ALC Model）

　　胡夢鯨（民 85）認為 Brockett & Heimstra（1985）綜合相關理論及文獻所提出的個人責任取向模型（Personal Responsibility Orientation，PRO Model）存在四個問題：（1）不適用於文盲，（2）個人取向部分忽略了意識、知識和經驗對人的重要性，（3）忽略了成人學習中「循環」的事實，（4）未能區隔出成人學習的三大面向：正規學習、非正規學習及非正式學習。胡夢鯨因而提出自主學習循環模型，如圖 2-2-7。

自主學習循環模型，包括以下五個意義：

（一）**自主學習**：成人自主學習是此模型的核心，而自主學習概念包括了自主意識、自主決定和自主參與。

（二）**正規自我導向學習**：成人進入各種成人學校，由教師引導進行自我導向學習活動。依學習者的自主學習程度，教師扮演不同的角色，共分三個階段：教師中心，互動中心及學生中心。

（三）**非正規自我導向學習**：指成人在學校外各種成人教育機構中的學習而言，如：文化中心、社教館、博物館(黃明月，民 86)、圖書館或企業訓練等公、民營機構進行學習活動。有些有教師教導，有些則由學習者自我蒐集資料，完成學習活動。

（四）**非正式自我導向學習**：成人並不參與學校或機構的學習活動，沒有教師指導，完全由學習者負起學習責任，自主性也最高。例如：閱讀書報雜誌、參加旅遊休閒活動、參觀藝文展演活動或參加社區小組讀書活動等。學習者要有高度自我導向學習動機與能力，並熟悉自我導向學習的方法，才可能收效。

（五）**自主學習的循環**：此模式最重要的概念就是「循環」；包含三種意義：（1）任何一點均可做為學習起點（正規、非正規或非正式），（2）是一項永續學習的長期歷程，（3）正規、非正規及非正式的自我導向學習，三者等量齊觀。

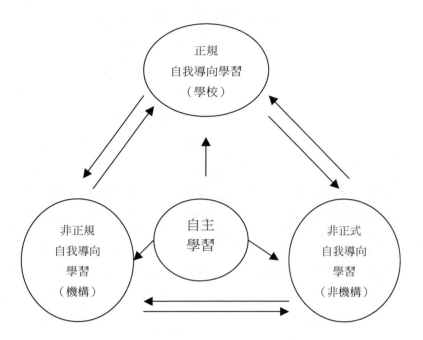

圖 2-2-7　胡夢鯨（民 85）自我學習循環模型
（資料來源：胡夢鯨，民 85，p.217）

　　自主學習循環模型的重點在學習途徑，說明成人透過正規、
非正規及非正式三種途徑，都能進行自我導向學習。學習途徑只
是歷程取向中的一個面向，特別拿出來作為學習模式的焦點，在
其他自我導向學習模式中，尚屬首創。另外，此模式強調「循環」，
表示自我導向學習可以從任何一點開始，無終點；另外正規、非
正規及非正式三種途徑都是同等重要的。「可由學習者在不同的
階段，根據不同的學習需求，選擇學習的方式或途徑，完成一個
階段後，再進行另外一個階段，如此循環不已。」（胡夢鯨，民
85，p220）卻忽略了二種或三種途徑同時進行的可能。

　　從歷程、個人心理特質、能力、教學、互動、及學習過程
與結果六個層面來看自我導向學習，總計提出二十個理論或模
式，其中明確指出為模式或模型的有九個。在理論方面，各學者
有不同的講究，有注重學習步驟（Tough 及 Knowles 等），有強
調自我導向學習之要素（Jarvis，Hammond & Collins，Spear ），
也有重視架構的（Hammond & Collins，Danis），更有把焦點放
在方法的思考上的（Mezirow，Candy）。總之，不同的著重點顯
示出各學者看待自我導向學習的不同面向，或在理論面或在執行
面，但都值得自我導向研究者加以注意。

　　在正式提出的自我導向學習的九個模式中，Knowles
（1975），Jarvis（1987）及 Garrison（1997）均採同一名稱：
自我導向學習模式；但卻有不同的意涵。Knowles 提出自導學習
的六個步驟，Jarvis 舉出自導學習的九個要素，Garrison 列舉自
我管理、自我監視及動機三個層面。另外六個模式分別是：
Cavalier（1992）的學習過程與階段模式，Keith（1990）的自
我增強模式，Grow （1991）的階段性自我導向學習模式，
Pilling-Cormick（1996）的自我導向學習歷程模式，Brockett &
Heimstra（1991）的個人責任取向模式，胡夢鯨（1996）的自
主學習循環模型。各模式均有其理論依據及適用的體系和場合，
自我導向學習者可就自己狀況，選取合用的模式，或綜合若干模
式之特點一起運用。

第三章　影響自我導向學習的因素

　　瞭解自我導向學習的理論和模式後，筆者將分析影響自我導向學習的因素，分為學習程序方面的因素及學習者方面的因素兩節。

第一節　　學習程序方面的因素

　　這些資料都是從實證性研究（varification studies）蒐集再加以組織成的；有些項目實徵性研究多，資料豐富，有些項目則十分缺乏，尚待開墾。根據 Tough（1978）統計，大約 90%的人口，每年至少有一項自我導向的學習活動。他在 1979 年的研究，一年中幾乎每個人都會進行一項或兩項學習計劃，每一年所進行的計劃，中數為八項，每位成人每年花 700 小時從事學習計劃是很平常的，而且 70%的計劃是屬於自我規劃的。Penland（1977）的研究顯示，有超過四分之三的成人（76.1%），每年至少進行一項自我規劃的學習計劃，平均的計劃數是三項，而且平均花費 155.8 小時在規劃與指導學習進行的事項上。Hiemstra（1976）則發現每人一年平均進行三項計劃，投入 325 小時的學習時間。Sears（1989）對居住在美國德州 Tom Green County 五十歲以上的年老成人之自我導向學習專案所做質性研究，發現：120 位受訪問的老年成人，在以往年歲中，總共進行了 239 個自我導向學習專案，平均每人 1.99 項。其中 95%的受訪者，在去年一年中，至少從事了一項學習專案，而且大多都是為達成自我享受（self-enjoyment）及自我實踐（self-fulfillment）之目的，由自己計劃（self-planned）的學習專案。郭麗玲（民 88）調查我國圖書館資訊專業人員，一年來所進行自我導向學習的項目發現，學習一項及兩項者最多，佔 21%；學習三項者佔 13%；平均一年進行 4.74 項。Varlejs(1999)抽樣調查美國圖書館協會

(American Library Association)773 位個人會員，回收 521 份可用問卷發現：77％都進行了與工作有關的自我導向學習，花費的時間大約是正式繼續教育(continuing education)時間的三倍。由此看來，自我導向學習對成人學習者來說，是十分重要的。以下描述學習程序方面的因素，包括學習原則、學習步驟、學習方法、學習策略、學習內容、學習成果評鑑、學習資源及學習的助力及阻力等八項。

壹、學習原則

　　Gibbons, et al.（1980）從研究中整理出自我導向學習的 14 個原則：

　　1.控制的權力放在自我教育者手中，而非機構手中。

　　2.自我教育的重點限於特定的範圍，而非廣泛的範圍。

　　3.自我教育的目的，是為了立即的利用。

　　4.自我教育者之動機，是為達成某一既定學科之慾望。

　　5.工作完成的認定和獎勵，對自我教育者是相當重要的。

　　6.對於學科的選擇，大多根據以往的經驗、興趣和能力。

　　7.自我教育者大多採用適合於自己學習型態的各種方法和技術。

　　8.自我教育有助於下列個性之發展：正直、自我訓練、堅忍、勤勉、利他、對他人有敏銳的感覺及強烈的導引原則。

　　9.這些人趨向於發展獨立、不墨守成規及創新的特質。

　　10.「閱讀」和「其他處理知識的技能」對自我教育者來說，是重要的。

　　11.少年時期的經驗，對最後選擇某一學科成為自我教育

者，有很大的影響。

12.最理想的自我教育環境是溫暖並具支持性的，其中至少
有一位關係親近的人。

13.自我教育者傾向於擁有較好的人際關係技能並廣受他
人喜歡。

14.以上個性與「成熟的個性」很相符，並與「自我實現」
有關。

不過，Haggerty（2000）對美國南路易西安那社區學院一
年級修習一般生物學課程的 36 位成人學生（年紀從 18～36 歲）
做了一個深入訪談的質性研究。學期初只有 6% 的學生喜歡自我
導向式的學習；經過一學期指導他們自我導向學習的技巧並實行
自我導向式的學習；期末時，共有 33% 的學生喜歡自我導向學
習。此外，自我導向學習和學業成績成正相關；他們對學習的責
任感加重，更了解資料，對學術刊物的寫作方式也有正向的態
度。可見教導及應用自我導向學習的技巧，會改變成人學習者，
去喜歡自導式的學習型態；但是，大部分受試者仍然喜歡教師導
向的學習方式。這與前述成人學（andragogy）認為「成人學習
者是自我導向」的理論並不相符，或許成人學忽略了成人學習者
在幼年中小學的學習經驗中，所產生的外在影響。

Gross（1981）在獨立學習中，確立了以下三個共同元素：

1.學習的動力根源於對研習主題的天生熱情。

2.獨立學習者不願過於審慎規劃未來的學習，寧可讓他們的
學習順著原有的邏輯發展。

3.他們往往會將精力投注在某種書面成果的製作上。

我們可知：自我導向學習者具高度自主與控制的主權，學習
是為了立刻解決面臨的問題；不過並不做太週詳的規劃，多順其
自然發展；傾向於用自己喜歡或習慣的學習方法和型態來學習。

貳、學習步驟

第二章敘述把自我導向學習視為一種歷程時,曾提及 Tough 及 Knowles 所談到的自我導向學習的步驟,Tough(1971)提出十三個步驟,Knowles(1975)則提出六個步驟,已如前述。黃富順(民 86)則將自我導向學習活動分為四個步驟:

一、擬訂學習計劃:包括學習目標,學習資源,學習方法及策略,學習評鑑四方面的計劃。

二、尋找學習資源:包括人力資源(同事同學、親朋好友、專家學者或師長等),及非人力資源(書本、雜誌、期刊、電視、錄影帶、光碟、網路等)。

三、進行學習活動:涵蓋學習方式的選擇及學習時間的安排等。

四、評鑑學習成果:可做自我評量,他人協助評量,也可依據事先擬妥的檢核表進行評鑑。

綜合三家言論,黃富順的四個步驟簡明扼要,內容包含豐富。若以此為基礎來看,Knowles 增加了第一個步驟,診斷學習需求;不過自我導向學習歷程中,這是相當重要的初步工作,若無需求,當然不會有學習慾望,也就不必擬學習計劃了。在 Tough 的 13 個步驟中,第 7 步驟:評估目前知能與學習後想要達到之知能的差距,簡言之,也就是學習需求的評估,評鑑想要達成的學習成果與自己目前狀況的落差。可見學習需求診斷,確實是相當重要的。此外,Tough 第 3 及第 11 個步驟所提及的學習場所及學習經費,可歸入黃富順及 Knowles 所敘述的「尋找學習資源」內。另外,Tough 第 8 個步驟的評估現階段學習的助力與阻力,及第 13 個步驟提及設法增進學習動機,對自我導向學習是重要的影響因素,不過在 Knowles 及黃富順的學習步驟中卻忽

略了這兩方面的陳述。若能在擬訂學習計劃時,先注意到學習的
助力及阻力,可善用助力的因素,而預防阻力之產生,對學習計
劃的達成會更有效。若在學習活動進行時,隨時加強學習者的學
習動機,使得自我導向學習,越學越有興趣,效果也會更好。

參、學習方法

　　每位者採用的學習方法各不相同,學習方法也稱做學習型
態或學習風格。Adenuga (1989) 就 1978 位研究生所做的研究
發現:學習型態的喜好,會直接影響自我導向學習準備度。文獻
中,有關成人學習方法的探討,有不同的分類準則,有按學習者
的個性分的,有依學習心態分的,也有依具體的感受方式分的,
略述如下:

一、依個性分

　　依照學習者的個性是否獨立,來分析所喜好或適用的學習
方 法 , 如 Witkin 所 發 展 的 場 地 獨 立 / 場 地 依 賴 理 論
(Field-independent/Field-dependent,簡稱 FI/FD),對學習者所
採用的學習方法,值得重視。場地獨立者有較清晰而分化的知覺
功能,能以自己的內在架構審視事物,較不受環境背景影響,喜
歡獨立一人的情境,較傾向於自訂目標與增強,喜歡發展自己的
學 習 策 略 , 較 能 從 事 自 我 導 向 學 習 。 (Bonham,1989;
Bitterman,1989; Shelley,1992) 場地依賴的人,喜歡同伴,喜歡
與別人在一起學習,也較需要外來所設定的目標與增強及明確的
提示,從事自我導向學習有較大的困難。

二、依學習心態分

依照學習者學習時的心態和狀況，來分類其學習方法。

（一）Kolb (1975,1981)

Kolb（1981）以具體-抽象(concrete-abstract)及主動-反思(active-reflective)兩個向限，將學習者分為四種類型，正是他在1975年「學習型態目錄」(learning style inventory) 所宣稱的四種學習形態: (Kuo,1997)

1、**收斂者(convergers)---**最擅長於概念化及活動實驗，不情緒化，喜好處事而不願處人；大多具物理背景及工程師屬此類學習型態。

2、**發散者(divergers)---**最擅長於具體經驗及反思性觀察，他們對人很有興趣，善於想像；許多諮商員、輔導員和人事經理屬此類學習型態。

3、**吸收者(assimilators)---**擅長於抽象概念化及反思觀察，喜歡透過歸納推理來創造理論性概念；大多科學家及數學家是吸收者。

4、**順應者(accommodator)---**最長於具體經驗及活動實驗，好冒險，喜歡透過嚐試錯誤來解決問題；大多市場調查員及推銷員屬此類學習型態。

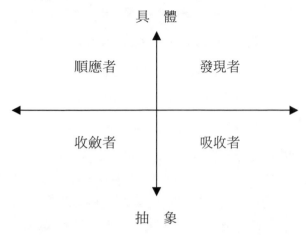

圖 3-1-1   Kolb (1981) 的學習形態類型圖

（二）Grasha & Riechmann (1974)

　　將學習者依學習心態及與同儕互動的關係，分為以下六類：
競爭的、合作的、逃避的、參與的、依賴的、及獨立的。

（三）Ward(1982)

　　將學習者的心態，依哲學取向，分為四種學習風格：理想
主義者、實用主義者、現實主義者、及存在主義者。

三、依感覺方式分

　　James & Galbraith (1985) 認為：個人學習型態是個人經
由各種感覺的學習形式，來吸收環境中各項資訊的方法。學習形
式 (learning modalities) 包括以下七項：

　　　（一）**印刷的(print)----**這些人最常使用讀和寫的方法來學
　　　　　　　　　　　　　　　　習，

　　　（二）**聽覺的(aural)----**透過傾聽來學習，

（三）**互動的(interactive)----**透過語言來學習，

（四）**視覺的(visual)----**經由觀察來學習，

（五）**觸覺的(haptic)----**經由觸感來學習，

（六）**肌肉運動知覺的(kinesthetic)----**在動作中學習，

（七）**嗅味覺的(olfactory)----**透過嗅覺及味覺來學習。

　　他們發現聽覺、互動、視覺及觸覺四種學習形式，是成人最常使用的方式，不過因年齡略有不同：20-49 歲成人學習者的學習形式，依序為：視覺，觸覺，互動，及聽覺；而 50 及 50 歲以上的學習者，則依序為：視覺，互動，聽覺及觸覺。

　　Coolican (1974) 綜合若干研究指出：最常被自我導向學習者使用的方法是練習、閱讀和討論，其次是聽講、觀察和接受教導；也就是學習者能直接主動進行的方法，較常為學習者所採用。（黃富順,民 76）Penland（1979）指出：45% 的自我導向學習者，偏好採用觀察和閱讀兩種方法；30% 喜歡與別人商談、請教問題、聽講、練習或嘗試錯誤；只有 3% 的學習者，喜好作筆記、解決疑難或遊戲扮演等方法。

　　郭麗玲（民 88）對我國圖書資訊專業人員的調查發現：使用最多的自我導向學習方式是，閱讀書籍（佔 16.7% ），其次常用的五個方法分別是：自己練習、思考、摸索（佔 13.5% ），與朋友討論（佔 12% ），閱讀期刊、雜誌、報紙（佔 11.9% ），向專家請教（佔 10.8% ），到圖書館及書店找資料（佔 8% ）。以上六種學習方法都是學習者直接主動進行的方法。

　　Russsell（1988）對美國密蘇里州 Kansas City 附近八所社區醫院 40 位合格女護士（年齡在 26～50 歲之間）所做的研究，發現：自我導向學習準備度與結構喜好（ preference for structure）呈負相關，也就是說自我導向準備度越高的成人護

士，愈不喜歡結構式教學；喜歡主動的觀察、練習、思考或閱讀、討論，較不喜歡教師按照資料講解的注入式教學。不過自導準備度與學習成就之間，並無相關性存在。

Chang (1990) 的研究發現：中華民國大學生的自我導向準備度低於美國一般成人的標準；而且契約學習會降低學生對教師原來採用之結構性學習的喜好。

在非正式學習網路方面，地方性的同好者俱樂部是很重要的資訊交換場所；這種資訊交換都是在主動、自然的情況下發生的，都屬於互動取向的學習型式。Elsey（1974）調查 20 個志願性組織的 350 位成員，他們認為正式學會的演講對他們的學習具有教育性；屬聽覺的學習型式。Tough、Elsey 及 Brookfield 都注意到，對獨立學習者來說，口述傳統（oral tradition）在知識與技能的傳遞上，佔有主導的地位；（Brookfield 著，李素卿譯，民 86）也說明聽覺及互動式學習的功效，而具有特殊技能的人也可發揮資訊顧問（resource consultant）與技能示範的功能。

肆、學習策略

學習策略（learning strategies）指學習過程中被學習者用來促進學習效能的活動。（Mayer,1987）Mayer 並認為學習策略與教學、學習歷程、學習結果及學習表現之間，有密切的關係。（Mayer,1988）

Weinstein & Mayer（1986）綜合文獻，將學習策略分為八類：

1.基本的複誦策略（rehearsal strategies），如複述一系列名詞。

2.複雜的複誦策略，如抄寫，劃重點，做筆記。

3.基本的精進策略（elaborative strategies），如形成心理意像及關鍵字句。

4.複雜的精進策略，如摘釋，做摘要，下標題，找出新舊觀念之相同處。

5.基本的組織策略（organization strategies），如歸類及排列次序。

6.複雜的組織策略，如做大綱，做網路圖等。

7.理解監控策略（comprehensive monitoring strategies），策略與後設認知有關，如檢視錯誤和自問自答等。

8.情意與動機策略，如鬆弛，思考中斷法及克服考試焦慮等。

　　McKeachie（1988）將學習策略分為三大類：（項必蒂,民80）

1.認知策略，包括複誦、精進及組織策略。

2.後設認知策略，包括計劃、監控及調整策略。

3.資源經營策略，包括時間經營、讀書環境經營、努力經營及他人支持。

　　閱讀是學習的重要途徑，劉瓊慧（民89）研究國中補校成人學生的閱讀策略發現：國中補校成人學生的閱讀策略與平時個人之閱讀習慣、認知風格及閱讀興趣有關。常常閱讀的人，對閱讀策略的熟悉與運用均較佳。國中補校的成人女學生多為家庭主婦，較有空閒閱讀，所以女性比男性較會應用閱讀策略。場地獨立的人，能以自我增強來獲得學習概念；而場地依賴的人，則需外來的增強，如伴侶的鼓勵及教師的要求。對有興趣及實用生活常識的學習內容，會運用閱讀策略去解決難題；對較無興趣的學習內容，則會略讀而過或乾脆不讀。劉瓊慧指出學習的內容與成人採用的學習策略有關。

　　可見，閱讀策略或學習策略確實對成人的學習，有很大的相關性存在。

伍、學習內容

　　到底自我導向的學習者都學些什麼呢？McCatty（1973）
發現：55% 專業男性學習的內容與工作有關，以便趕上新技術、
專業的進展與不斷變化的環境。Peter & Gordon（1974）發現：
自我導向學習計劃種類數目最多的，是與休閒或工作有關的學
習，其他則為家庭關係、個人提昇與宗教事務等領域。Penland
（1979）發現：自我學習計劃的內容中，75.9% 為實際課程（與
工作有關，嗜好，兒童照顧及駕駛等），17.2% 為自我修養（宗
教、哲學、社會學等），另 6.9% 為正式科目（語言、科學及歷
史等）。Benson 也指出 84% 的學習計劃與工作有關；Johns 研
究藥劑師自我導向學習計劃，30% 與其職業有關。（黃富順,民
76）而郭麗玲（民 88）研究我國圖書資訊專業人員的自我導向
學習發現，34.92% 為職業進修，22.22% 為休閒活動,其他則有：
家庭生活與管理（9.52% ）、身心保健常識（4.13% ）及公共事
務（1.29% ）。

　　對學習主題的選擇，係對此學科天生的熱情，尤其與少年
時的經驗，以往的興趣及能力有關；不過他們也需要有相關的知
識，處理技能，及環境的支持。Hassan（1982）研究美國 Iowa
州 Ames 城，隨機選出的 77 位成人，發現高自我導向學習者，
進行較高深的學習課程及自我實踐的專案,並經歷到高層次的滿
意感。

　　以上研究，除郭麗玲對圖書資訊專業人員的自我導向學習
內容，職業方面為次高之內容外；其他研究均證實自我導向學習
與工作及職業有最大的相關。至於退休人員或職業婦女的自我導
向學習，則不以職業為重。如：Coolican 發現：半數婦女的學
習計劃與家庭有關；Hiemstra 發現：55 以歲以上成人的學習內
容，很少與工作有關。（黃富順,民 76）

陸、學習成果的評鑑

　　進行自我導向學習的人是否達到他們預期的目標，是否滿意自己的學習成果呢？Penland（1979）的研究指出：65%的人非常滿意，認為個人的知識與技能獲得增進；但6%的學習者不滿意。有關學習量方面，57%認為學到很多，10%認為學得很少。郭麗玲（民 88）詢問圖書資訊專業人員自我導向學習目標達成之百分比，發現：達成 50%的最多，佔 16.4%；其次是達成 80%的，有 15.11%；達成 60%的，有 11.9%；達成 40%及 100%的，均為 10.29%；達成率在 40%以下的，十分稀少。可見，我國圖書館專業人員藉自我導向學習，均能達成百分之五十以上的預期目標。在詢問對「發展」的影響方面，認為對個人發展的影響最大，約佔 67.82%；其次是對工作發展的影響，佔 25.22%。對個人發展影響最多的是：充實生活、怡情養性，自我成長，擴充知識技能、拓展視野，增加自信心及不致落伍等。工作發展方面的影響，最多的是有利工作推展，及增進溝通與協調之能力。

　　雖然有關自我導向評估的實徵性研究不多，但成果評鑑是不可少的；郭麗玲的研究採用自評式的學習成果評鑑，這正是自我導向學習的精神和趨勢。

柒、學習資源

　　Tough（1978）及 Penland（1979）均將自我導向學習的學習資源，分為以下三類：人力資源，如專業人員及朋友等；非人力資源，如圖書、雜誌及電腦程式等；及團體資源，如興趣俱樂部及自助團體等。

　　非人力資源方面，張秀雄（民 82a；民 83）提及「文字教材」是自我導向學習中，繼續教育所採用的重要資源，大多使用

在編序教學、成人基本教育或高中同等學位課程中。文字教材，包括圖書內容、雜誌文章、及從網路與資料庫中搜尋的資訊等，都是自我導向學習者不可或缺的學習資源。Sears（1989）研究老年成人的自我導向學習專案，發現他們主要的資訊來源是書籍、小冊子和報紙。這個發現與 Tough，Hiemstra 及 Ralston 等人的研究結果相符。

鄧運林（民 84）則以「社會支持」來稱呼學習資源，社會支持指有關對學習環境態度、同儕學習及尋找幫助的行為等。良好的學習環境，包括讀書場所的溫度、採光、通風、色彩、噪音等，可歸屬 Tough 及 Penland 的「非人力資源」。同儕學習指同輩團體間相互切磋的情形，可歸屬前項分類的「人類資源」。尋求幫助行為，則指學習者尋求人力資源和非人力資源，這是 Tough 及 Penland 所未歸出的類別，應可歸入「人力資源」部分。

人力資源方面的實徵性研究提供我們一些啟發。Tough（1967）發現：成人在完成自我導向計劃的過程中，平均獲得 10.6 個人的協助。相識的人（如：工作同事及鄰居）與親密的家人（包括家人及密友），是他們最常尋求諮詢的協助者。而協助成人進行自我教導計劃最特殊的人－指導者與良師益友－往往是共同練習某種技能的配偶、學習夥伴或家庭教師。Strong（1977）在英國的研究也指出最親密的人，是最受歡迎的助手。Beder, Darkenwald & Valentine（1983）認為學習社群（learning cliques）是最有效的專業知識來源。Brookfield(1985)發現受訪成人的學習活動，大多在非正式學習網絡中進行。這些網路與資訊的交換，提供了在同儕之中互相學習、比較和評鑑的途徑。他們捨棄圖書館、錄音機與自我教學計畫，而選擇利用同儕、專家和學習夥伴，作為資訊的主要來源和技能示範。至於在非正式網絡中，如前段所述，同好俱樂部及志願團體中，具有特殊技能的

學習者、熱心人士（enthusiasts），常擔任資源顧問與技能示範，也是很好的人力資源。（Caffarella & O'Donnell,1988）

　　另有幾個實徵研究是對特殊職業團體所做的，例如：Kathrein（1981）對護士的自我導向學習研究顯示：護士最常用的資源是與同僚的非正式討論，這是人力方面的資源；其次是閱讀其服務單位所提供的相關資料，屬於非人力資源方面。Richard（1986）研究藥劑師，他們最常使用的是醫學教科書、期刊及與同事間的非正式談話。藥劑師和護士使用的資源類似，但非人力資源方面，他們所閱讀的是書籍和期刊，而不只是服務機構供應的資料。至於農人方面，Bayha（1983）發現：他們最重要的資源是商業廣播電台的廣播及大學推廣部的田野教學日。Varlejs(1999) 對美國圖書館協會個人會員所做的自我導向學習研究發現：工作環境、學習機會及個人對自己是否為自主學習者的認知三個變項，對圖書館員的繼續專業學習，提供了合理的架構。另外，行政的支持與自我導向學習準備度有強烈正相關；也就是圖書館對「學習假」(release time)、經費協助及專業發展花費的給付等，會促進圖書館員的自我導向學習。

　　至於特殊年齡群的老人，他們最常用以諮詢的來源範圍裡，「親密的人」並不那麼重要；比較重要的訊息來源，反而是書籍、報紙與小冊子。（Hiemstra,1976）

　　將人力、非人力及團體資源混合在一起做研究的，如 Peters 及 Gordon（1974）對城鄉不同社經及教育背景的人所做的自我導向研究發現：自我導向學習者最喜歡引用的前三項資源是：書籍、專家及雜誌，第四項是研究工具及原始資料，再其次才是朋友及家人。Penland（1977）對全美國成人樣本所做的研究發現：最重要的資源，依次是有專門知識的朋友和親戚（75.2%），書籍（71.2%），交往密切的親友（58.7%），旅行（52.5%），個別

私人教師的教導（49.2%），付給報酬的專家（48.8%），報紙
（48.1%），電視（44.2%），班級或系列演講（43.1%），由同性
質成員組成的團體（41.8%）。以上研究中，比較特別的是使用
研究工具及原始資料與文獻，及 Penland 發現美國成人所採用
的旅行及付費的專家；這些人力及非人力資源都是支持自我導向
學習，相當重要的資源。

Penland 還做了學習者與非學習者在利用資源方面的差
異，發現：「非學習者」把電視和廣播視為重要的訊息來源，而
低估書籍的地位。至於教育程度較高的自我導向學習者，卻常將
書本視為重要的訊息來源；教育程度較低者，則較依賴電子媒
體。這是一項很有啟示的發現。前述 Hassan (1982) 發現自我
導向學習者在內容方面，多進行較高級的學習課程；此處又有
Penland (1977) 的發現，可以說教育程度及自我導向學習的高
低，對學習內容和學習資源的運用均有相關。

Gross（1981）提到獨立學習者在學術範圍之外進行學習，
通常面臨到的資源問題，包括財務、人力與教材等方面；另外，
下列資源也很感需要：研究協助、行政支援、學習夥伴間的互動、
電腦設備的取得，以及與能提供訊息及能批判之聽眾討論個人研
究心得的機會等。這些面向是深入、切中命題卻少被研究者發現
的資源，值得思考。

Hiemstra（1985）以表 3-1-1，來說明在一次自我導向學習
講習會中所使用的潛在資源，分為媒介物、個人、機構/團體及
良師四項。

表 3-1-1　一次自我導向學習講習會中所採用的潛在資源範圍

媒　介　物	個　人　化	機構/團體	良　師
.期刊/雜誌	.旅行	.課程	.同儕評論
.編序學習	.能力考評	.開放大學	.示範
.卡式錄音帶	.遊戲式設計	.圖書館	.良師
.電腦	.觀察	.私人學校	.個性分析
.練習簿	.個人目錄	.機構參訪	.學習夥伴
.互動式錄影帶	.自我對話	.會議	.諮商/測驗
.電視	.學習專案	.博物館/美術館	.資訊顧問
.廣播	.個人日記/剳記	.討論團體	.網路/網路組織
.學習模組/工具箱	.實習工作		
.影片/錄影帶	.激勵性回憶		
.會議式軟體			
.電子網路			

（資料來源：Hiemstra,1985）

　　Hiemstra 在表內所提及的資源，包羅廣泛，若在個人化的欄位中再加入「學習心得發表」及機構/團體的欄位中加入「行政支援」這兩項，就更完整了。與 Tough & Penland 的三類資源相較，此表特重人力資源，包括個人化及良師兩欄；媒介物屬非人力資源；機構/團體屬團體資源，具異曲同功之效。

捌、學習的助力和阻力

　　自我導向學習的成敗受許多相關因素之影響，筆者介紹幾個研究所提到的助力及阻力。

　　Hiemstra（1988）提出能鼓勵自我導向學習的九個重要因素：

1.學習需求的辨識：用各種技術幫助學習者，找出與課程主題相關的個人需求，使他們能對學習負責。

2.學習目標確立：有了學習需求後，學習者應選擇特殊的目的、目標和主題，並將之整合到學習契約或學習計劃中。

3.訂定預期結果：學習者期望的結果應與自己的需求、學習主題及目的相配合；促進者則提供建議。

4.評鑑方法決定：鼓勵學習者選擇最適合其學習型態或偏好的評鑑方式。

5.選擇文獻保存法：鼓勵學習者保存文獻並記錄他們的成就，例如：日記、學習日誌及所發表的學術性文章等。

6.選擇合適的學習經驗：選擇適合其特殊情境的學習經驗，如：小型實習、閱讀或聽錄音帶等，教學單位也監測不同學習經驗對學習者的適當性。

7.運用不同的學習資源：學習者可按自己的需求和興趣，選擇學習資源，如：建議的教科書、講師設計的研究指引、作業練習簿、補充資料、書目及圖書館之閱讀建議、媒體資料、可外借的個人資料、校外資源專家及學生從以往課程得知的資料等。

8.理想學習環境之安排：能以各種方法刺激學習環境，依自己的價值，選擇教學、教材及評鑑方式，以激勵學習。

9.學習步調之決定：先告知組織的相關規定，學習者在此範圍內，決定自己的學習步調，並可與教師協調。

　　Caffarella (1993) 提出減少抗拒自我導向學習的四個影響因素：

1、技術的程度：很多學習者害怕自我導向學習，是因為其自覺缺乏自我導向學習技巧，如目標設定、計畫、自我管理及自我評估技巧。

2、對主題的熟悉度：Ellsworth (1992) 指出自我導向學習與主題熟悉度有關，愈熟悉的主題，愈能從事自我導向學習。

3、個人對學習的能力觀：即個人對其本身是否具有自我導向學
　習能力的觀點，Ellsworth (1992) 提出信心的具備與否，是
　影響從事自我導向學習的重要因素。

4、學習事件的脈絡：很多學習者喜歡在一個具有互尊及信任氣
　氛的學習環境中學習，因此安排一個具支持性氣氛的學習環
　境，是很重要的。

　　Hiemstra 的九個因素係針對參與正規機構學習的情境；
Merriam & Caffarella（1991）則偏重非正式學習環境中，可能
決定自我導向學習的個人變項：學習者的動機，學習情境，學習
者執行學習的能力，學習者對學習內容所擁有的知識經驗，尋找
資源及評斷資料用處的能力及可以利用的人力協助等。

　　郭麗玲(民88)研究我國圖書資訊專業人員自我導向學習，
發現有助於學習的助力，依次為：人力資源（33.34%），非人力
的一般資源（27.09%），工作因素（19.8%）及個人因素（19.7%）。
阻力則以學習者個人因素為最大，佔64.55%；其次是人力資源，
佔 14.55%。該研究所謂的「人力資源」，包括朋友、同伴、同
事及家人（溝通）與家務；「一般資源」指資料、圖書館、學習
環境、專家指導、學習規劃、課程及作業要求。這些是圖書資訊
專業人員從事自我導向學習時，相當大的助力。至於阻力方面，
最大的是「個人因素」，以(1)時間，及(2)健康、體力、視力、記
憶力、專注力兩項，為最重要之因素。所以學習時間管理及趁視
力、記憶力衰退前積極開始學習，是明智之舉。

　　Gross（1981）提出能協助正式教學體系內，獨立學習者
的六項改革：（Brookfield 著，李素卿譯,民86）

1.設備提供以及機構資源的使用權利。

2.容許獨立學習者，以充分之彈性參與研究方案，以保留對學習
　的掌控力。

3.可將獨立學習者，當成附屬的大學教授成員。

4.頒發獎學金的基金會，應更加關注獨立學習者的需求。

5.為獨立學習者，開創一個特殊類別的會員專業組織。

6.讓業餘學習者，有更多出版的機會。

　　這樣看來，影響自我導向學習的因素，除了人格特質等個人因素外（將在第二節討論），資源、環境及行政方面的細心考慮，對自我導向學習都有正向的幫助；不過，郭麗玲的研究指出，最阻礙自我導向學習的也是個人因素，更突顯自我導向學習與個人特質間的密切關聯。黃富順（民 76）建議，發展個體自我導向學習的能力及提供學習者適當的幫助，將可解決自我導向學習的許多困境。

　　綜上所述，有關自我導向學習在學習程序方面的因素，共分為原則、步驟、方法、策略、內容、成果評鑑、資源及學習的助力和阻力八個類目，總括如下：

1、學習原則多依自己喜好之型態及學習方式來進行，順其自然，但多由學習者自主，自己來掌控。

2、學習步驟，一般先有計劃，尋找資源，再執行學習，最後做自我評鑑。

3、學習方法，喜歡自己能主動進行的方式，如：閱讀、練習、討論及聽講、觀察、受教導等。

4、學習策略則各有不同，場地獨立者能自行設計、自我鼓勵，場地依賴型的學習者則需要指導者之鼓勵、作業要求等；成功的自我導向學習者多趨向場地獨立型。

5、學習內容，除了婦女及退休人士之外，絕大部分與職業有關，

正好與他們的學習動機相呼應。

6、學習評鑑以學習者的自我評鑑方式為最佳，大多均能達成五成以上的預訂目標。

7、學習資源，在人力資源方面以相識的人及親密家人最重要；非人力資源方面，以書籍雜誌最重要；團體資源方面，以課程、會議及同好俱樂部為主。

8、最有助於自我導向學習的變項是人力資源；最有礙學習的卻是個人因素，如：時間及健康、體力等。

　　為使每個人的自我導向學習都能成功，都能達成自己設定的目標，對影響因素的研究是絕對必須的，這包括第二章所談到的歷程、個人特質、能力、教學、互動、過程與結果六個面向；若簡單分類，就只分為學習歷程及個人特質兩類；此節提及學習歷程方面的文獻及實徵研究。不過，我們發現近年來較新的實徵研究，仍遠遜於 Tough 當年的各種研究，值得我們一起努力。下一節再看學習者方面的因素。

第二節 學習者方面的因素

由 Knowles（1975a）以及 Guglielmino（1977）對自我導向學習的定義來分析，可以發現到學習之主體--個人本身，是自我導向學習成功與否的最主要因素。此節分六段，探討自我導向學習者的人格特質、學習動機、學習態度、生活滿意度、家庭教養、及其他人口變項的理論及文獻。

壹、人格特質

人格具有獨特性，是個體在組織知覺、信念、行動與反映的獨特型態。人格特質是：（Costa & McCrae，1980，引自黃富順、陳如山、黃慈，民85）：(1)長久持續地在思想、情感與行為的類化傾向，(2)特質所影響的是時間較為長久且在不同情境中的行為，(3)是個體與情境互動的結果，(4)擁有動態尋找或製造表現行為的傾向，而尋求新的情境以獲得新的經驗，(5)可能在成人生命不同階段中，展現不同類型的行為，(6)不一定是遺傳或生物性的，(7)適合於描述或預測個體心理特徵，及(8)依年齡或發展的關係，而加以劃分。

人格特質的形成是天生的，還是受環境影響，或是個體與環境互動的結果？有三種理論探討人格特質的成因：（黃富順、陳如山、黃慈，民85）

1、特質論：認為行為的根源來自於嬰兒期與兒童期的人格組成，成年期的一些改變，僅為既定主題的變化而已。

2、情境論：個體的行為是情境下的產物。

3、互動論：人格是個體與情境交融的結果。

此外，Erikson 談到：人格的心理社會發展八階段論中，認為每一階段皆有情緒的中心主題，來自於人的內在生物壓力（漸

成原則)與人的外在社會文化期望(環境);人格即是在處理情緒中心主題時形成的。而馬斯洛將自我實現的人格特質歸納為十五種:(1)對現實更真切的認知,(2)接納自我與他人,(3)自發性,(4)問題為中心,(5)超然,(6)自律,(7)持續地欣賞,(8)神秘經驗,(9)對兄長般充滿同情與認同的愛(Gemeinschaftsgfuhl),(10)獨特的人際關係,(11)民主的個性,(12)分辨手段與目的,(13)不具敵意的哲學式幽默感,(14)創造力,及(15)抗拒文化適應。(黃富順、陳如山、黃慈,民85)

West & Bentley(1990)亦對自我導向學習準備度量表進行因素分析研究,結果發現其因素包含六個層面:熱愛學習、作為一個學習者之信心、對挑戰的開放性、探索本質、自我了解、對學習責任之接納性。(洪世昌,民 84)在信心方面,Shimray(1999)對美國德州 Tarrant County 南部浸信會教堂的亞裔信徒,整體信心成熟度與自我導向學習準備度的關係研究,發現:成熟信心的八個指標與自我導向學習準備度,有中度正相關。其中最高的三個是:(1)相信,信任,(2)信心果實的經驗,及(3)信心與生活的整合。

Tough(1979)對於「高學習者」(high learners)有如下敘述:「設立清楚可行的目標(set clear action goals);選擇適當的知識和技術(choose appropriate knowledge and skill);計劃清楚明確易行的學習程序(plan their learning episodes fairly easily);不去做過分的學習而產生挫折感(learn without undue effort or frustration)。(Elissa,1987) Fellenz (1985)歸納出自我導向學習是隨心理的成熟而發展的,與成人自我導向學習之發展有關的主要因素,有三:(1)內在導向,(2)內控性,及(3)自主性。

Skager（1978）將自我導向學習者的人格特質歸納為七種：

（1）　接受自我

（2）　有計劃性

（3）　內在激勵

（4）　自我評估

（5）　具有嚐試新經驗的開放胸襟

（6）　彈性

（7）　會對所學的內容提出質疑，主動積極的尋找問題的答案
　　　和設法解決問題。

　　由 Guglielmino（1977）對自我導向學習所下的定義可知，
Guglielmino 是以個人取向的觀點，強調個人特質對自我導向學
習的重要性。Guglielmino 探討個人特質變項與自我導向學習之
間的關係時，其中兩個主要的概念是「準備度」（readiness）與
「自主性」（autonomy）。不過，影響自我導向學習的個人特質
變項，除了準備度與自主性的人格特質外，還有內外控信念及好
奇心與創造力等因素。茲分述如下：

一、準備度

　　Guglielmino 為測量學習者進行自我導向學習的能力，建構
出自我導向學習準備度量表（ Self–Directed Learning
Readiness Scale，簡稱 SDLRS），此量表有八個因素，說明具
有高自我導向學習準備度者的人格特質，包括：

　1、樂於學習

　2、自認為積極的學習者

3、能主動、獨立地學習

4、對自己的學習有強烈的責任感

5、愛好學習

6、具有創造力

7、未來導向

8、擁有基本研究技巧及解決問題的能力

　　Thompson (1999) 發現：喜愛學習(love of learning)，尤其是辨識自我導向學習者的有效工具。

二、自主性

　　「自主性」代表學習者是獨立且願意參與學習。但許多學者也指出：學習者的自主性和情境變項有關，即學習者可能在不同的情境中，由於有著不同的需求、能力、學習慾望或是學習資訊，而擁有不同程度的自主性。另外，Boucouvalas 提出「和諧性」（homonomy）的觀念來與自主性互補，相對於「自主性」強調個人單位的獨立性與獨特性，「和諧性」代表的是與家庭、社會團體、文化甚至宇宙秩序等的互動及和諧。Candy（1991）在自我導向學習的四個面向，提到所謂「自主性的發展」是---

1、自主是先天的性情：先天論，最適當的教育方式是個人的探索與發現；

2、自主是獲得的特質：自主性的獲得，是藉由特定經驗與社會化過程的影響而得到的；

3、自主是習得的特性：情緒自主有某部分是天生的，某部分是由經驗中獲得的；然而其他部分的自主，如合理性的反思的

自主,則是經由教導或環境脈絡而形成的。

至於「個人自主」(personal autonomy)的概念,表示一個人必須是:

1、自己構思目標、策略與計畫,並形成目的與意圖,不受他人的壓力;

2、思考或行動能自由選擇,並不受能力的限制;

3、運用合理反思、判斷多種選擇的能力;

4、有意願與能力,大膽而果敢的實現,並完成前述三點,不受他人的鼓勵、保證或反對所左右;

5、面對挑戰與逆境時,能盡量對情緒加以自治;

6、認為自己是一個自主的人。

西方文化重視個別性、獨立性及自主性,自我導向學習者必須對自己的學習歷程負責,從設定目標、決定教材到評估成果,都讓學習者學到「自主」。這與東方文化有很大的差別,並不是每種文化都把「獨立」和「自主」視為美德的。Nah(1999)針對生活在男性主導之專業領域中的韓國女性領導者,做了一項深度訪談的質性研究,來探究東方文化中「自我導向」的意義。韓國文化極為讚賞獨立性,但自我導向學習歷程並不會造成婦女獨立於她們的導師(mentors)或其他學習資源之外。自我導向學習的評鑑,在於評估學習者是否變得更為相互依賴(interdependence)、獨立及自主。教育學幫助學習者相互成為彼此的學習資源,他們的學習目標不完全在個人的成長和興趣的發揮,反而是以社群中他人的福利為重。在韓國,自我導向學習者互助的美德,和獨立、自主的美德並無衝突,他們並不是兩極、水火不融的概念。這些女性專業領導者一致認為,全體在個人之上,互助尤勝於獨立與自主,這是以東方文化來做自我導向學習之自主性的另一層考量,值得思慮。

三、內外控信念

自我控制（personal control）是個人相信在某種場合中，個人之表現依據自己處理某種事件的掌控程度。一個有高度自我控制感的人，會有勝任感的信念；自我控制感較差，則意味著其行為在其他力量的支配下，而不是由個人自身的力量所支配。大多數有關自我控制的研究，採內外控的架構；內外控指一個人願意為何者或什麼事負責。（Cavanaugh 著，徐俊冕譯，民86）

自我導向的學習者比較傾向於內控人格（Bonham，1989；Skaggs，1981），但 Young（1985）與 Adams（1992）的研究結果卻顯示，自我導向與內外控信念無關；可知內外控信念與自我導向學習的關係，尚待進一步研究。

四、好奇心與創造力

Guglielmino ＆ Guglielmino（1983）對一個大型公共事業公司 753 位員工做的研究，發現：績優工作人員的創造力、問題解決能力及改變的程度，均高於其他一般工作人員。Roberts（1986）的研究指出：自我導向學習準備度（SDLRS）的分數與創造力、問題解決能力、工作須要改變的程度及教育程度之間，有明顯的關係；與 Torrance ＆ Mourad（1978）發現 SDLRS 與創造力之間有顯著相關的結果相符。

Barner (1998) 對 170 位參與學分至的大學護士課程的護士們，做有關好奇心與自我導向準備度的關係研究。好奇(curiosity)指「對知識的渴求」。結果發現：自導準備度和對知識的渴求有明顯正相關，也和自己原有的價值觀有明顯正相關。價值觀和對知識的渴求（好奇），也有明顯正相關存在。顯然，具有好奇心與創造力的人，較傾向自我導向的學習方式。

貳、學習動機

　　張春興（民 64）定義「動機」是引起個體活動，維持已引起的活動，並促使該活動達成目標的一種內在歷程。Atkinson & Raynor (1974) 的成就動機理論，將學習動機歸納為四個要點：（1）個人對個人對事、對物、都有一種追求成功的傾向，此種傾向及個人的成就動機；而個人成就動機的強弱是由經驗中習得的。（2）當個人面對他所追求的事物時，會產生兩種心理傾向，一是追求成功的動機傾向，一是避免失敗的動機傾向。（3）個人成就動機的強弱，決定於個人對所面臨情境的認知。（4）成就動機的強弱，與個人人格特質有關。根據學者的研究結果，動機對人類學習活動影響甚鉅，動機弱，活動少，學得較慢。(朱敬先，民 75)

　　　引起動機的因素很多，其中 Varlejs(1999)的研究中發現，物質的酬賞並非主要的動機因子，Joe Dahlstorm 也認為能力的提高及服務的改善是最高的動機因子。學習的動機，包括了學習興趣與主動參與。（鄧運林，民 84）興趣是學習的原動力，興趣能使個體自動自發、認真學習；因此興趣是維持長期努力以獲得成就的驅策力。（盧美貴，民 69）而鄧運林（民 84）更提出能引起學習者學習興趣的四個方法：（1）使學習者認清學習目標，（2）使學習者享受到成功的滿足，（3）學習情境宜富變化，（4）培養多方面的學習興趣。至於主動參與學習活動，是指個人自我涉入的程度。Varlejs（1999）的研究中也發現，個體主動涉入學習的程度越深，越能達到自我導向學習。通常主動參與者在學習過程中，會熱烈的參與討論，對教師的講解會表示贊成或反對，上課時能自動做筆記，課後作業及複習也能自動進行；總之，課前預習，上課專心及課後複習，都按步就班做到。甚至進度落後會自動趕上，遇到瓶頸能設法克服，達到預期目標，又想百尺竿頭更上一層樓。

　　有關成人為何參與自我導向學習呢？Tough 的實徵性研究做了探究。Tough（1978）的研究列出成人為何偏好自我導向之學習方式的十大理由如下：

1. 想建立自己的學習步調，

2. 可使用自己的方式學習，

3. 學習方式有彈性且易於改變，

4. 可將自己的學習構想，列入學習計劃中，

5. 因缺乏參加班級學習活動的基本知識，

6. 希望學習能立即獲得結果，

7. 沒有參加團體學習活動的時間，

8. 不喜歡有老師教導的學習活動，

9. 缺少費用，

10.交通費用昂貴。

　　可見成人喜好自我導向式的學習活動，雖然也和若干外在環境有關，但其最強的動機是自我導向學習型態本身所具備之特點。

　　Tough（1982）針對有意的改變（intentional change）所做的研究，「有意的改變」係指：「出於慎重與志願選擇的改變，不會被強迫或強制進行，也不包括因意外事件而產生的有意反應」。（Brookgield 著，李素卿譯，民 86，p65）研究對象中，42%的人是由於「活動的改變」，如：職業變化、休閒的追求及義務工作等；另 42%的人是因為「個人的改變」而學習，如：發展理解力與覺察力及改變個人的行為；其餘 16%的改變與「個人環境改變」有關。

　　可見自我導向學習者學習的動機，主要是補充為因應各種

活動改變所需的知識與技能；由於自我導向學習型態的特色，吸引他們採用此種學習方式。

參、學習態度

「態度」是指個人對人、事、物以及周圍世界，憑其認知及好惡，所表現的一種相當持久的行為傾向。（張春興，民 90）Insko & Schopler(1972)認為態度是指對某一特定的人、事、物，一種較為持久或普遍的正向或負向的感覺。（丁興祥等，民 77）

至於學習態度，可分為積極的和消極的兩種：積極的學習態度，可使人對課程產生追求的欲念，或發生一種準備學習的狀態或喜愛的傾向；消極的學習態度，則將使人對學習產生一種厭惡或抗拒的心理。（錢蘋，民 46）個人的學習態度，會因其所在的學習環境而改變。其中家庭社經背景與父母的教養方式為相當重要的因素。（Kellaghan 等著，吳國醇譯，民 85）

學習態度是有關學習習慣、時間管理、努力經營等學習事項的準備狀態或行為；包括生理習慣，心理習慣、情感習慣、利用時間、專心自我教育等要件。學習態度良好，可提高學習的效率並增進學業成就。（鄧運林，民 88）

「學習習慣」包括安排讀書計劃、積極努力、今日事今日畢及主動學習等。習慣多少是自動的，習得的反應是動作的重複出現。學習習慣又包括生理習慣、心理習慣及情感習慣。學習的生理習慣，著重讀書姿勢及讀書的行為等；學習的心理習慣，指學習時注意力的集中與否及思考習慣；學習的情感習慣，指對學習所抱持的態度。Crolin (1998) 發現，批判性思考習慣與自我導向學習有相關性，而批判性思考，則包含評估論證及解釋證據兩項。Guglielmino（1977）發展的「自我導向學習準備度量表」中的兩個因素是：能主動起始學習，能接納自己的學習並對它負責；表示他們是自動的、負責任的且能規劃自己的學習計劃。Owen(1996)亦指出，自我導向學習與幸福(wellness)有關，在此

「幸福」指的是一個人負責地確認生活改善的領域及高度生活品質的選擇過程。其採用的研究工具為 TestWell 量表，為全國幸福協會(National Wellness Institute)所編製，它包含十個構面，分別為身體健康及營養學、醫療自我照料、安全、環境健康、社會知覺、性及情緒知覺、情緒管理、智慧健康、職業健康、精神及價值等，涵蓋了生理、心理、環境三個大的面向。在此研究中以「智慧健康」及「精神及價值」兩份分量表與自我導向學習相關性較高，而「智慧健康」指的是具批判性思考的能力及能做合理的決定；「精神及價值」則能提供個人學習的方向且變得更有智慧，而透過價值系統，個體可以學會評價自己的觀念，無論是正向或負向的學習經驗，都有能力進行學習。

　　「時間管理」對成人自我導向學習者來說，是十分關鍵的因素，正如：郭麗玲（民 88）的研究發現：台灣圖書館員自我導向學習最大的阻礙來自個人因素（佔 64.55% ），其中最嚴重的是時間的問題。成人學生大多有工作、有家庭，自由時間不多，善於利用時間來讀書，是很重要的。一天的時間可分為三部分：（1）必要時間，包括睡眠，吃飯等；（2）充分時間，包括工作或求學；（3）自由時間，包括休閒、自我進修等。（鄧運林,民84）如何利用有限的時間，尤其是零碎、片段的時間來學習，是不容忽視的。

　　「努力經營」指個人在學習活動中努力的程度。希望學習有結果，必須先要有實際的學習行動；在學習行動中付出的努力越大，收到的效果也越大。Cavalier（1992）研究懷特兄弟學習飛行的過程，不斷的實驗與練習，常常都是挫折和懷疑，在與理論對照後，務求達到熟練；在他們的學習過程中，付出的努力無法估計，重複的次數可能令一般人厭煩，他們卻堅持下來，漸漸有了進步，最終才實現人類「想飛」的夢想，可為努力經營的明證。

　　總之,「命好不如習慣好!」(游伯龍,民 87,p.29),有好
的學習習慣,善用時間,付出精神努力,才是最理想的自我導向
學習態度,持此態度學習,必定能有豐富的成果。

肆、生活滿意度

　　多數成人教育學者認為,成人教育的目標是在改善個人的生
活品質。許多研究也指出,生活滿意度越高,其自我導向學習準
備度也越高(Brockett,1982;East,1986;Diaz,1988;Owen,
1996)。Armstrong(1971)的研究將從事獨立學習的成人,依
所花的時間數多寡,分成高學習和低學習兩組。高學習組,平均
每年所花時間為 1121 小時,低學習組所花時間僅有 100 小時;
兩組人的人格特質不同。高學習組者認為自己是獨立的、可靠
的、能夠堅持到底,有高度的成就動機和能夠接受新經驗。而低
學習者則認為自己是溫和的、友善的、遵循傳統、並且滿意目前
的生活情形。(黃富順,民 76,p.82) East (1986)對 103
位住在美國 South Central Florida 退休村、60 歲以上的老年人
所做的研究,發現:自我導向學習準備度與生活滿意度之間,有
顯著關係存在;此外,他們願意對自己的學習負責,也喜愛學習。

伍、家庭教養

　　在個人的原生家庭經驗中,父母親的教養方式或態度,對
個人日後生活之影響是相當重要的;父母的教養方式是影響子女
心理與行為的重要家庭因素。就內涵而言,教養方式同時包含態
度層次與行為層次,前者是教養態度,後者是教養行為;「教養
態度」是指父母訓練或教導子女方面所持有的有關認知(或知
識、信念)、情感(或情緒)及行為意圖。「教養行為」是指父母
在訓練或教導子女方面,所實際表現的行動與做法。(楊國樞,

民 75)

　　對於父母教養態度可分為民主管教方式、專制的管教方式
及放任的管教方式三種。(朱瑞玲，民 79)　Baldwin (1945)　歸
納出種主要的教養方式：接納(acceptance)、民主(democracy)
及放任(indulgence)。Liebert & Wicks-Nelson (1981)等人則指
出，父母教養方式有：「接受-拒絕」(acceptance-rejection)與「溺
愛-限制」(permissiveness- restrictiveness)兩個層面。Becker
指出父母教養方式表現於三個關鍵的基本層面：「溺愛-限制」
(restrictiveness versus permissiveness)、「溫暖-敵意」(warmth
versus hostility)與「焦慮情緒的涉入-冷靜的分離」(anxious
emotional involvement versus calm detachment)。

　　台灣的實徵研究，在家庭教養方面有以下幾點結論：(1)消
極性教養態度或行為，如嚴格、拒絕及溺愛，不利於子女就動機
的培養。(2)積極性親子關係與民主性教養方式，有利於子女認
知能力、創造能力、及創造行為的發展；消極性親子關係與干擾
性管教方式，則不利於子女此等能力與行為的發展。(楊國樞，
民 75)

陸、其他人口變項

　　自我導向學習者的家庭成長背景與經驗，也會影響其人格發
展。陳貞夙（民 84）指出：自我導向學習準備度與若干主要個
人基本變項有關，如：（1）性別；（2）年齡；（3）教育程度；（4）
工作性質與工作經驗；（5）成年前家庭成長經驗；及（6）學業
成就。分別說明如下：

一、性別

　　在性別與自我導向學習準備度之關係的研究中，大多研究都
顯示，自我導向學習準備度不會因男女性別的不同而有差異，
如：Box（1982）、Roberts（1986）、Jones（1989）、Adenuga

（1989）、Shelley（1992）、Adams（1992）、Kreszock（1994）等。然而，Sabbaghian（1980）的研究發現，性別對成人學習者的自我導向性（self-directness）有顯著的影響；Bitterman（1989）的研究指出，性別可以預測個人的自我導向學習準備度；Guglielmino & Guglielmino（1983）對某大公司753位參加訓練課程的員工所做的研究發現：女性員工自我導向準備度（SDLRS）的得分略高於男性；而Durr（1992）的研究發現，卻是男性的SDLRS顯著高於女性。所以性別與自我導向學習準備度之間的關係，尚待進一步研究。

二、年齡

在年齡與自我導向學習準備度間關係的研究中，Sabbaghian（1979）、Long & Agyekum（1983）、McCarthy（1986）、Mancuso（1988）、Bitterman（1989）、Harriman（1990）、Hudspeth（1991）、Alspach（1991）、Shelley（1992）及 Frisby（1992）等人的研究都顯示：自我導向學習準備度與年齡有正相關，即年齡越大者，其自我導向學習準備度越高。

但也有些研究指出年齡與自我導向學習準備度無關，如：Box（1982）、Robert（1986）、Jones（1989）、Adenuga（1989）、Handford（1991）、Durr（1992）、Kreszock（1994）等。所以兩者的關係，尚無法確定。

三、教育程度

自我導向學習準備度，是否會因教育程度的不同而有所差異，研究成果頗為一致。Sabbaghian（1980）、Brockett（1982）、Guglielmino & Guglielmino（1983）、Roberts（1986）、Adenuga（1989）、Bitterman（1989）、Gardner（1989）、Durr（1992）

等人的研究均顯示，自我導向學習準備度與教育程度有正相關，即教育程度越高，或接受正式教育年數越多者，其自我導向學習準備度也越高。

四、工作性質與工作經驗

Thompson (1999) 發現：在工作中學習的人，「是否喜愛學習」是區別自我導向學習準備度的有效工具。自導學習者呈現的13 種能力，可歸納為：(1)行動行為(action behavior)，包括計劃、啟動、回饋和關心形象；(2)堅持行為(endurance behavior)，包括精力的展現及師生關係；(3)個人控制(personal control)，包括彈性、自信、自評、對組織的承諾及與他人的對話。

Adenuga（1989）指出：一個人以往工作經驗年數對自我導向學習準備度（SDLRS），有間接的影響；因為工作年數直接影響接收資訊的喜好，喜歡接收新資訊的人較傾於向自我導向學習。Reed（1980）發現：動機和學業成就有關，尤其是和工作相關的動機，是成人學習者成功的主要因素之一；而學業成就更常是達到工作晉升、被派負更多責任的職位，及造成收入明顯增加的手段。

Gardner（1989）研究美國州政府員工，自我導向學習準備度與工作環境間的關係，發現：自我導向學習準備度（SDLRS）的得分，與工作環境量表(Work Environment Scale，簡稱 WES)中的涉入（Involvement）、工作壓力（Work Pressure）及創新（Innovation）三項有顯著的關係；而不同層級員工的自導學習準備度（SDLRS），也有顯著差異。

五、成年前家庭成長經驗滿意度

Stubblefield（1993）有關兒時經驗與成人自我導向學習的深度訪談研究，發現：幼年時家庭關係的性質及種類，與自我導向學習準備度有關，尤其控制的需要 (need for control) 是影響準備度的主要因素。

六、學業成就

Harriman（1990）對美國 DeKalb 社區學院選修電訊課程（telecourse program）的 170 位學生所做的研究，發現：自我導向學習準備度（SDLRS）與其學業成就及年齡，有相關性存在。成就測驗得 A，B，C 三等第的成功男性學生，其 SDLRS 比其他成績較差之不成功的男學生為高；可是 SDLRS 並不能預測學生是否會全程完成此項課程。

綜上所述，學習者既是學習的主體，對自我導向學習當然有舉足輕重的影響。此節分析學習者的人格特質、學習動機、學習態度、生活滿意度、家庭教養及其他人口變項等六個類目，總括如下：

1、影響自我導向學習的個人特質變項，包括準備度、自主性、內外控信念，如好奇心與創造力等因素。

2、自我導向的學習動機，大多係因應活動改變所須之知能，其中大部分為職業所需。

3、自我導向學習者的學習態度良好，能堅持、善於利用時間，且願付出努力。

4、生活滿意度越高，自我導向學習準備度也越高。

5、家庭中，父母對子女有積極的教養態度或行為的，有利於子

女認知、創造能力及創造行為之發展。

6、自我導向學習準備度與教育程度、工作性質與工作經驗、成年前家庭成長經驗滿意度及學業成就等變項有關。

第四章　五行的理論與
自我導向學習的關係

　　接觸十四位案主自我導向學習成功的實例，從他們的背景、學習目標、起點行為談起，再探討他們的學習活動、評鑑及學習實踐；深深感受於他們對學習的熱衷和執著。研究者只能說他們的成功是有原因的。他們順著自己的興趣，自然而快樂的培養起相當的能力，最終享受學成的喜悅；當然也有不順利的情況，但是都能以建設性的方法做轉移，或暫時擱置與時勢不合的策略，才能不被擊倒而達到目標。

　　腦中盤旋著他們鮮明有趣的學習情況，研究者直覺地聯想到順應自然、運用時勢的五行思想。從董仲書開始，漢朝人把一切的政治、社會、人際關係等規範，都訴諸自然秩序，（鄺芷人，民 81）認為人文秩序應取法自然秩序，如此順勢則興，如順水而下是極簡單的；若要逆流而上，則吃力不討好。自我導向的學習也發揮這種「順勢」與「自然」的原則，不由外力施控；而由自身引發，按照自己喜好的形式及速度來學習。學到自己想要的東西，極其自然、極其愜意。本研究只取金、木、水、火、土之五行的一般意義，並不涉及風水、地理、命相等高深理論。

第一節　五行的理論

隋朝蕭吉的五行大義是對五行闡述頗為周詳的一本書；他採用春秋元命苞的解釋，說明金、木、水、火、土五個要素。「金」指金屬，散熱速度快又堅硬；「木」指植物或木材，本質溫柔、可曲可直，象徵生機興發的意思；「水」指可供飲用或可灌溉的水，本質寒而虛柔，具向下流動的現象，象徵藏伏；「火」指火炎，本質名熱，且是向上的，象徵變化、活動或活力；「土」指泥土，具黏聚持實的能力，有稼穡的功能，象徵孕育培植。

自我導向學習的人，先就自己的興趣或嗜好，產生了學習動機，有動機正如種子有無窮的生機，觸地而生，這是「木」。

只有動機還不夠，心動不如行動，要有動作；就是要安排學習活動，要設計充滿活力的學習，並且按著自己的興趣學習，就像火往上燒，把原來「不會」的變化成「會」了，這就是「火」。

但是學習，還受到個人能力、人格特質、家庭背景、時事環境等的牽制；如果你把種子撒在合適的土壤裡，它可以發芽茁壯；如果學習活動被安排在一片沙地裡，它可能無法培植出任何植物了。這些人格特質、家庭教養、先備條件、學習資源及社會文化狀況的孕育，才能使人藉著學習活動，長出農作物來，這就是「土」。

即便順利孕育出小苗來，也可能遭到天候不佳或蟲蟻啃蝕的惡運，使得生長中的植物，受到約束、傷害、或必須遷落，這樣的學習挫折或障礙，比比皆是，這些禁制就是「金」。

如果學習碰到難關，卻無法克服或無力克服，當然就像小苗被風颳走、被蟲吃掉，無疾而終，也不可能成功了。如果學習者竟能排除萬難、克服障礙，從虛柔處找到學習的脈絡，重獲學習的水準；雖經枯水期，卻在藏伏的期間，絕處逢生，細水長流，不被擊倒而

存活下來，更能開花結果，達到當初立定的學習目標，甚至回饋社會，這就是「水」。

　　總而言之，「木」是觸地而生，學習動機；「火」是學習活動的安排；「土」是合適的背景和先備條件；「金」是禁制、挫折；「水」是絕處逢生，克服障礙而能細水長流，開花結果。

　　這樣從木經火和土，遇到金，再到水，是自我導向學習的第一個歷程；不過，這並不是終點，它是一個不斷循環、生生不息的狀態。第一層學習圈完成後，又引發更高層次或更抽象、更細緻、更廣泛的學習動機，開始第二層學習圈，以致終生學習，如圖 4-1-1 所示。以「木」為中心的好多同心圓，如同大樹的年輪一般，一層層擴大，越來越有穩固的根基；學到的東西也越多，越能轉化到自己的生活中，教學、創造、發表或展演，這可以看做是自我導向學習的一個橫剖面。

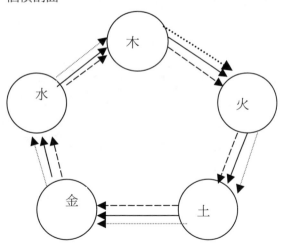

圖 4-1-1　自我導向與五行的橫剖面圖

　　如果從縱剖面來看，如圖 4-1-2，動機的「木」，經過熱「火」
似的學習活動，配合自己的「土」壤。發展到頂點；卻遇到挫折的
「金」，再經克服而有終藏收穫的「水」。再往前行，又有另一個動
機，木、火、土、金、水。當學習過程中，上上下下，且戰且走，
不斷往前，向目標邁進；雖經死蔭的幽谷，堅持不氣餒，柳暗花明
又一村，終極目標指日可待。

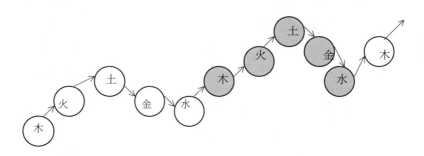

圖 4-1-2　自我導向學習與五行的縱剖面圖

第二節　自我導向學習所顯示出的五行故事

綜上所述，自我導向學習以五行的觀念來歸類，就如下面所分析的：

壹、木---學習的觸發

一、個人背景因素，如個人興趣、學習動機和學習態度

對應於植物體內的化學元素與生長激素。

二、目標設定，包含觸發和目標轉化

對應於植物的傳粉、受精。

三、學習的增強

對應於有益於植物生長的溫度。

四、學習的重要他人

對應於有助於植物生長的光度。

貳、火---學習活動

一、學習材料和內容

對應於火的三要件中的「可燃物」。

二、學習方法、策略與指導者

對應於火的三要件中的「氧氣」。

三、學習時間

對應於火的三要件中的「燃點」。

參、土---學習背景和條件

一、人格特質

對應於土壤中的礦物質。

二、環境背景因素，含家庭教養和社會文化狀況

家庭教養，對應於土壤中的生物；

社會文化狀況，對應於土壤間隙中的空氣。

三、先備條件

對應於土壤中的腐植質。

四、學習資源

對應於土壤中的水。

肆、金---學習的禁制

一、學習挫折

對應於植物病害及營養不良等，內在因素的限制。

二、學習障礙

對應於植物受到天候、地形等，外在環境的限制。

伍、水---學習的成果

一、困境的處理，包括挫折和障礙的處理

對應於水的特性。

二、學習的成果

對應於水的豐沛及覆蓋地表。

三、學習實踐，包括職場、日常生活和對社區回饋

對應於水的三態：固態、液態和氣態。

我們的研究雖然按照第一章第三節的研究問題依序做研究，但為了讓想要終生進行自我導向學習的社會大眾，了解如何安排自己的學習，研究結果將依五行之木、火、土、金、水的順序，娓娓道出自我導向學習成功者的秘笈。在失業率攀高的現在，不要恐慌，讀一讀他們成功的故事，為自己設計一個順應自然時勢、合乎自己性向的自我導向學習；學到一定的時間，成果顯現，自己具備了知識、技能和專業特長，「機會是為準備好的人安排的」，不久之後，你會發現：各種就業機會，事求人的廣告，都是針對你而來的；不論是謀求職業或第二春的中年轉業，都有很大的機會和市場。

第五章　　研究設計與實施

第一節　　研究方法與研究架構

壹、研究方法

　　本研究的主旨在了解常民社會中，學習者如何經由自我導向的方式，成功達成學習目標；涵蓋相當的廣度和深度。在廣度方面，從瞭解自我導向學習成功者的學習背景、學習歷程到學習方式；深度方面，剖析各個學習者的學習動機、方法、學習成效及影響學習的各項原因。這樣的訴求，並非一般大樣本或一次勾選即可完成的問卷調查等量化研究方法所能達成；所以採用耗時費力的深度訪談法，來進行研究。

　　為深入探索學習者主體的學習經驗、傾聽學習者的聲音，並將學習者的學習經驗置於所處的情境脈絡之下來解讀；本研究採取強調現象背後意義的詮釋、重視主體經驗、以及對於情境脈絡的處理等特質的「質性研究法」進行研究。當事人的想法、意念與記憶等第一手資料，是質性研究中不可或缺的部份；本研究採非結構深度訪談的方式，只提示訪談主題及方向，讓受訪者用自己的表達方式自由回答，企圖從受訪者對研究者說出的生活故事中，反思其存在的理解結構。反思是一個詮釋的過程，研究對象會透過視框（frame），來看待自己學習經驗的發生。研究者則在探尋受訪者在時間向度上學習歷程之變遷，以探索自我導向學習者成功的要素，及學習過程中突破困難的狀況。訪談是一個互動的過程，希望在研究者與研究對象不斷的互動中，創造自我導向學習新的意義。由於研究對象都是研究者熟悉或經朋友介紹認識的人，經詢問是否願意參與此研究，都表示十分樂意；在訪談過

程中也都盡力配合研究時程，知無不言，言無不盡，並享受到梳理自己學習歷程的樂趣，雖經事後多次補充資料或求證論點的查詢，都沒有一絲不悅，這是此研究得以完成的契機。

貳、研究架構

　　本研究係以紮根理論（ground theory）為基礎的研究，並採深度訪談來進行，研究者儘量不帶主觀性；把研究重心交給十四位研究對象，傾聽自我導向學習成功者的心聲和故事。所以，本研究之架構，由最初十分粗糙的形式，一次次轉化成較具規模的架構及最後以五行來闡述的架構，分別敘述如下：

一、初 期 架 構：

　　最初，讀過部分文獻後，擬出的研究架構，如圖 5-1-1。

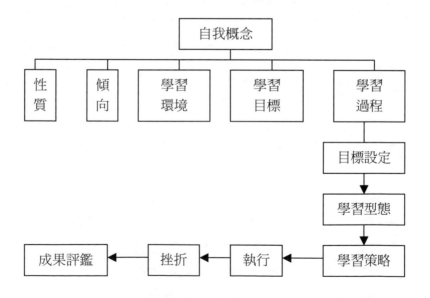

圖 5-1-1 最初的研究架構圖

二、訪談資料架構：

開始訪談並試將訪談資料做成同心圓的表述方式，如圖
5-1-2。

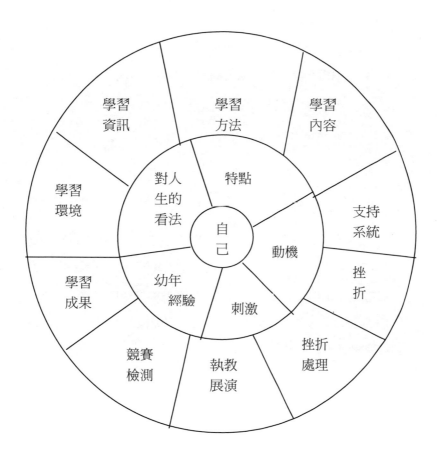

圖 5-1-2　訪談資料同心圓架構圖

三、五層面架構：

從理論文獻及訪談資料，整理出以下五個重要層面：

（一）生涯狀況

（二）學習目標

（三）起點行為

（四）學習活動—包括學習動機、態度、方法、策略、增強、
　　　挫折及資源。

（五）評鑑與應用

四.增為六個層面並詳盡分類：

將各層面仔細考慮，配合文獻探討的理論及訪談資料，逐
次將其細目列出，終於有六個層面，包括背景、起點行為、目標、
學習活動、評鑑及學習實踐。尤其在學習活動層面，做了詳盡的
分類，包括先備條件、個人因素、挫折/障礙及其處理，終於得
到較完整的研究架構，如下圖：

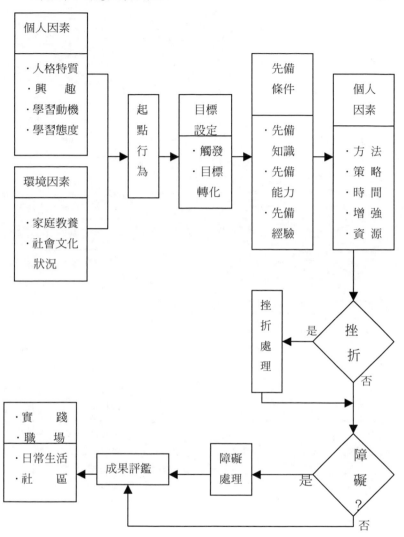

圖 5-1-3　　　　自我導向學習成功者之研究架構圖

五、研究結果的呈現：

　　此研究之結果，以我國五行的理論來說明，包括木（學習的觸發）、火（學習活動）、土（背景、資源）、金（困境）及水（學習成果）五項，其架構如下圖：

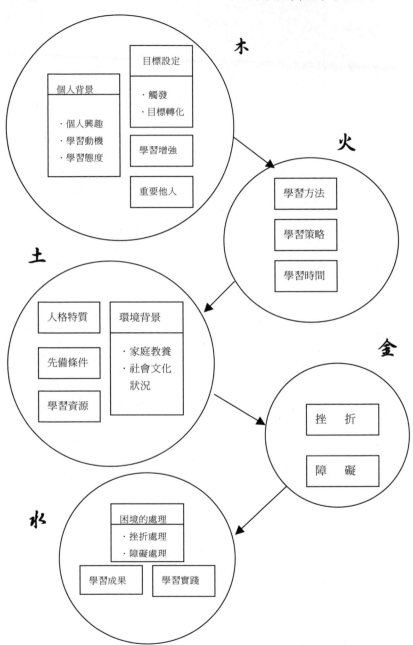

圖 5-1-4　成功自我導向學習之五行架構圖

第二節　研究對象

　　質性研究的精神與目的在於蒐集豐富的資料，以及對現象的
描述，並不在於做推論性解釋。故而，樣本資料的豐富性，更勝
於樣本數的大小，研究本身所仰賴的是個案所持有資訊豐富的程
度，以及研究者的分析能力。基於上述原因，本研究首先以立意
抽樣的方式，由研究者觀察身旁親友的學習歷程，挑選可能符合
研究對象選取標準者，邀請其參與訪談。

壹、研究對象選擇

一、研究者本身的考量

　　在「學習社會」與「終身學習」的理念之下，學習已成為人
們必備的生活技能之一。然而，存在於文章典籍、名人傳記裡的
各項「成功典範」，往往與一般民眾的生活脫節，給人遙不可及
之感。因此，本研究企圖打破過去對「學習成功」只存於偉人傳
記的刻板印象，特意尋找出常民社會裡的自我導向學習成功典
範，所以並未採取向各專業團體要求推薦的途徑，只由研究者身
邊接觸到的人物來挑選。一方面分析其學習歷程，提供成人效
法；另一方面，也讓自我導向學習的理念，更易於為一般民眾接
受，並起而效尤。

二、研究對象的選取標準與方式

　　本研究對「成功」的定義，原則上採用 Tough 的定義，略
作修訂為：「曾經撰寫相關文章、對相關社團發表演講、得到主
要競賽的優勝或參加檢測得到專業證照、或成為該領域的教學
者。」基於上述定義，並希望在常民社會中，尋找自我導向學習
成功的典範；研究者在選取研究對象時，先觀察並回想身邊親友

同學的學習歷程，並廣泛詢問同事，曾否發現自我導向學習成功的人物，邀請他們參與訪談，其次，再由受訪者推薦其他人選。藉訪談錄音、相關專業團體的數據資料，及應邀受訪者的實際學習成果，例如，證書、獎狀、畫冊等，選取符合本研究定義之自我導向學習成功者且有意願參與研究的對象十五位，逐一訪問。後來小組評估，發現其中一位並不完全符合本研究之定義，予以刪除，總計十四位研究對象。

　　由於常民社會中，自我導向學習而能嶄露頭角的成功典範並不多，當初選取研究對象時，並未考慮性別、年齡和學習的類別，只要是經由自我導向學習，也就是非正式教育制度學成的，都邀請參與此一研究。例如：楊厚基的寶石鑑定，北燕的國畫，靜慧的瑜珈術，黃威融的寫作，阿金的西點，王大倍的游泳，王文玲的按摩推拿是最早邀約的對象；後來又邀請到蔡清波的賞鳥解說，邱國鐘的調琴，D-F 的手療，陳逢椿的油畫，Stacy 的插花，劉美珠的身心學舞蹈及壬妹的公文數學，共十五位。後來忍痛割愛了不完全符合研究定義的壬妹一位，計有十四位研究對象。另有一位，係本研究之諮詢專家提議的「從洗碗工幹到飯店總經理」的羅先生；因為訪問十四位對象後，發現資料飽和、重複的訊息不斷出現，所以未再邀約訪問。

三、研究對象與研究定義的符合度

　　依據本研究所定義的自我導向學習之成功者，檢視這十四位研究對象是否確實符合本研究對「成功者」四項要求中的一項：（1）曾撰寫相關文章，（2）對相關社團發表演講，（3）得到主要競賽的優勝，（4）參加檢測得到專業證書；再加上必要的一項：

（5）非正式學校教育所學。王大倍得到游泳比賽的第一、二名；王文玲取得傳統技藝推拿整復師執照；北燕獲全國美展邀請展之榮譽；阿金通過中式餐飲丙級技術師考試；邱國鐘得到鋼琴技能調音檢定技術士執照；陳逢椿受師大美術系之邀約展出畫作；黃威融應邀在師大出版課程中演講且其著作了上排行榜；崔光宙為音樂雜誌寫樂評；楊厚基通過美國寶石學院之評鑑，獲寶石鑑定執照且常在寶石雜誌上發表專文；蔡清波為鳥會寫鳥類生態紀錄，並以兒童文學形式撰文出版；劉美珠曾受雲門邀請當舞者，教學中更以身心學來闡釋舞蹈；靜慧獲瑜珈教師執照；D-F 得到瑞典式按摩證書；Stacy 應邀參加插花表演賽。就「成功者」來說，十四位都完全符合本研究之定義，回答了第一個研究問題。

　　另就非正規學校教育所學，從表 5-2-1 的教育欄，可看出他們成功的學習內容均非從學校學習得來，僅北燕係藝專肄業，略有類似，但她在藝專只一年，而且國畫技巧大多由自我導向學習而來。劉美珠是體育博士，身心學舞蹈並不在體育研究所授課範圍內，大多都是自己學習得來，近兩年她為了一圓自己對舞蹈的熱愛，又利用暑假前往美國俄亥俄州立大學攻讀舞蹈碩士，算是相近的內容；但她以前三十年的經歷都是自我導向式的，所以仍符合我們的定義，回答了第一個問題±。

貳、研究對象介紹

　　本研究所尋找的成功自我導向學習者，均為研究人員所熟悉，或經由好友認識介紹的一般常民。經由訪談之後，從十五位受訪者挑選出十四位有意願、且自我導向學習成功者為研究對象。為尊重研究對象的隱私，經詢問其意見之後，分別以筆名或真實姓名呈現，茲將十四位研究對象的基本資料，如表 5-2-1：

表 5-2-1 研究對象資料一覽表

姓 名	性別	年齡	自導學習內容	教育(主修)	職 業	類 別
王大倍	男	69	游泳	在軍中受教育	軍人退休	休閒
王文玲	女	35	按摩、推拿	高職畢	國術館負責人	技術/職業
北 燕	女	63	國畫	藝專肄業	國畫及書法老師	休閒/職業
阿 金	女	39	西點、餐飲	高職畢	點心烘焙坊負責人	職業
邱國鐘	男	44	調琴	國中畢	個人調音師	職業
陳逢椿	男	70	油畫	高工土木工程	畫家,藝廊創辦者	休閒
黃威融	男	33	作家、編輯	大學哲學系	自由作家,編輯	職業
崔光宙	男	45	音樂評論	教育博士	大學教育系主任,樂評家	休閒
楊厚基	男	59	寶石鑑定	大學森林系	高農老師,寶石鑑定	技術
蔡清波	男	48	賞鳥解說	中國文學碩士,教育碩士	家商老師,賞鳥解說員	休閒
劉美珠	女	38	身心學舞蹈	體育博士	師院體育系副教授,舞蹈工作者	技術
靜 慧	女	39	瑜珈術	高中畢	瑜珈老師	職業
D-F	男	40	手療	體育博士	師院體育系助理教授,手療服務	技術
Stacy	女	40	花束設計	大學中文系	曾任花店負責人	職業

由上表可以發現,本研究十四位研究對象之中,共有女性六位,男性八位。年齡從 33-70 歲,大約可分為老、中、青三組:老年組在 60 歲以上,有陳逢椿、王大倍和北燕三位;中年組,40-60 歲,有蔡清波、崔光宙、邱國鐘、楊厚基、D-F 及 Stacy 六位;青年組,40 歲以下,有阿金、靜慧、王文玲、黃威融及

劉美珠五位，分配頗平衡；但未找到 30 歲以下的研究對象，較為可惜。

　　如前所述，十四位研究對象是按照他們自我導向學習成功的特點選定的。既然不是正規教育所培養出來的，反而顯出休閒、娛樂的特質，例如：游泳、國畫、舞蹈、油畫、賞鳥、做點心、寶石鑑定、樂評等，都是公餘之暇的嗜好；不過寶石鑑定及音樂評論，比較傾向專門技術的層面。有些人因為學的很成功，自己又有興趣，「學而優，則仕」，就以此為謀生的工具，自我導向的學習變成他（她）的職業了；例如：靜慧教瑜珈、北燕教國畫、阿金成立了烘焙坊、王文玲開設國術館等。當然也有純粹為了職業而學習的，如邱國鐘的調琴。

　　若一定要依類別來分，後來純粹屬於職業性質的，有靜慧的瑜珈教學、黃威融的寫作編輯、阿金的西點餐飲、Stacy 的花束設計、以及邱國鐘的調音等五位。屬於休閒性質的有王大倍的游泳、蔡清波的賞鳥、崔光宙的音樂評論、和陳逢椿的油畫等四位。純粹屬於技術性質的有楊厚基的寶石鑑定、D-F 的手療、及劉美珠的身心學舞蹈三位。而北燕的國畫則兼有職業性與休閒性；王文玲的推拿兼有技術性與職業性。這些分類只為了方便記憶，並無特殊意義。

　　由於個案的選擇，最初的設定在於自我導向學習類目與其學校教育的主修科目不同，故而十四位案主學校教育的主修科目，與自我導向類目迥異或略有出入。在教育程度方面，具有博士學位的，有 D-F、劉美珠及崔光宙三位；具有碩士學位的，有蔡清波一位；具有學士學位的，有黃威融、楊厚基及 Stacy 三位；大學肄業的，有北燕一位；高中職畢業的，有靜慧、王文玲、陳逢椿及阿金四位；國中畢業的，有邱國鐘一位；王大倍在軍中接受教育；可見各種教育程度者，均可從事自我導向學習。

第三節　研究工具與信效度

壹、研究工具

　　質性研究中，最主要的研究工具就是研究者本身；為免個人偏見，本研究曾邀請兩位研究助理參與訪問、謄稿、分析及討論；為求訪談順利，先擬有訪談大綱、訂定訪談原則；又為增加對研究對象的瞭解，採用鄧運林的「自我導向學習準備度量表」，請十四位研究對象填答。以下略做說明：

一、研究者

　　研究者是最重要的質性研究工具。研究者不可能不帶任何觀點或立場進入研究場域；但是在進行深度訪談、譯碼、編碼時，盡量做到立場中立—不給暗示、沒有偏見、消除預設目標，讓研究對象在毫無壓力和不受拘束的情境下，暢所欲言，淋漓盡致地表達他（她）的想法和作為，仔細回想並反思其學習過程中的點點滴滴。譯碼、編碼時，則配合兩位研究助理的協助和相互要求，盡量做到客觀的理想。

二、研究助理

　　兩位研究助理均為師大成人教育研究所的高材生，一為博士班學生，一為碩士班學生，都修過「社會科學研究方法」及「質性研究」課程；又對自我導向學習很有興趣，所以邀請她們一起參與此一研究。部分研究對象是二位助理的好朋友，在邀請受訪時都爽快應允。此外，她們協助聯絡研究對象，一同進行訪談、謄寫逐字稿、分析每個案子、一起討論概念等，使這個研究充滿了對理論挑戰和「三個臭皮匠」的小小智慧饗宴，真是豐富之旅。

三、訪談大綱

　　進行深度訪談，先以文獻探討之內容擬定訪談大綱（如附錄二），以便訪問研究對象時，有所依據而不至流於空言，所以是半結構式的訪談。不過，訪談大綱也不斷的修改，以便扣準研究目的、使訪談內容聚焦不至渙散；凡研究對象不便坦述的問題，改以其他和緩的方式詢問；若與研究問題相關不大的尷尬問題，就刪去不問。訪談大綱僅供參考，實際訪問時則隨機應變，順序也不一定依照大綱之次序。訪談大綱包括初見面的研究說明外，暖身題先談個人的家庭、學業、工作經歷及成功的地方。然後談到興趣、學習的觸發、找老師、學習歷程、支持系統、挫折或困難、如何度過難關、成就的喜悅、學習的應用及回饋等。

四、訪談原則

　　　　除了有訪談大綱為依據外，本研究先訂定訪談原則（如附錄三），以其不同研究人員進行訪談時，有齊一的步調。

五、自我導向學習準備度量表

　　Guglielmino (1977) 的博士論文 Development of self-directed learning readiness scale.（自我導向準備度量表的發展），此量表簡稱 SDLRS，在國際間受到廣泛使用。研究者為瞭解十四位研究對象在自我導向學習方面的性格，採用鄧運林(民 84)的中文版本，共 55 題，修改部分文字（如附錄四），寄請研究對象填答。這是此質性研究中，採用的一份量化問卷工具，對整個研究，有其功用，填答結果將在第八章土篇，第一節人格特質中描述。

貳、資料的信度與效度

　　　　研究工具之使用，在協助達成研究目的，但這樣的研究是否具有信度和效度呢？「信度」指測量程序的可重複性，「效度」指獲得正確答案的程度。（胡幼慧，民 85）讓我們看看這個研究所蒐集之資料的信度與效度。

一、信度方面

　　　　面對十四位來自不同背景的研究對象所提供的口述資料，資料編碼是一件龐雜的工程。為了降低研究者資料編碼時，受個人因素所限制的謬誤，本研究採用研究小組的方式，先將訪談錄音資料轉錄為文字稿，再以逐字稿由研究者及兩位研究助理，分別進行個別編碼。其後，選定共同討論時間，就各自的編碼結果進行核對與討論。討論中，就所有資料編碼相同的部分，做進一步確認；不同的部分，則各自提出意見，進行公開辯論和徹底的討論。若有資料不足，需進一步釐清者，則由研究者將問題記載下來，以電話訪談的方式，直接向受訪者詢問，或向其家人、同事、同學、學生或服務對象求證，以獲得更正確和豐富的資料。所有的分析資料，盡量以原始資料為最優先考量，在研究小組討論、達成共識的過程中，增加研究本身的客觀性與可信性。

二、效度方面

（一）與研究對象建立良好的信任關係

　　為增進本研究所蒐集之資料的真實性，研究者在訪談之後，與受訪者保持密切聯繫。若分析之內容，有窒礙難明之處，即刻與受訪者電話聯絡，以確保資料的可靠性與完整性。同時，在此

輕鬆對等的互信關係裡，大多研究對象都對自己的學習歷程有了反思的機會，而能在受訪過程中獲得成長。

（二）請研究對象評估分析結果，與其真實經驗相符的程度

當研究小組將逐字稿與初步的分析資料整理後，便將資料寄予十四位研究對象，請其在一個星期之內，將貽誤之處予以修正。待修正的資料回收之後，研究小組再次將資料彙整，經專家會議指點後，再將修正的資料寄予研究對象檢核。回收的資料，修改不多，可見本研究之分析結果與研究對象的真實經驗，相互符合的程度相當高。研究小組再依據檢核過的資料，將研究結果作最後的整理。反覆的與研究對象確認分析資料的真實性，旨在讓分析結果，更貼近研究對象心中所要表達的意象。

（三）召開專家會議

為了減少研究小組因主觀經驗所產生的貽誤，在研究進行中，特別商請方法學與成人教育學兩項專業領域的專家各二位---方法學部分：國立台灣師範大學社會教育系陳雪雲副教授和公訓系黃玉副教授；成人教育學部分：師大社教系黃明月教授及師大教育系林朝鳳副教授，就研究方法與分析內容，給予指正。當第一次分析結果出爐之後，研究小組即刻召開第一次專家會議；根據專家的指正，將所有研究對象的分析資料作更進一步的彙整。分析資料彙整完後，擬寫部分的研究結果，交予專家會勘，再次召開第二次專家會議。會後，再依據專家的意見，修整研究類目及層次，將分析結果去蕪存菁，並改變敘寫方式，以使研究更具統合性。

（四）不斷與研究所根據的理論架構做呼應

　　研究小組除了使用半結構性深度訪談所得的資料，向第三者
或其他出版品、數據所做的補充及資料證實外，仍不斷與文獻探
討中的理論和其他實徵研究的結果作比對和呼應，以求得較高的
理論效度（theoretical validity）。　（Struss & Cobin 合著，徐宗
國譯，民 86）

（五）三角檢測

　　　除了以深度訪談蒐集資料，並輔以修訂的「自我導向學習
準備度量表」，增加對研究對象自我導向學習準備度的瞭解外；
也就教於研究對象的父母、配偶、子女、同學、同事、朋友、學
生、所屬專業團體及其服務對象，做多元的資料檢證，以免除單
一資料來源的不夠公正。

第四節 研究程序

為使讀者清楚該研究之進行，仔細描述研究過程的二十三個步驟：

一、文獻閱讀

閱讀國內外相關文獻，屬研究前的準備工作，充實研究者的知識，形成研究的主體概念。

二、選擇並邀請訪問對象

研究者觀察身邊親朋好友的學習方法，認為有符合自我導向學習特徵者，先以電話或親自詢問其受訪意願，徵求其同意成為研究對象。本研究所尋找的成功自我導向學習者，均為研究人員所熟悉，或經由好友介紹認識的一般常民。彼此之間沒有陌生感；尤其可貴的是，研究對象對此一主題深感興趣，也願意配合做自我反省的思考，回顧童年生活、學習歷程、學習時的心理起伏，坦誠面對自己及研究者。

三、訪問題目設計

就研究目的及研究問題，設計訪談題目，包括：家庭、學歷、職業經歷、興趣、對成功的看法、對快樂的解釋、成就感及其達成方式、自己的期望、為何選擇此一學習項目、學習時的助力及阻力、如何運用資源並克服障礙等。

四、預訪

預訪北燕女士，發現所設計的題目太廣、太深、太抽象，訪談的時間近兩小時，雙方都損耗體力及時間，並且未能掌握該研究的重點。因而修改題目及發問語氣，刪除不需要的題目，另加：學習策略、怎麼找老師、資訊何處來、如何學到精髓、為何採自我導向方式來學習、學習時運用哪些技巧及能力、為何未曾放棄、學習後對職業有無影響等。

五、修正訪問題目

私下請教質性研究專家，修正訪問題目，並與有自我導向學習經驗的學習者討論題目的適切性。

六、正式訪談

最先訪談的是北燕，因為與研究者十分熟識，談了兩個小時；接著訪問楊厚基及王大倍，然後對訪談大綱略做修正。第二階段，訪談了黃威融、劉美珠、靜慧、阿金和王文玲，已上軌道，大多能掌握研究重點，大約一小時可完成訪談工作；只是黃威融是約在咖啡廳受訪，音樂聲一併記錄在錄音帶上，後來謄寫逐字稿時，十分吃力，才決定以後絕不在有其他音源的地方訪問。D-F正在美國攻讀博士學位，所以趁其妻（劉美珠）寒假去探視時，依照訪談大綱代為訪問，因她本人已接受過此項訪問，駕輕就熟，很順利的訪談並錄音給研究者；其後又一再以 e-mail 和電話詢問細節，獲得了豐富的資料。最後訪談邱國鐘、蔡清波、崔光宙、陳逢椿和 Stacy。陳逢椿為長者，有他自己的見解和談論重點，不過兩位研究員一起前去訪問，終於順利完成訪談，並帶回不少相關資料，作謄寫之參考。

七、謄寫逐字稿

由研究者及助理依錄音帶的訪談內容，合力整理出逐字稿；這是一項耗時費力的工作，一再「倒帶」，仔細聽錄音帶，再轉成文字記錄，但為求研究的精準，只得全力以赴，完成逐字稿。

八、個別分析資料

研究者與研究助理反覆聆聽錄音帶，並閱讀逐字稿，再給學習現象加上標籤，發現類屬，再為各類屬命名。（胡幼慧，民85）

九、共同討論分析資料

　　三位研究者深入分析每個案子，求得共同的概念分析。分別將逐字稿裡出現的概念抽離並命名後，三位成員再選定時間討論；討論的重點放在個案的學習歷程與自我導向學習項目之間的相互關聯性上。同時，將各別研究者從逐字稿所抽離的概念做比對，並做定義與命名的確認，進一步取得內部一致性效度。

十、補訪問

　　在資料整理與分析的過程中，常常發現訪談不盡詳細，需要進一步釐清之處，研究者隨機以電話聯繫研究對象，彌補正式訪談的不足，用以補充概念分析表。

十一、三角檢測

　　為了資料的正確性及質性研究三角檢測的需要，也向研究對象以外的人詢問相關事項，例如：配偶、父母親、專業團體會員及宗教團體中的友伴等，印證所得資料的中立且無偏頗。另外，也參考相關資料，如：證照、專業協會記錄、展覽手冊、報章雜誌訪問稿等，證實訪談資料的真實性。

十二、研究對象檢核資料

　　待所有受訪者資料都已初步分析完畢，研究小組便將訪談逐字稿及第一次分析資料寄予研究對象，請求做資料檢核。同時，為了更加瞭解研究對象的自我導向學習特質，研究者更整理鄧運林（民 84）修改 Guglielmino 的問卷而成的中文版「自我導向學習準備度量表」，一併附在上述資料中讓受訪者填答，增加對案主自我導向學習及性格方面的瞭解。

十三、確定概念分析之屬性及面向

　　受訪對象寄回經檢核的資料及第一次概念分析表後，研究者與兩位助理再次討論回收更正的概念，確定各研究對象之概念分析屬性及面向。

十四、再訪問若干對象

至此時，對訪談問題、訪問技巧及概念釐清等，已了然於胸，再輪番增加若干研究對象，重複第六至十三之步驟，至資料飽和為止，共訪談十五位案主。其中一位經三位研究者討論再三，認為不甚符合本研究之目的，就刪除了，剩下十四位。

十五、撰寫個案故事

依訪談逐字稿及概念分析表的內容，分別寫出十四位案主的個案故事。

十六、第一次專家諮詢會議

研究小組整理檢核的概念分析資料並撰寫個案故事後，邀請國立臺灣師範大學社教系黃明月教授、陳雪雲副教授、公訓系黃玉副教授及教育系林朝鳳副教授，於民國 90 年 4 月 23 日召開第一次專家會議。研究小組事先提供所有分析資料及個案故事予四位專家，並請其根據研究方法及研究目的等，給予建議。

十七、修訂概念屬性面向

經專家討論後，研究小組修訂原先的概念屬性面向，成為七大項，分別是：環境背景、學習目標、起點行為、學習活動、學習資源、學習成果評鑑及學習實踐。

十八、以統一的表格呈現資料

經過專家的建議後，研究小組將個案的分析資料，以統一的表格呈現，使每位受訪者在每一方面都受到同樣的重視，沒有疏漏；並將每個分析類目更細緻的釐清和整理。

十九、研究對象第二次檢核資料

專家會議後，修訂概念分析之屬性及面向，並以同一表格呈現分析資料。再將修正的資料寄給研究對象檢核。

二十、討論敘寫方式

　　研究者與研究助理尋思研究結果的敘寫方式，思考以五行─金、木、水、火、土，相生相剋的方式來敘述，使此一以常民為對象的自我導向學習研究，可喚起常民閱讀興趣及從事自我導向學習的意願。

二十一、第二次專家諮詢會議

　　將統一表格的分析資料及五行敘寫大綱，事先送給前述四位專家，於民國 90 年 7 月 30 日再召開專家會議，對該專案開放登錄的效度及敘寫方法做進一步的指導。

二十二、偏差修訂

　　研究者為要逐漸發現、澄清和洞察受訪者語言中到底在「說」什麼，凡開放登錄之效度有偏差的部分，依第二次專家諮詢會議的建議，再進行修訂。本研究依賴文獻探討所列自我導向學習之理論，並從心理學的角度來剖析成功自我導向學習者的學習動機、學習歷程、心理折衝，以加深對受訪者所處時代背景、社會環境及家庭與同儕之間關係的理解。

二十三、撰寫研究報告

　　最後研究者根據專家的建議，第四章資料分析與討論，按教育學原理的類別來敘寫，包括：環境背景、學習歷程、學習活動、學習成果評鑑及學習實踐，並做結論與建議為第五章。但為顧及一般民眾不喜歡閱讀研究報告，至此以成功之常民為對象的研究，竟無法喚起常民自我導向學習的興趣，與原意相違。又重新整理為木、火、土、金、水之五行概念的敘寫方式，第二至四章為相關理論，第六至十章為研究結果，第十一章為建議。雖然費力頗多，但深覺這才是學術研究所希望達成的效果，至此全部研究終於完成。

成功自我導向學習與五行

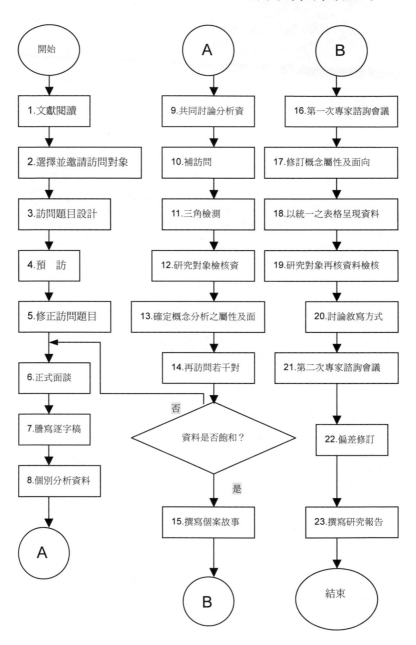

圖 5-4-1　資料蒐集與分析過程圖

第六章　　木篇---學習的觸發

　　五行中「木」的意義，根據春秋元命苞的解釋是「觸地而生」，而許慎的說文解字則謂「冒地而生」，若依照四時與五行的搭配，春季屬木，禮記曰：「春之為言蠢也，產萬物者也，其位在東方。」東者，動也，震氣故動，也是因為春天的時候萬物生機最盛，蠢蠢欲動，因此，將五行的意義與自我導向學習的歷程相對照，則「木」意味著學習的觸發，也就是觸動學習者開始關注到想要學習的那項特別事物，並進而開始學習的動作。跟著觸發而來與自我導向學習有關的，還包括：動機、興趣、學習態度、學習的增強及重要他人，這些項目像是協助植物生長的條件，在適當的時機，扶植觸地而生的幼苗，使它能茁壯。

　　今日對植物的知識增加後，我們更能感動於五行中觸地而生的「木」之偉大。其實植物，甚或任何一株沉靜的花草樹木的生命，都是一項奇蹟，要經過複雜的歷程，才能成功的生長於這個世界。自我導向的學習，何嘗不是這樣千辛萬苦才得以有些許成就呢？木能冒地而生，是要靠著植物繁殖的能力，就以開花的被子植物來說吧，雄蕊的花粉粒，如何藉著風力、水力、人力、動植物或是昆蟲及自己的彈力等，帶到雌蕊柱頭的傳粉工作是相當重要的，這可以比做學習的觸動，最初目標的設定。再經過受精，發育成種子，這相當於目標的轉化，終於有了終極的目標；例如：王大倍為了不溺水而觸動了學習游泳、最後為了讓所有游泳客沒有死亡的威脅，而轉化為救生的終極目標，正如授精的孢子發育成種籽，以後才有長成一株植物的可能。

　　除了傳粉及埋下種子之外，植物生長的要素，包括土壤、水分、光度、溫度、及植物體內的化學元素與生長激素。其中尤以體內的

化學元素（如碳、氫、氧、氮、硫、磷、鉀、鈣、鎂、鐵等）及生長激素，是不可缺少的重要成分。這些好比是自我導向學習者的個人背景、興趣、動機和學習態度，他們在學習者體內，徹底影響著他的學習效果。

　　至於光度和溫度，也左右植物的生長，有些植物要在一定的溫度下才能存活，太冷、太熱都活不成；而光度更影響植物吸收陽光，進行光合作用，促進它開花，更是重要。這又比如是自我導向學習中的增強作用和「重要他人」的角色，可以讓學習者學得更有效。

　　本章分為四節來敘述：個人背景、學習目標設定、學習的增強和學習中的重要他人。分析之後，另加「討論」，且以不同之字體呈現，供讀者參考，以後各章亦同。

第一節　　個人背景因素

個人背景包括個人興趣、學習動機和學習態度，可回答研究問題 2-1。

壹、個人興趣

個人興趣是投入此項學習的主要原因，在學習過程中，興趣更增進了自我導向的能力。興趣對學習者具有驅動的力量，學習不為其他目的，只基於個人本身的興趣與嗜好，本部分將針對學習者在興趣上的陳述，進行分析。

表 6-1-1　　自我導向學習者的個人興趣與嗜好分析

案　主	興　趣　與　嗜　好
王大倍	國畫、書法、旅遊及游泳。
王文玲	喜愛手腦並用的事，如美髮、烹飪等。
北　燕	喜歡動手做，如織毛衣、烹飪、縫紉等。
阿　金	喜歡研究與「吃」有關的事物。
邱國鐘	喜歡運動、唱歌、彈鋼琴、旅遊等。
陳逢椿	收集美術品及石頭。
黃威融	蒐集資料並加以整理及編輯。
崔光宙	與文化有關的事物通通有興趣，因之衍生而來的有：音樂、音響、汽車、旅遊、文學等。
楊厚基	中學時代喜歡運動，如游泳、打球；目前專注於寶石。
蔡清波	喜愛文學寫作及賞鳥。
劉美珠	喜歡與才藝有關的項目，包括：舞蹈、體操、武術、瑜珈、唱歌等。
靜　慧	喜愛追求能增進身、心、靈修練的事物。
D-F	喜歡操作和修復東西。
Stacy	喜好一切與「美」有關的事物。

討 論：

　　在整理案主的興趣時，因為進行訪問時都是學習已經有相當成就了，所以不容易區別出學習者的學習成就是受到興趣的影響，或是目前的興趣是受到學習成就的影響。比較明顯的現象有：

（一）自我導向學習者的興趣，偏向能帶來動手做的實踐項目。

　　例如烹飪、美髮、書法、編織、資料整理等，需要親手做，才能體會出學習的快樂。與此相較，另一類以欣賞為主的興趣項目，如陳逢椿的賞石、收集美術品等，也經過轉化，最終成為建立在此基礎知識上的實踐項目——油畫。

（二）自我導向學習者的興趣發展，需要手腦並用。

　　從上述訪談中整理出來的興趣內容加以分析，可以發現自我導向學習的特色在於能將學習方式，從單純的模仿行為中獲得具體經驗，再經由觀察與反思促成抽象概念的形成與類化；接下來在新情境中測試該抽象化概念，而由此測試所得之具體經驗，又形成下一輪的學習。例如開花店的 Stacy，起初的作品當然都是照本宣科，模仿書上的圖案；但在摸索的過程中，本身的能力逐漸浮現，像是審美觀、結構感、色彩的搭配等等；這些特質在她小學的寫字上就已經表現出來了，當時老師的讚賞、父親的肯定，都說明了她具備這些特質。經過多次的觀察和思考，結構感、色彩搭配等抽象觀念，都融入她的插花作品中；一而再、再而三的測試這些概念，使她的作品愈來愈有品味。

貳、學習動機

　　Knowles(1975a)的自我導向學習之五項基本假設中，認為「學習動機來自內在的激勵，如自我導向的需求及成就的需求等。」除此之外，尚有其他多方面的動機；本研究採用 R.Boshien 所編的「教育參與量表」(Education Practiciaption Scale, EPS)，及 Morstain & Smart(1974)分析出的六個因素，來看看十四位案主所進行的自我導向學習動機。這六個因素分別是：社交關係、外界期望、社會福利、職業進展、逃避或刺激、及認知興趣等。這些因素可概分為個人受到內在驅力或外在驅力的兩種方向：其中為了社交關係、外界期望、社會福利、職業進展而學習，可歸為個人受到外在驅力的影響；而為了逃避或刺激及知興趣而學習，則可歸為個人受到內在驅力的影響。綜合十四位案主的學習歷程，歸納每個人的學習動機如下表：

表 6-1-2　　自我導向學習者的學習動機分析

案　主	社交關係	外界期望	社會福利	職業進展	逃避或刺激	認知興趣
王大倍			希望減少溺水悲劇。			喜歡游泳。
王文玲		肩負娘家期望，繼承外公事業。		開創自己的事業。		
北　燕						延續對繪畫的興趣。
阿　金	依照鄰居提供的食譜，做蛋糕進行交流。			作品建立口碑後，期待開設專業店面。		
邱國鐘				為求較多薪水而學。	逃避薪水較低又不受尊重的工作。	

表 6-1-2　　自我導向學習者的學習動機分析(續)

案　主	社交關係	外界期望	社會福利	職業進展	逃避或刺激	認知興趣
陳逢椿			提昇藝術水準及生活品質。			發揮對繪畫的好奇和嚮往。
黃威融		建中編班刊,肩負同學的期望。				啟發自幼對整理資料的興趣。
崔光宙						藉著對音樂的喜好,轉進樂評世界。
楊厚基		承繼父親經營銀樓的期望。		寶石鑑定有助於銀樓的工作。		對寶石的好奇,成就了學習。
蔡清波						發展自幼對生態及鳥類的好奇。
劉美珠		不辜負義父的苦心栽培。	以身心學建立正確的舞蹈觀念,減少運動傷害。			
靜　慧			幫助媽媽療癒。	學費收入能貼補家用。		延續幼時學跳舞的興趣。
D-F			希望幫助他人,治療身體上的病痛。			自己感興趣。
Stacy			為服務對象,增添生活美彩。	綜合工作經驗,獨當一面。		

討　論：

綜合上表可發現以下數點：

（一）認知興趣是最重要的動機：

　　因為社交關係而開始學習的有一人次，受外界期望而學習的有四人次，為增進社會福利而學習的有五人次，為職業進展而學習的有七人次，為逃避或刺激而學習的僅有一人次，為認知興趣而學習的有八人次。根據人次的多寡，發現認知興趣是最重要的動機，能延續幼兒時就具有的好奇心或嚮往，是最能維持自我導向學習的驅力。Kreszock（1994）對自我導向學習與動機取向的研究，研究對象表示最主要的學習原因是認知興趣和專業進展；在本研究中，再次獲得證實。

（二）職業上的進展，且是創新領域的學習：

　　其次具有影響力的動機，是為了職業上的進展，這方面的進展對學習者本身而言，在本研究中都是屬於創新領域的學習：如經營花店的 Stacy，原先並沒有學習插花的機緣，而家中開銀樓的楊厚基學習寶石鑑定，以今日的眼光來看，固然是屬於同一領域，但在三十年前卻是無人觸及的疆界；因此就職業進展的角度來看案主的學習動機，都具有開疆拓土的胸懷。

（三）增進社會福利或幫助家人、親友，也是一種學習的動機：

　　再其次具有影響力的動機，當推為了增進社會福利而進行的學習；此處所謂增進社會福利，包括為了社會大眾的福利；如王大倍想要推廣救生訓練以減少溺水的悲劇，為的是社會大眾的福利；而靜慧學瑜珈，有一部份的動機是為了幫助母親紅斑性狼瘡治療後的復癒。類似如此幫助家人或親友的動機，也歸為社會福利的動機；從訪談中可以發現，此類動機也具有促進學習者自我導向學習的驅力。

**（四）學習者與家人、親友關係緊密的，會因外界期望而影響
　　　學習：**

　　與社會福利相近的另一項動機是外界期望。比較上來說，
社會福利是學習者從內而外，發自本身的動機；而外界期望，
則為學習者感受到來自外界的期望之後，才興起學習的念頭。
就上表中四位案主(王文玲、黃威融、楊厚基與劉美珠)所呈現
的狀況可知，會感受到外界期望的學習動機，往往是學習者與
家人或週遭親友有較為緊密的聯繫，或責任感較重，因此也與
人格特質有關。

（五）因社交關係和逃避或刺激的動機而學的，最少：

　　就一般人較為熟悉的人際關係發展模式而言，若以發展社
交關係為動機來進行學習，多半在學得差不多的時候，就終止
學習的歷程；少有受到此類動機的激勵而持續學習下去的。與
此類似的情形是為了逃避或刺激而學習，以邱國鐘為例，他選
擇轉向調音工作，是為了逃避原先單調又低薪的縫紉機零件工
作，因此起初的進展相當不順利；無奈在生計的壓力下，不得
不硬著頭皮繼續學，終於從中找出了興趣，而開展出自己在職
業上的一片領域。社交關係、逃避或刺激，屬於較為弱勢的學
習動機，引發學習者的學習之後，最重要的是學習項目能與學
習者的興趣相結合，才能走得長又遠。

參、學習態度

　　與學習動機、學習興趣有相當大關係的是學習態度；在訪談
中，案主敘述自己的學習歷程時，說明自己如何在非正規的教育體
制下，保持高昂的學習興趣，並一路披荊斬棘，克服學習障礙達成
自訂的學習目標，所秉持的學習態度是相當重要的關鍵。經綜合十

四位案主的經驗，整理出在學習態度上重要的三項因素，分別是堅持執著、專心專注及對學習負責；而各人所呈現的情形，分別如下表：

表6-1-3　　自我導向學習者的學習態度分析

案　主	堅 持 執 著	專 心 專 注	對 學 習 負 責
王大倍	一定要獲得自己期望的學習成果。	一次學一樣，才能學得好。	自己選擇教練，並決定學習目標。
王文玲	肯定並堅持自己的療法。	。	以自己在病患身上體會的經驗為主軸，納入其他門派的理論。
北　燕	不因家人反對而停止,堅持學習下去。	專心做一件事,才能有所成就。	勇於表達自己的要求，認為目標達成了,就終止課程,對自己負責。
阿　金		一次只做一件事,且先將所有雜務排除。	
邱國鐘	不甘心學不會,拼下去,直到學會為止。		坦然面對自己的缺點，學的快慢沒關係，但一定要學會。
陳逢椿	堅持自己選擇畫作及畫家的標準。	繪畫時需獨處，不完成某種程度不停止。	認為自己的畫風及畫法，最能表達自己。
黃威融	堅持自己認為好的方式。	做事就要全力以赴。	
崔光宙	對自己的學習很執著，不受他人影響。		勇於面對挑戰，接受自己學習的成果。
楊厚基	雖無人指引、缺乏儀器，仍堅持學下去。	全心投入英文的寶石鑑定課程。	自訂學習進度,對自己負責。

表 6-1-3　自我導向學習者的學習態度分析（續）

案　主	堅 持 執 著	專 心 專 注	對 學 習 負 責
蔡清波		陶醉於賞鳥過程的專心專注，雖冗長費時，甚至毫無所獲，也不認為苦。	學不好不怪別人，是自己的問題。
劉美珠	堅持自己喜歡學習的才藝項目。	全心投入，才能有所成就。	
靜　慧	不以當學生為滿足，持續追求自己的理想。		為達理想，勇於更換老師。
D-F	只要喜歡就栽進去，非要弄清楚不可。		不逃避問題，要求自己一定要找出解決的方法。
Stacy	要求自己的成品，一定要讓顧客滿意。	為完成滿意之作品，經常日以繼夜的工作。	突破時間及情境障礙，補足自己缺乏的基礎知識。

　　從以上的整理中可以發現，接受訪談的案主在學習中呈現的一些現象，歸納出屬於學習態度的三個向度：堅持執著、專心專注及對學習負責。分析如下：

（一）堅持執著的態度：

　　王文玲（推拿、整復）肯定並堅持自己的療法；陳逢椿（油畫）「堅持自己選擇畫作及畫家的標準」；劉美珠（身心學舞蹈）「堅持自己喜歡學習的才藝項目」；北燕（國畫）「不因家人反對而停止，堅持學習下去」；崔光宙（樂評）「對自己的學習很執著，不受他人影響」；黃威融（寫作、編輯）「堅持自認為好的方式」；楊厚基（寶石鑑定）「雖無人指引、缺乏儀器，仍堅持學下去，非達到目標不可」；王大倍（游泳）「一定要獲得自己期望的學習成果」；D-F（手療）「只要喜歡就栽進去，非要弄清楚」。這些都是他們堅持原則與執著於所學的態度。

（二）學習時專心專注：

　　進行學習時，要想全心投入獲得成果，一次只能學一樣；當同時面臨多種有興趣的項目吸引時，做出取捨，是最重要的工作。除此以外，陳逢椿（油畫）也認為進行學習時的獨處，是很重要的。如阿金，不僅要求一次只學一樣，還更進一步要求做的時候要摒除其他的雜務；而 Stacy（花束設計）及蔡清波（賞鳥解說）等人則顯示出，進行有興趣的學習時，絕不會在乎學習時間的冗長，一定要達到某種程度的結果才滿意；而北燕（國畫）也強調，只有專注才能有新的發現。

（三）對自己的學習負責的態度：

　　像靜慧（瑜珈）在學習過程中「為達理想，勇於更換老師」的做法、陳逢椿（油畫）「認為自己的畫風及畫法最能表達自己」、楊厚基（寶石鑑定）「自訂學習進度，對自己負責」、王大倍（游泳）「自己選擇教練，並決定學習目標」及 D-F（手療）在學習時「不逃避問題，要求自己一定要找出解決的方法」，都可發現他們對自己的學習負責的表現。

討　論：

　　從十四位自我導向學習者學習態度的三個向度呈現事例的一致性，可以與 Candy (1991)對自我導向學習層面的分析，進行比較。Candy 將自我導向學習分成過程與結果兩個層面，各有兩個重要概念，如下表：

表 6-1-4　　Candy (1991)自我導向學習層面分析

層　　　　　面	自　我　導　向　學　習　的　四　個　現　象	
過程層面	自我控制	自我教育
結果或目標層面	個人自主性	自我管理

　　根據這四個現象與訪談資料對照，有以下幾點相互印證之處：

1、自我控制，反應在專心及專注的態度上：

　　從訪談資料中，可以發現進行學習時，要想全心投入獲得成果，一次只能學一樣，當同時面臨多種有興趣的項目吸引時，做出取捨，是最重要的工作；除此之外，陳逢椿（油畫）也認為，進行學習時的獨處是很重要的。如阿金(西點、餐飲)，不僅要求一次只學一樣，還更進一步要求，做的時候要摒除任何雜務；而 Stacy(花束設計)及蔡清波(賞鳥解說)等人則顯示出，進行有興趣的學習時，絕不會在乎時間的冗長，一定要達到某種程度的結果才滿意；而北燕(國畫)也強調，只有在專注時才能有新的發現。這些特質，都表現出自我導向學習者在自我控制方面的能力。自我導向學習者要控制自己，在學習歷程中，不受外物的吸引，只專注在所學的項目和內容上。而 Candy 強調，自我控制是屬於過程層面中正規教育的部分，本研究則顯示，在自我導向的學習歷程中，自我控制可以說是重要的學習態度之一。Tompson(1999)發現：自我導向學習者呈現的三項能力中，有一項就是「個人控制」，在本研究中，也有相同的發現。

2、自我教育，反應在對學習負責的態度上：

　　案主對於學習負責向度中，呈現出自我教育的特質，像靜慧(瑜珈)在學習過程中「為達理想，勇於更換老師」的做法、陳逢椿(油畫)「認為自己的畫風及風格，最能表達自己」、楊厚基(寶石鑑定)「自訂學習進度，對自己負責」、王大倍(游泳)「自己選擇教練，並決定學習目標」及 D-F(手療)在學習時「不逃避問題，要求自己一定要找出解決的方法」，都是屬於自我教

育的範疇。根據 Candy 的歸納，自我教育是屬於過程層面中，
非正規教育的部分，而本研究所選定之樣本，都屬於非正規教
育的體制，因此此現象特別明顯。

3、個人自主性，主要反應在堅持執著的態度上：

　　這一現象在訪談資料中呈現的非常明顯，像王文玲（推拿、
整復）「肯定並堅持自己的療法」；陳逢椿（油畫）「堅持自己
選擇畫作及畫家的標準」；劉美珠（身心學舞蹈）「堅持自己喜
歡學習的才藝項目」；北燕（國畫）「不因家人的反對而停止，
堅持學習下去」；崔光宙（樂評）「對自己的學習很執著，不受
他人影響」；黃威融（寫作、編輯）「堅持自己認為好的方式」；
楊厚基（寶石鑑定）「雖無人指引、缺乏儀器，仍堅持學下去，
非達到目標不可」；王大倍（游泳）「一定要獲得自己期望的學
習成長」；D-F（手療）「只要喜歡就栽進去，非要弄清楚」；都
是典型自主性強的例子。根據 Candy 的歸納，個人自主性，
是屬於結果或目標層面中，個人人格特質的部分；將之與案主
訪談資料對照，可以發現由於本研究訪談的案主都是在非正規
的學習歷程中，獲得自己的成就；因此在人格特質上的自主
性，便顯得格外突出耀眼。歸納言之，他們都肯定自己的看法，
且能意志堅定的抗拒外力干擾；尤其這種外力，多半來自與他
們關係親密的家人或朋友，在中國式的人際關係中，這是最難
突破的一點，也更顯出自主人格特質在自我導向學習中的重要
性。

4、自我管理，反應在以上三種學習態度中：

　　Stacy(花束設計)能夠「突破時間及情境障礙，補足自己缺
乏的基礎知識」；邱國鐘學調琴時「能坦然面對自己的缺點，
學的快慢沒關係，但一定要學會」；楊厚基(寶石鑑定)在無人督

導的情況下，「自訂學習進度，對自己負責」；都是自我管理的實現。根據 Candy 的歸納，自我管理，屬於結果或目標層面中，建構教育意願的部分，套用在案主身上，也可以看出他們進行的自我管理，使學習時間有充分的彈性，致達成目標的可能性大大提昇，也印證了 Candy 的說法。

　　總之，根據上面的分析，不論從學習態度來看，或依據 Candy 的理論，從過程層面及結果目標層面來看，都顯現出自我導向學習者對自我高度的肯定；因此在主題目標的選定、時間的分配、教師的選擇、進度的掌控、學習環境的要求及學習成果評鑑，都能堅持自己的理想，達到自訂目標，這是相當值得參考的特質。

　　從五行中，「木」的觀點來看，個人興趣、學習動機和學習態度這幾個各人背景因素，就像是植物體內所含的礦物質和生長激素一般，雖然看不見，卻深深地影響了植物的成長。自我導向學習者，要把握住自己的興趣和動機，在學習時也要專心、堅持並對自己有高度肯定，對自己選定的學習負責，才能成功。

第二節　學習目標設定

　　自我導向學習者,為什麼會想到學習目前這個項目?目標是怎麼選定的?最初的目標有沒有因為時間、情境而變化?此節分析他們學習的觸發和學習目標的轉換,以回答研究問題 **3-1**。

壹、學習的觸發

　　「觸發」,也就是觸動學習者,開始關注到想要學習的那項特別事物,並進而開始學習的動作。本研究中,各人的學習觸發不同,發展過程殊異,各有其特殊之處,分別敘述如下。

　　王大倍的游泳觸發,來自於小時候一次幾乎滅頂的經歷,當時在家鄉附近河川中游泳,不太會游的王大倍,到了腳摸不到底的地方,差一點兒滅頂,幸虧會游泳的同伴救了他;上岸之後的王大倍,並未如一般人一樣,從此以後不敢下水;相反地,他卻堅定地下了學游泳的決心,希望以後能夠避免同樣的事再發生。

　　王文玲從事整復工作的觸發,可說是因為幫助生病的外公的緣故,當時為了減輕外公的負擔,她先是幫病人疏筋;之後外公更不舒服,她也只好就這樣幫病人推拿起來,憑的是小時候被外公多次推拿的經驗,和天生對筋絡的敏銳性。

　　北燕學習繪畫的觸發,來自於看到二哥為女朋友畫的一張素描,畫面上線條的勾勒,形塑出的美感,促成她心中的感動;直到結婚生子之後,才有機會讓這樣的表現慾望,發揮在國畫中。

　　阿金做烘焙工作的觸發,很明顯的來自於住在美國時,一位美國鄰居給的一份蛋糕食譜,因為嘗試之後的作品,受到鄰居美國人先生的讚賞,甚至誇她做的比他自己的太太還好,因此開啟了她的烘焙之路。不過若是回溯到她對烹飪的注意,可得回到他僅五、六歲時,就知道母親做的菜,因為蔥、薑、蒜切得太粗,以致影響口

感,讓她決定將來若有機會掌廚,一定要將這些佐料切細的念頭。

　　邱國鐘的學習觸發來自於他四哥,因為他四哥當時正在學習鋼琴調音,便也鼓勵他一起來學;在不明究理的情況下,只因聽說薪水比較高,就放棄原有的工作,轉行學調音。原本對音樂一竅不通及先天盲目的他,學習起來格外困難;不過幸好他天生聽力不錯,在學校時能聽聲辨位地抓人,所以克服了對音樂的障礙,學起了調音。

　　陳逢椿畫油畫的觸發,來自於師大年輕教師的一句話,這句激他「與其修改別人的畫,不如自己畫一張」的隨口一說,開啟了陳逢椿自創油畫畫法的大門;從初學的寫生起,不一會兒功夫,就挾其數十年的賞畫經驗,創出自己獨特的畫風與畫法。

　　黃威融的學習觸發與天生善於蒐集、整理資料有關。高一時,歷史老師要求大家用蒐集來的資料做一篇報告,他的成績很好;可惜因為選擇的不是主流的理工科目,因此未被重視這點長處,甚至他自己也不重視,直到高三編班刊,這項才華才開始有了嶄露頭角的機會。

　　崔光宙因為父母親開明的教養方式,使他勇於嘗試修復,因此當家中的真空管收音機壞了時,將壞了的真空管取下,並到電器行中買回同型號的真空管。換上之後,又能收聽的喜悅,滿足了當時僅小學一年級的崔光宙;同時也在腦海中對親自動手做的成就,留下深刻印象,啟發了他研究音響的興趣。

　　楊厚基學習寶石鑑定的觸發,來自於從小接觸的銀樓實務,從洗金子開始的學徒式工作,讓他對於和金飾有關的事物都有興趣。直到從報紙上看到第一位通過寶石鑑定的中國人的新聞,激起他也要學習寶石鑑定的決心;透過鄰居的介紹,開始了美國寶石鑑定學院的函授課程。

　　蔡清波在賞鳥解說上學習的觸發，是在轉調現任學校之後，經過一位同事的帶領，使他與太太一起進入了賞鳥的繽紛世界。由於小時候，居家後山一棵大樹下出現的魚屍，促使他注意到鳥類捕食的路線；也因此，當他受到同事的邀請，就進入了賞鳥的世界。

　　劉美珠以身心學來闡釋舞蹈的學習觸發，始於唸體育研究所時接觸到的「身心學」；這種結合身體與心理的學習理論，讓她對自己的能力有了信心，知道傾聽身體的話語。這種觀點，對過去自小學習舞蹈的肢體而言，是新的經驗；也由此知道每個人的身體都是獨特的，都有其特殊的需求與特長，終於走出自己的學習道路。

　　靜慧學瑜珈的觸發，來自於高中時，對瑜珈書上窈窕身材的羨慕，加上當時她正想減肥，於是就開始照本宣科，跟著書上，依樣畫葫蘆的練起來了。

　　D-F 在手療方面學習的觸發，來自於大學時代，聆聽一位畢業學長有關推拿的演說；而靠推拿能矯治運動傷害的實例，又發生在自己身上，他因撐竿跳受傷，自己看書推拿，把腳傷治好，因此他更加珍惜學習推拿的機會。

　　Stacy 會開花店，其實並非因為她會插花，實在是情勢所逼，為了幫姊姊花店的忙；誰知店開張後，姊姊因為種種因素不能來店裡工作，而店中總不能沒人會插花，所以只好打鴨子上架，自己開始學插花。

討　論：

　　綜合上述各例的資料，討論如下：

（一）　自我導向學習的觸發，與過去的個人經驗有關：

　　從訪談中可知，每位接受晤談的學習者，都有豐富的人生經驗，他們經歷的事情雖多，但真正會引起「想要學習」的

項目，都是過去接觸過，或本身就具有某一項與該學習有關的
特質。經過時間的焠煉後，也許是一次別人眼中不起眼的演
講，或報紙上一篇不佔地位的報導，卻引發他們的學習熱望，
只因「能把過去的經驗連結起來」。

（二）自我導向學習的觸發，與兒時生活經驗有關：

　　　　在接受訪談的學習者中，除了陳逢椿以外，其他人自我導
向學習的項目，都有與兒時生活經驗有關的記憶；在 Gibbons,
el al. (1980)的研究曾指出少年時期之經驗的重要性，在此又得
到印證。不論這些經驗是正面的或負面的，他們都有一個共同
點，就是促使學習者進行思考；自我導向學習準備度高的人，
自主性高，個人自主的學習者善於運用合理反思並批判多種選
擇。而思考的過程會連結過去的經驗，並進而整理出屬於個人
的認知結果。

貳、學習目標的轉換

　　　　本研究中的十四位案主，在學習目標的設定上，根據訪談內
容，可以歸納出明顯的最初目標和終極目標兩大部份；每個人的目
標，內容不盡相同，個別的情形敘述如下：

　　　　在世界分齡泳賽中奪得佳績的王大倍，小時候是為了「不想淹
死而學游泳」；如今泳技獲得肯定後，積極的從事救生訓練工作，「讓
大家都能安全無虞的享受游泳樂趣」成為他努力的目標。

　　　　做整復的王文玲，剛開始只是「為了幫助外公治療病患」；如
今在浸淫十數年後，「善用各種新式儀器與設備，開設一家合併醫療
與保健的推拿整復中心」，成為她終生努力的目標。

　　　　學國畫的北燕，從開始「為興趣而學，後來成為職業，教畫掙
外快」；轉變為「不為名利，畫出自己想要的境界，享受人生」，是

學習目標上明顯的變化。

　　從事西點烘焙的阿金，是因為「從小喜歡做吃的而嘗試做點心」，在走出自己的風格之後，「開一家兼賣滷菜的西點麵包工作室」成為她未來的夢想。

　　調琴師傅邱國鐘最初「想學調音多賺錢，以應生活之需」；後來有成就以後，把調琴工作看成是「把樂器亂七八糟的音，調成漂亮的音」。

　　善畫油畫的陳逢椿，以「收藏藝術品、畫油畫發抒內心感情」而投入繪畫的世界；如今在繪畫成就獲得專家肯定後，「以油畫做美的表現，成為畫家而非畫匠，並推動台灣的藝術風氣」成為他畢生努力的方向。

　　暢銷書作家黃威融，最初接觸寫作是為了「把資料按照某種順序和原則，編輯成可看性高的讀物」；成為暢銷書作家後，希望能夠做到「創意編輯，為社會開新局並顯出自己的價值，名利雙收」。

　　玩音響寫樂評的崔光宙，秉持著「對音樂有興趣，聽的多，也注意音樂中的細節，自然評論起來」；行之日久，終極目標成為「要讓大家聽到更好的音樂，就是有品味的聽音樂」。

　　寶石鑑定師楊厚基，因為家中開設銀樓的關係，最初是想「學習正確鑑定寶石的真偽、等級並定出合理的價錢」；後來培養出濃厚的興趣，「享受鑑定寶石服務的樂趣」成為他樂此不疲的動力。

　　在高職擔任主任的蔡清波，起初是為了「喜歡看鳥並認識各種鳥類」而投入了賞鳥世界；如今「做詳盡有趣的鳥類解說，讓賞鳥者愛鳥並保護生態環境」成了他在賞鳥世界中，終生要努力的方向。

　　致力研究身心學的劉美珠，早年只是「喜歡跳舞、想把各種舞蹈跳到出神入化的地步」；可是經過求學及人生各種經驗的淬煉，「以身心學觀點，建立正確的舞蹈表現及教學」是她目前追尋的方向。

　　學瑜珈的靜慧，原本是為了「減肥、運動、幫助媽媽痊癒」而學習瑜珈；經過二十年的學習、摸索之後，「年老時，能成為全方位、有修養的瑜珈長者」是他所追尋的目標。

　　學習手療的 D-F，當初唸體育系，看見同學常發生運動傷害，為解決他們身體上的痛苦，就學起按摩的技術；後來到美國俄亥俄州深造，又學了瑞典式按摩，這種讓患者在沒有痛苦的情況下接受治療的方式，深深吸引了他的注意，他的目標轉向「提升手療的技術層次，使人能愉快的接受按摩，也希望手療能得到社會的認同和肯定」。

　　經營花店的 Stacy，最初只希望「將花店經營到能有盈餘」；但經過歷練後，她的目標已經改為經營「為生活增添美彩」的花店，至於營收多寡，已經不是最終目的了。

討論：

（一）標的變化，是多次歷練才形成的：

　　根據上面的敘述可以發現，每一位受訪的案主在自我導向的學習目標上，都有明顯的變化；而變化是經過多次的歷練，才慢慢形成的。我們以靜慧為例，來說明：靜慧高一下學期，在書展買到瑜珈的書，羨慕書中窈窕的身材，因為想減肥而觸發了對瑜珈的學習，這是第一個過程。高中畢業後，找岡山本地的老師學了一年，受到老師與同儕的肯定，這是第二個過程。發現自己學得太少，又找到瑜珈大師華淑君在南部開辦的導師班，繼續學習並拿到瑜珈教師執照，是過程三。在工業區及永安、路竹等地教瑜珈，以求教學相長而且學費可貼補家用，是過程四。最終則希望將瑜珈技術的練習，加上心靈的修練，以後擁有全方位的人生，成為有修養的瑜珈長者。她的學

習目標，經歷了五次的轉變，詳細情形如圖 6-2-1。

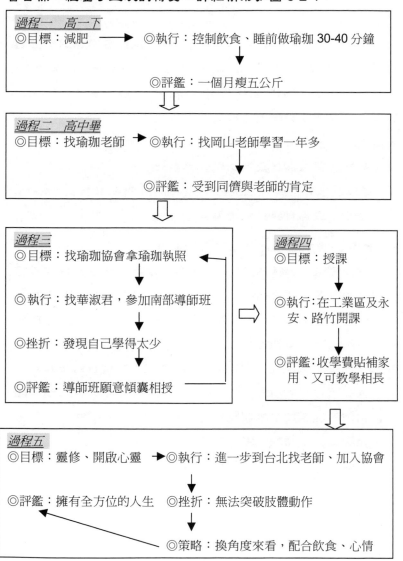

圖 6-2-1　靜慧瑜珈學習的目標轉換歷程

（二）　目標轉換的歷程，符合 Merriam & Caffarella(1991) 之理論：

案主自我導向學習目標轉換的歷程雖然各不相同，但趨勢卻符合 Merriam & Caffarella（1991）的理論。根據 Merriam & Caffarella（1991）對有關自我導向的文獻所做的整理，自我導向學習可以明確地分成三個漸進式的目標：

‧增進成人學習者在學習中自我引導的能力。

‧使轉換學習成為自我導向學習的中心。

‧　讓解放學習（emancipatory learning）及社會行動（social action），成為自我導向學習的一部份。

1、最初的目標在增進自我引導的能力：

首先，對各人最初的學習目標進行分析，可以發現相當符合 Merriam & Caffarella（1991）三個漸進式目標的第一項：增進成人學習者在學習中自我引導的能力，因為從每個人的敘述中不難發現，最初目標的設定往往與下列幾項因素有關：

（1）幼時的家庭環境----幼時的家庭環境對啟迪自我導向學習具有兩方面的功能，一方面它能提供環境的刺激，最明顯的例子莫過於家中開設銀樓的楊厚基；小時候的他，對金光閃閃的飾物就已經習以為常，長大後想要提昇自己在寶石鑑定方面的能力，是水到渠成般的自然。另一方面，幼時的環境還提供重要的實做經驗，像開設西點烘焙坊的阿金，在協助母親做月餅的當兒，就已經接觸到中式點心的製作過程；這些重要的實做經驗，提供她日後摸索製作蛋黃酥的基礎知識，因為就蛋黃酥的製作而言，外包的油酥皮，幾乎是最大的關鍵所在，不曾接觸過的人，恐怕很難想通其中的道理。

（2）興趣----有了幼時環境提供的實做經驗，另一個更重要的
因素是興趣。在案主的敘述中「喜歡」、「有興趣」經常是
投入該項學習的主要原因，而一旦涉入該領域之後，想要
讓自己的學習更有成果，自然就會「增進在學習中自我引
導的能力」；當然，引導的方向是朝向有興趣的地方發展
的，而多方面的接觸則大大提昇了學習者自我引導的能
力。這些將在第八章土篇，第二節環境背景的興趣部分敘
述。

2、 其次的目標，在於轉換學習：

有了自我引導的能力後，轉換學習已取代了當初想增進自
我引導能力的範疇，期望自己學到的東西能轉用於職場、生活
及各種情境中。例如：靜慧學了瑜珈，也拿到教師執照後，想
把學到的知識和技能用來開課教學生，成為她的職業，這就是
她的轉換學習。

3、 終極目標，則有解放學習和社會行動的意圖：

有些學習者在轉換學習的階段後，還會擴展到解放學習及
社會行動的層次。例如，經營花店的 Stacy，希望未來有一家
「為生活增添美彩」的花店，這種前景的規劃；對照於原先為
了有盈餘而經營，已經有了轉換性的改變。就觀點轉換的歷程
而言，原先只關注到自己經濟上的需求是否能獲得滿足，屬於
心理觀點方面，重視的是個人認知及人格的發展；但在經歷三
年的自我導向學習後，關注的重點轉移到服務對象上，進入社
會文化的觀點，重視的是溝通的轉化學習，強調與服務對象互
為主體的溝通行動，因而期望自己花店提供的作品，能為服務
對象增添生活美彩，充分發揮，花藝設計在生活上的功能。

4、 不一定所有學習者都能達到解放學習及社會行動的層次：

　　至於第三階段「讓解放學習及社會行動成為自我導向學習的一部份」，經過分析，不見得每位受訪的案主都有明顯的痕跡可尋。因為這個部分的轉變受到各人及環境雙方面的影響，不是每個人都有社會行動的意念，但可以在陳逢椿「以油畫做美的表現，成為畫家而非畫匠，並推動台灣的藝術風氣」的目標中窺見一二。在訪談中，陳逢椿的商場經歷，讓他看多了紙醉金迷的揮霍，也了解到麻醉式快感的短暫，因此他才有成立畫廊，提攜美術界後進的舉動；直到他自己也開始畫油畫，並獨創畫風之後，想要讓更多的人能體會藝術之美，就成為更迫切的心願，因此他捐出長年收藏的精品畫作，在高職母校成立畫廊，希望帶動當地欣賞藝術的風氣。因此，就學習目標的轉換而言，他已經進入第三階段，讓解放學習及社會行動成為自我導向學習的一部份。

　　總而言之，學習目標的觸發和不斷地轉化，是自我導向學習者在學習歷程中經驗到的實際狀況，理論也證實這樣的變化是有益的。在五行中學習觸發的「木」，也就是植物，例如開花的被子植物，都有傳粉、授精的過程，植物傳粉，把學習觸動了，授精的孢子，遇到合適的環境，就能發芽長大，對植物來說，是何等重要啊！

第三節　學習的增強

　　自我導向學習之所以能持續進行，一個原因是學習者在學習中受到各種增強，本節回答研究問題4-4。本研究將增強分為精神性、物質性及文化性三類；「精神性增強」包括誇獎、讚美、受人信賴及肯定自己的表現等；「物質性增強」指實際物質與金錢方面的獲得；而「文化性增強」則包括獲頒證照、競賽得獎及對社會文化了解而產生的感動。十四位案主的三類增強，如下表：

表6-3-1　自我導向學習者的學習增強分析

案　主	精　神　性　增　強	物　質　性　增　強	文　化　性　增　強
王大倍	・同儕的信賴。 ・學生的肯定。		・民國40年金蘭灣游泳比賽，獲第一及第二名。 ・民86年得國際分齡泳賽，長青組100公尺蛙式第五名。
王文玲	患者的感謝；尤其她的國術館位於小巷底（不在交通便捷的大馬路上），卻有許多患者前來求診。	診療的收入。	
北　燕	・國小教美術的拿老師，將翁龍螺的畫作帶回美國。 ・學生表達不出的，當老師的竟然畫出來了，學生讚嘆。	父親買金、色的兩隻彩鉛筆給她，很寶貝。	參加美術比賽，年年得獎。
阿　金	品嚐過她所做的點心的人，讚美不絕。	訂單的獲得。	藉點心製作，了解美國等國，在「吃」方面的文化。
邱國鐘	調音調得準，受到四周人的肯定。	調音的收入不錯。	76年獲第十三屆炬光獎；83年獲第八屆金毅獎。

表 6-3-1　　自我導向學習者的學習增強分析(續 1)

案　主	精 神 性 增 強	物 質 性 增 強	文 化 性 增 強
陳逢椿	可紓解情緒。		對台灣社會休閒文化流變的瞭解，並急欲推動藝術文化。
黃威融	・意識形態廣告公司找他去工作。 ・出版的第一本書，<u>旅行也是一種 shopping</u>，成為暢銷書。	排行榜書及暢銷書，賣的好，收入增加。	對年輕及流行文化趨勢的瞭解。
崔光宙	・聽一流音樂，享受有品味的生活。 ・雜誌邀稿。	寫稿子，有稿費。	
楊厚基	鑑定的寶石，沒有爭議。	鑑定寶石，收入很高。	・1978 經美國寶石學院筆試及實做考試通過，獲授證照。 ・1997 年通過<u>寶石與寶石學季刊</u>的年度挑戰，獲得國際性榮譽。
蔡清波	・出外賞鳥看到書中記載的鳥，很高興印證了書中的知識。 ・出外賞鳥，看到未見過的鳥，很興奮自己有新發現。		師鐸獎、木鐸獎的獲得，深受激勵，在各方面都加努力。
劉美珠	・應用「身心學」的理論，學習與自己對話、反省，重建失去多年的自信。 ・為表演團體編舞、教舞，受到肯定。 ・國中擔任學校體操隊隊長，展現領導能力。		・舞蹈比賽，年年得獎。 ・雲門找他簽約當舞者。 ・甄試青年友好訪問團，被選為代表，出國宣慰僑胞。 ・將「身心學」應用到舞蹈上，加強內心的探討及自我的表現，更深入而感人。

表 6-3-1　自我導向學習者的學習增強分析(續 2)

案主	精神性增強	物質性增強	文化性增強
靜慧	剛開始練瑜珈，一個月以後，瘦了五公斤。	教學，有收入。	・接觸更多大師級教師，提昇自己的觀點。 ・瑜珈教學，增加身、心、靈三方面的體驗，是理想而充實的內容。
D-F	幫同學及女友按摩效果不錯，受誇獎。		・獲瑞典式按摩執照。 ・傳統按摩、推拿都很痛，而瑞典式按摩使患者在無痛、愉悅的心情下，接受治療；他想改變傳統按摩的狀況。
Stacy	顧客滿意。	・民 83 過年時，在市場賣花，賺了不少錢。 ・訂單增加收入增加。	・獲選為台北市 60 家之一的花綠小站。 ・參加插花表演賽。

壹、精神性增強：

　　十四位案主得到 22 項精神性增強，包括服務對象所給予的誇獎和讚美 10 項，非服務對象給予的肯定和信賴 4 項，及自己精神層面的滿意 8 項。

討 論：

　　Skinner 利用動物做的實驗發現：受到正增強的動物會增加此一活動的頻率，如老鼠推桿而得到食物，牠會不斷去推桿。自我導向學習雖然出於自願及主動，但學習中遇到適當的增強狀況，學習會更努力且得以持續不輟。增強的特點在於它的即時性，立即給予回饋、毫無延宕。

（一）因服務而得到的誇獎和讚美：

　　前面提過自我導向學習者，學而優則服務人群的情形，接受服務的人因這些服務而發出感謝、誇獎和讚美；這些溢美之辭對學習者來說都是正向增強，讓他們學習更賣力。例如：楊厚基為顧客做寶石鑑定，沒有爭議發生；北燕教學生國畫，學生表達不出來的意境，老師竟然畫出來了，學生讚嘆不絕；劉美珠為表演團體編舞、導舞，受到肯定；D-F 幫同學及女友按摩，效果不錯，大受誇讚；黃威融出版的第一本書旅行也是一種 Shopping 受讀者喜愛，成了暢銷書；邱國鐘為鋼琴調音調得很準，受四周人肯定；王大倍教學生游泳，學生很佩服他；阿金做的點心，凡嚐過的人都讚美不絕；王文玲為病患做推拿，患者感謝，雖然國術館開在小巷底，卻有許多患者前來求診；及 Stacy 為顧客插的花束，他們都很滿意。

（二）得到他人的肯定和信賴：

　　除了從服務對象得到誇獎和讚美外，成功自我導向學習者還從非服務對象，得到了對自己的能力和所學知識、技能的肯定。北燕(國畫)國小時候，一位從國外回來教美術的拿老師，將她翁龍螺的畫作帶回美國，這表示老師很欣賞她的作品，肯定她畫畫的能力；在她小小的心靈中播下了成功的秧苗，激勵她更堅定、更勤奮的學畫。崔光宙喜歡聽音樂、修音響、寫音樂評論，正好有音樂雜誌向他邀稿，激勵他更仔細聆聽並嚴謹下筆。黃威融(寫作、編輯)大學時代編校園報紙、雜誌，發揮創意，曾參觀頂尖的意識型態廣告公司；畢業服完兵役後，這家公司找他去工作，對他能力的肯定，鼓勵他往自己的理想去努力。王大倍因為泳技精湛，在軍中袍澤和游泳同儕間深受信賴，認為他出馬參加比賽，準能贏回大獎；對他泳技的信賴，

給了他很大的鼓舞。

　　這些由老師、同儕、雜誌編輯和雇主對學習者的信賴和肯定，或許是順口說的一句話、一個動作，或是委以專業任務，對自我導向學習者的學習效果，給予立即的回饋，堅定學習了的方向並增強學習的意願。

（三）自己在精神層面的滿意：

　　前兩項來自他人的讚美與肯定，對學習者來說固然重要；但自我導向學習者對自身的滿意和肯定，更有積極的意義與價值。

　　蔡清波(賞鳥解說)出外賞鳥，當他觀察到書中所記載的鳥種，十分高興印證了書中知識；資料上記載的鳥就出現在他的望遠鏡裡，聽見牠婉轉的啼聲，增強了他繼續觀察鳥類蹤跡的興致。偶然發現了未曾見過或連書上也沒有記載的鳥種，更是興奮於自己有了新的發現，立即記下地點、時間、啼聲、形狀、色澤並拍照，對賞鳥的同道是一件好消息；這樣的發現讓他十分高興，並滿意於自己也能對賞鳥界有所貢獻。崔光宙(樂評)覺得能聽到一流的音樂，享受有品味的生活，讓他在精神層面上非常滿足；因而增強了他對音樂的批判，要求更好的音樂品質。劉美珠(身心學舞蹈)在國中時被選為學校體操隊隊長，充分展現了她的領導能力；這種被器重的感覺，讓她更賣力的學習。後來因學業成績不理想，受師友嘲笑，信心全失，研究所接觸身心學的理論後，學習與自己對話並反省，終於重建失去多年的自信；身心學不但能闡釋舞蹈，更能有效解決自己的問題，大大增強了她學習的決心。陳逢椿(油畫)認為畫油畫，可以紓解自己的情緒，這種精神層面的滿足，增強了他的學習意願。靜慧按著瑜珈書上的說明，照著練習了一個月後，瘦了五

公斤，她十分滿意，增強了她對瑜珈的繼續鑽研。

　　總之，別人的讚美、誇獎、肯定和信賴及對自己的滿意，說明學習確實有果效，學習是有樂趣的，學習者願意有更深的瞭解和投入，這就是學習的增強。

貳、物質性增強：

　　十四位案主中，有十位曾接受物質性增強，本研究分析如下：

討　論：

（一）服務收入，是最重要的物質性增強：

　　楊厚基做寶石鑑定，收入很高；崔光宙寫樂評稿子，有稿費；黃威融出版的書進入排行榜及暢銷書，賣得很好，收入增加；邱國鐘為人調音，收入也不錯；阿金做的西點，又特別又好吃，訂單源源不絕，收入增高；靜慧教瑜珈，有學生學費的收入；王文玲為病患推拿整復，也有很好的收入；Stacy 插花的訂單增加，收入也增多。這些都是因服務而賺到金錢，對生活不無小補，讓他們更願意努力的學，並提供服務。

（二）實務獎賞，也是一種物質性增強：

　　北燕(國畫)在孩提時代，父親買了金、銀兩色的彩色鉛筆給她，在物質缺乏的年代中，能有顏色如此特別的兩隻彩筆，她很寶貝；這種物質上的獎賞，對她是很大的鼓舞，使她更加努力學習。

参、文化性增強：

　　十四位案主中，12 位在學習過程中曾經歷文化性增強，共有 20 項；其中獲頒證照被提到兩次，競賽得獎有 11 項，其他因對社會文化瞭解而有的感動等，有 7 項。

討 論：

（一）競賽得獎是榮譽，更是肯定：

　　北燕（國畫）和劉美珠（身心學舞蹈）兩人，自幼參加美術比賽及舞蹈比賽，年年得獎；從小得到專業團體的肯定，增強了她們的學習意願。劉美珠上大學後，參加青年友好訪問團甄選及雲門的訓練課程，均得到好的結果，成為訪問團的代表出國宣慰僑胞，並接到雲門舞團請她當舞者的邀約。王大倍(游泳)21 歲時在金蘭灣參加游泳比賽，獲得第一、二名，民國 86 年參加國際分齡泳賽，獲長青組一百公尺蛙式第五名。楊厚基（寶石鑑定）於 1997 年參加寶石與寶石學季刊 (Gems & Gemology)的年度挑戰賽，通過挑戰，亞洲僅四人獲此殊榮，台灣僅他一人，得到了國際性的榮譽。Stacy（花束設計）獲選為六十家之一的台北市花綠小站，且應邀參加插花表演賽。這些是成年後參加競賽得獎的經歷，在在肯定了她們自我導向學習的成果，增強了他們的學習。

　　另外，蔡清波（賞鳥解說）曾被教育團體選為師鐸獎及木鐸獎之得獎者，邱國鐘(調音)於民國 76 年獲得炬光獎，83 年獲得金毅獎。雖然師鐸獎及木鐸獎並非賞鳥的專業獎盃，炬光獎、金毅獎也不是為了調音所設的獎勵；但是他們兩人因得了這些大獎，與教授、學者、醫生及工程師等人同台領獎，內心受到其大的肯定與激勵，而在各方面加倍努力，並增強了他們的專業學習。

（二）對社會文化的了解，會增強學習：

　　自我導向學習者，除了得到證照和競賽的獎勵能增強他們的學習意願外，他們也因對社會文化有深層的瞭解而有所感動，這種感動對學習具有增強作用。

　　劉美珠把身心學的理論用到舞蹈上，加強舞者內心的探討及自我的展現；她發現這樣的舞蹈表現更為深入而感人，她也因為這方面的了解，而願意做更多的學習。D-F（手療）發覺一般人接受推拿和按摩時，都很疼痛，而瑞典式按摩卻讓人在無痛且愉悅的心情下接受治療；這樣的發現，讓他更努力鑽研，希望能改變我國傳統按摩的狀況。黃威融(作家、編輯)能瞭解並抓住年輕及流行的文化趨勢；這層瞭解讓他更努力學習，如何為年輕一代的讀者編出好書來。陳逢椿(油畫)一向注意台灣社會休閒文化的流變，他深入瞭解後極欲推動藝術教育；想做「台灣藝術教育推手」的信念，增強了他的學習。阿金(西點、餐飲)藉由點心製作，瞭解美國等國家，在「吃」這方面的文化，因而增強了她對西點的學習意願。靜慧(瑜珈)接觸大師級瑜珈教師後，自己的觀點大為提昇，而願意更努力學習。她也充實自己的瑜珈教學內容，不只重視動作，更強調身、心、靈三方面的體驗；為了這個理想的瑜珈教學，她自己先開始做更深、更廣的學習。

　　自我導向學習者接受了物質、精神和文化三方面的增強，正如溫度對植物的照顧一般，使小植物在合適的溫度下，漸漸茁壯。

第四節　　學習的重要他人

　　「重要他人」在學習的觸發中是很必要的；每位案主對引發學習的過程，都有記憶深刻的開啟之道。如果把學習比喻為中國式的傳統諺語「師傅帶進門，修行在個人」，那麼自我導向學習就像是自己當師傅；修行雖然在自己，不過諺語中的「門」也就是學習的項目，還是需要一位指出「門」所在位置的人。本研究對「重要他人」定義是：引發學習者興趣，並指引學習方向與途徑的人；這個角色對學習有關鍵性的作用，此節回答研究問題 4-10。以下分別敘述每位案主自我導向學習中的重要他人：

表 6-4-1　　自我導向學習者的「重要他人」分析

案　　主	重　　要　　他　　人
王大倍	十九歲在金蘭灣第一個教他正確游泳姿勢的同袍。
王文玲	指引她學習推拿整復的外公。
北　燕	初期的繪畫老師洪德貴，及鼓勵她開始教學的杜簽吟老師。
阿　金	提供她第一份蛋糕食譜的美國鄰居。
邱國鐘	鼓勵他學調音的四哥，及教他調音的師傅。
崔光宙	父母以開放的教育方式，培育他勇於嘗試、自負成敗的學習態度。
陳逢椿	激勵他畫出第一張油畫的師大美術研究所張德文老師。
黃威融	意識型態廣告公司的一位主管，一方面開啟了他對廣告的興趣，另一方面又提供了進入廣告界的機會。
楊厚基	美國寶石學院的講師。
蔡清波	開啟他對觀察生物，產生興趣的屏東師專生物課老師。
劉美珠	激勵她自主性發展的先生。
靜　慧	提供最佳精神支援的父親，及給了正確瑜珈觀念的高中體育老師。
D-F	大學時代的女朋友，她拿出自己的獎學金讓 D-F 能一圓學手療的夢想。
Stacy	一位極具經驗的花店同業，開拓她經營花店的視野。

討 論：

從以上的分析可以發現，重要他人對自我導向學習，有以下幾個層面的意義：

（一）重要他人為學習者指出了那扇「門」（學習的項目）：

在某些案主的例子中，原本要學習的項目從未引起案主的注意，經過重要他人的指引，案主才能投入學習的項目；如邱國鐘的四哥，是因為他的力薦，邱國鐘才可能放下原先穩定的工作，轉而挑戰從未接觸過、難度又高的調音師訓練。

（二）重要他人推了一把，讓他進「門」：

有些案主原本對學習項目就有興趣，但缺了臨門一腳，就很難跨入；類似的情形有 D-F 學習手療，若缺了女朋友的獎學金，可能只能在學長開的國術店門外徘徊；王大倍缺了教他正確游泳姿勢的同袍幫助，可能到現在仍然只能在游泳池中泡泡水。在這個層面中，重要他人的角色，是提供自我導向學習者一股踏入學習項目的力量，這種力量可能是精神性的、有可能是物質性的、也可能是技術性的。

（三）重要他人讓他進「門」後，走得好：

重要他人在自我導向學習中，扮演的另一種角色是協助學習者學習順利，如劉美珠的先生，一路鼓勵她做自主性的發揮，將自己的潛能展現出來；而非僅僅做一個唯唯諾諾的跟從者，照著教學者的腳步一絲不差的前進。又如崔光宙的父母親以開放的教育方式，啟發了他勇於嘗試的研究習慣，對日後進行的每一種學習都建立了最有力的基礎。其他幾位重要他人提供的是潛在的力量，也許表面上不易覺察；但對自我導向學習者而言，卻是極為珍貴的資源之一。

（四）**重要他人，多為老師或指導者：**

　　自我導向學習沒有一定的學制和老師，如果有重要他人出現，對他們的學習有很大的幫助。十四位案主中，11 位提及他們學習的重要他人，大多都是他們的老師或指導者。楊厚基(寶石鑑定)在美國寶石學院的講師(instructor)，他按時寄作業給講師批改，有疑問也以書信向講師詢問；蔡清波（賞鳥解說）師專時的生物老師；北燕（國畫）最初啟蒙的洪德貴老師和鼓勵她收學生來教的杜簪吟老師；邱國鐘（調琴）的四哥教他基本樂理，慶聲鋼琴廠的師傅一對一指導他調新琴的音；靜慧（瑜珈）高中的體育老師給她正確的瑜珈觀念等，都是老師成為重要他人的例子。他們或是目前自我導向學習的老師，或是以前唸書時的教師；不過對他們進行的自我導向學習，都有很大的啟示和指導作用。

　　王大倍（游泳）第一個教他正確游泳姿勢的同事，阿金（西點、餐飲）在美國遇到了給她點心食譜並教她做西點的好鄰居，及王文玲（推拿）的外公；雖然並不是他們以前學校的老師，卻是指導他們自我導向學習的導師。

（五）**重要他人的角色並非只出現一次，會應需要以不同層面**
　　　出現：

　　根據上述重要他人在十四位案主學習過程中扮演的角色，我們可以發現：事實上重要他人在學習過程中，並不是僅僅出現一次；他的重要性是相對的，但總在學習者遇到阻礙時出現。而善於搜尋資源的自我導向學習者，經常可自環境中找出當時對自己的學習有關鍵性影響的重要他人，就像「眾裡尋他千百度，驀然回首，那人卻在燈火闌珊處」。這點與 Cheren (1983) 曾提及，促進自我導向學習發展應強調「使用專家支

持的能力」，有異曲同工之妙。

　　學習中的重要他人，正如適當的陽光照在植物身上，使植物得以行光合作用，長得更結實而健康一般。

　　這一章談到這裡，讀者是否也感受到自我導向學習的觸發，完全像冒地而生的「木」一般，就這麼從地裡冒出生命來了。但是在地表下進行的一連串活動，包括植物體內原來就有的生長激素，傳粉、授精等，雖然眼未見到，卻是非有不可的，不然不會有新芽發出。所以，思考自己的背景、從小的興趣、學習的動機，然後設定合適的學習目標，自我導向學習才能像小芽一樣，冒地而生啊！發芽後，還要有適當的陽光和溫度，才漸漸長大；自我導向學習者也有許多的重要他人和物質、精神與文化的增強，不斷激勵他更堅定的學下去，終於有成果能回饋給社會大眾。

第七章　　火篇---學習活動

　　五行中的「火」指火炎，是熱的、向上的、象徵著活力、活動和變化。白虎通云：「火之言化也。陽氣用事，萬物變化也，其時夏。」釋名曰：「夏，假者，寬假萬物，使生長也。其位南方。」南方氣候溫和或炎熱，使人們放任活動。在學習上來說，就是要有學習活動的安排，讓學習活絡起來。從幾本百科全書的介紹來瞭解火，就更有意義了：火的三要件是可燃物、氧氣和燃點。自我導向學習中，學習內容和材料好似「可燃物」；學習的方法、策略和老師、促進者可比做「氧氣」；而學習的時間又可看做是「燃點」。

　　學習材料和內容有難易之分，深度較深、抽象程度較高或需要基本條件才能學會的內容，有如大塊的硬木頭；雖是可燃物卻不容易點著，學不會消化不下去，怎麼辦？如果把大木塊切成小片，接觸空氣的面積變大，就容易點著，讓它燃燒了。所以凡是和自己的興趣相關、幼年有過類似的經驗、與工作有關或是實用技藝等內容的學習材料，是比較適合於初期進行自我導向的學習者。

　　　學習方法、策略和指導者，就像是「氧氣」，指導者發現學習內容和材料不適合學習者，就要把大木塊切成小木片，也就是要選用適當的方法。如果學習者還不能做到比較、反思，那麼就改用較為基礎的觀察、模仿好了；等到學習的時間夠長了，有能力自導學習，溫度增加，氧化過程變快，放出大量的熱和氣體能量，終於衝破一般的學習方法，能有創新，猶如氣體的爆炸，其效率是驚人的。

　　　學習策略也必須隨時做變動，「學中做」是先學道理，以後才應用，不容易明白；成人學習大多是有疑難、問題，才來學解決的方法，是「做中學」。正如對著不懂的原理、原則（不太旺的爐火），搧搧風，讓空氣流動、補充氧氣；又如是在死的知識（潮濕的木頭）

上，澆上汽油，再一點火，馬上就能燃燒起來；換個策略，一學就懂，一點就通。

　　學習時間，更是是否燃燒得決定點---燃點。可燃物有不同的燃點，有些東西燃點低，如：紙、木屑等，有些東西的燃點高，如天然氣要到攝氏 482 度以上才能燃燒。燃點高的，要燒的時間長些；溫度是否到了燃點，就要靠評鑑；評鑑後發現還燒得不夠，就要再燒（加修、重修），時間到了，自然有成。尤其自我導向學習，不要怕時間久；學久了，一定會成功，持之以恆是也。

第一節　　學習方法

第三章曾探討學習方法，有依學習個性來分類學習方法的，有依學習心態分的，也有依感覺方式分的；由於學習方法是本研究之重點，期望做較仔細的探討，以上方法並不適用。研究者綜合皮亞傑、布魯那、馬濟洛等人的理論，發展出適合本研究的四大類型學習方法：初級學習、次級學習、統整學習和發展學習。初級學習包括摸索，觀察（包括瀏覽、參觀和觀賞），模仿、練習，閱讀，老師教導，詢問及試驗；偏重於學習由物理經驗所得的外生知識。次級學習有四種：比較，反思，發現及改變；偏重於學習由邏輯—數學經驗所產生的內生知識。而統整學習則進入經驗的整合，將學習到的東西消化後再展現出來，包括教學，批判及實務工作三種。發展學習則是自我的發揮和創造，有發表（包括展演），和創新兩種，這是最高層次的學習方法。本節資料，可回答研究問題 **4-1**。

壹、初級學習

表 7-1-1　　自我導向學習者的初級學習分析

案主	初　　級　　學　　習						
	摸索	觀察	模仿/練習	閱讀	老師教導	詢問	試驗
王大倍			不斷練習朋友教練所要求的動作。				
王文玲		由病患患處外觀，來判斷病情。	・看外公的做法，依樣畫葫蘆地模仿做。 ・靠幫助病患推拿整復，來練習。	找尋相關書籍閱讀，並且會抓重點。	跟外公學。	詢問病患，以了解療效。	

表 7-1-1　　自我導向學習者的初級學習分析(續 1)

案主	初　　級　　學　　習						
	摸索	觀察	模仿/練習	閱讀	老師教導	詢問	試驗
北燕	幼年時,自己塗鴉、摸索。	·看許多畫展。 ·觀察動、植物形象及動作。	·模仿畫冊上的名畫。 ·實景作畫及素描實物,都是很好的練習。	研讀畫冊、畫論等書籍。	每個禮拜至少向兩位老師學畫。	不怕向人請益。	
阿金		會到有名的西點店,看店裡做好的成品。	開始製作西點時,以模仿為主,但也有自己的主見。	經常讀營養學的書籍。	參觀書店,購買食譜及營養方面的書籍。		
邱國鐘	自己摸,憑感覺調音。	觀察師傅調音的技巧。	·看師傅調的方法,模仿做。 ·很勤奮,不斷地練習。	蒐集考古題及相關資料來閱讀。	鋼琴廠調琴師傅,一對一的教導。	勤問別人的意見,覺得別人說的是對的,就順從。	
陳逢椿		看許多畫。		收藏藝術品。			用各種顏料/工具/紙張,試驗畫畫。
黃威融	自己摸索班刊的編輯方法。	·觀察廣告高手的表現方法。 ·觀察時代趨勢的變化。	·以資料為師(看十年的報紙),模仿。 ·練習編班刊及報紙。	蒐集並記錄客觀事實及事件。			
崔光宙			動手做、實際去修音響、組裝音響,學習經驗的累積是「靠自己動手得來的」。	·理論性的問題,自己去找資料。 ·聽很多唱片及親身體驗現場音樂。			

表 7-1-1　　自我導向學習者的初級學習分析(續 2)

| 案主 | 初　級　學　習 | | | | | | |
	摸索	觀察	模仿/練習	閱讀	老師教導	詢問	試驗
楊厚基			在家中銀樓，練習鑑別真寶石與人工合成寶石。	·從英文專業雜誌中，尋找相關資料並閱讀。 ·註冊美國寶石學院的函授課程，自己鑽研兩大本英文教科書及英文期刊文章。		·寫單元作業，寄交美國的導師批閱。 ·不懂的地方，以書信方式向導師請教。	
蔡清波		隨時出去賞鳥，還到國外去賞鳥。		·上網找有關鳥類的資訊來閱讀。 ·找鳥類圖鑑來閱讀。		看到不認識的鳥，去問同伴或鳥會會員。	
劉美珠		看各種表演。	參加業餘舞團練舞並演出。	讀身心學及相關書籍。	找舞蹈社的老師學舞。	和自己的身體對話。	
靜慧			按照書上的樣子，練習瑜珈姿勢。	買相關書籍來閱讀。	跟多位瑜珈老師學習。	學習初期，常與老師探討學瑜珈的目的。	
D–F	自己摸索推拿的技術，把自己的腳治好。		為受傷的同學推拿，來練習。	看書找資料並閱讀。		資料看不懂的地方，去問人。	
Stacy		參加插花展覽時，參閱別人的作品。	·早期以模仿插花書籍上的作品為主。 ·每一次插花的作品都是練習。	翻閱插花的書籍。		接到沒做過的訂單，會詢問有經驗的同道。	

貳、次級學習：

表 7-1-2   自我導向學習者的次級學習分析

案主	次 級 學 習			
	比　　較	反　思	發　　現	改　變
王大倍	比較自己和別人游泳方法的不同。		找出自己的需求。	
王文玲	・看書上說的和實際患者的狀況做比較。 ・外公教的方法和弟弟在大陸中醫學校學的方法做比較。			
北　燕			・找出名畫或展出作品，不正確的地方和畫法。 ・找出名家表現特出之處來學習。	自己畫畫時，避免別人曾發生的錯誤。
阿　金				
邱國鐘	比較自己調的音和師傅調的音，有何差別。			
陳逢椿		若我畫，如何畫。		
黃威融	比較報紙、期刊、書籍在編輯上的差異。		書籍的行銷，不受重視	用自己（作者）參與書籍出版的行銷，來改變現況。
崔光宙	比較現場音樂與製作公司做出來的唱片、錄音帶、CD等，相差太遠。		發現音樂複製品水準不佳的原因是，做音響的人不懂音樂之故。	
楊厚基	比較寶石在重量、顏色、純淨度及切割方面的不同。			
蔡清波			發現不知名的鳥，把地點、時間、形狀及叫聲記錄下來，再求證。	
劉美珠	能區別自己的肌肉，是緊還是鬆。	將心靈、感覺、情緒、思考一起考慮，做個統合。		・選擇自己能做到的狀態。 ・改變自己的表現方法。
靜　慧			整理出認為最完滿的瑜珈教學內容。	
D-F				
Stacy				

參、統整學習與發展學習

表 7-1-3　自我導向學習者的統整學習及發展學習分析

案 主	統 整 學 習			發 展 學 習	
	教 學	批 判	實務工作	發 表	創 新
王大倍	教別人游泳。			參加各類游泳比賽。	
王文玲			實際為病患按摩、推拿。		開創自己的療法。
北 燕	指導學生畫畫，教學相長。	指出畫中錯誤之處。	自己常常畫。	・每年舉辦師生聯展。 ・應邀參加國內各種展覽。	
阿 金	安親班中教小朋友做蛋黃酥。	能指出大廚師口味的優劣處。	在自己店中做西點及為人做餐飲服務。		
邱國鐘	教幾個學生調音。		實際為新出廠的鋼琴調音。		
陳逢椿		評鑑畫作及畫家人品。	不斷畫油畫。	兩次應邀在師大展出，也曾在大陸展出。	・用自己的方法和工具，畫出不同效果的油畫。 ・不受拘束，不進入框架中。
黃威融	在師大社教系有關出版的課程中，做多次演講。		編輯自己所寫的書。		走出自己的創意，編輯生活在台北的一百個理由。
崔光宙	開「音樂鑑賞」的通識教育課程。	對未能做到「原音重現」的音樂複製，做嚴厲的批判。		發表音樂評論文字。	
楊厚基			統整銀樓的經驗和函授課程，實際評鑑寶石。	以研究心得寫文章供寶石雜誌刊登。	發展出鑑定寶石的模式。
蔡清波	將所知道的鳥及生態常識，教給學生。		常為各種團體，做鳥類解說。	整理所記錄的資料，發表專文，供同好參考。	將鳥類的生態，以兒童文學形式做成謎語、詩歌，引起兒童的興趣。

表 7-1-3　　自我導向學習者的統整學習及發展學習分析(續)

| 案　主 | 統　　整　　學　　習 | | | 發　展　學　習 | |
	教　學	批　判	實務工作	發　表	創　新
劉美珠	・扮演小老師角色。 ・教舞蹈課程。			新編的舞，在各地演出。	編出新的舞碼。
靜　慧	・第一次在自己的社區教瑜珈，並不成功。 ・別人的掌聲，代表「要做得更好」的壓力。 ・解決學生的問題，可能引導出新的思維。	不滿足於原先瑜珈老師的教學內容。			追求性靈的修為，達到瑜珈教學的另一種境界。
D-F			幫人手療。	發表研究論文。	
Stacy	將自己經營的心得，教導同業。		依訂單為客戶設計。	插花作品參加展出。	

討　論：

　　上表分析十四位案主的四類學習方法，研究者做以下九點討論：

（一）初級學習中，最重要而且幾乎每位成功自我導向學習者都用到的，是「閱讀」及「模仿、練習」：

　　初級學習的七種方法，包括摸索，觀察（包括瀏覽、參觀和觀賞），模仿、練習，閱讀，老師教導，詢問及試驗。「閱讀」被十三位案主採用，「模仿、練習」有十二位案主採用，是相當普及的學習方法；甚至在初級、次級、統整和發展四類型十六種方法中，這兩項仍是被採用最多的學習方法。只有王大倍（游泳）沒有蒐集並閱讀資料，因為他學的游泳純屬技術性活動，並沒有閱讀相關資料的需要。張秀雄（民 82b）曾提出增強閱讀能力，可增進成人獨立學習的能力，13 位案主採用了

閱讀的方法，他們獨立學習的能力因而得到增強。
Coolican(1974)指出練習、閱讀和討論是自我導向學習者最常
使用的方法，也在本研究中再獲證實。可見，書籍的閱讀是自
我導向學習所不可或缺的基本學習方法。

　　而「模仿、練習」有十二位案主採用，尤其在自我導向學
習的初期，除了閱讀，就是模仿他人，並且不斷的練習；只有
蔡清波（賞鳥解說）和陳逢椿（油畫）沒有用到模仿和練習。
蔡清波的案例，他自己經常賞鳥，也常閱讀，不懂的向人請教，
發現了新鳥種或稀少鳥種記錄下來，然後把學到的知識用到他
的教學上，並實際為人做賞鳥解說，將他的經驗發表成專文並
以謎語及詩歌等兒童文學形式來創作；不過，他並沒有實習機
會，來練習他的解說技巧。陳逢椿（油畫）看了許多畫並閱讀
收藏品，試驗用不同紙張和顏料來作畫，看畫時也反思「若我
畫這張畫，我會如何表現」，然後就開始評鑑畫作，自己也畫
出許多有特別效果的油畫，並受邀展出他的作品；他不模仿別
人，也不練習。

（二）「閱讀」以相關書籍為主：

　　他們會主動蒐集資料並閱讀，來學習他們想學的項目，大
多都是閱讀書籍，如：畫冊、鳥類圖鑑、寶石鑑定及身心學教
科書、營養學及插花書籍等。甚至有一半採用「模仿」方法的
學習者，是照著書籍上說的來模仿；如北燕（國畫）模仿畫冊
上的名畫，靜慧（瑜珈）最初是照著瑜珈書上的樣子來練習瑜
珈姿勢，Stacy（花束設計）早期的設計，多以模仿書上的作
品為主。可見書籍的閱讀是自我導向學習不可或缺的基本學習
方法。

（三）「觀察」和「詢問」也是初級學習常用的方法：

「觀察」包括瀏覽、參觀和觀賞，十四位中有十位用了這個方法，大多是看到別人的作品，例如：畫展、各種表演、有名的西點店內的成品、喜慶婚喪典禮中的花束等。Coolican(1974)指出：練習、閱讀及討論外，第二位常被自我導向學習者採用的方法是：聽講、觀察和接受指導；本研究也證實了觀察法是成功自我導向學習者，最常用的方法。由於仔細的觀賞或觀察，才會有次級學習中的「比較」和「發現」產生。

「詢問」大多是向老師或有經驗的人士請教，例如：楊厚基（寶石鑑定）以書信向美國寶石學院的講師詢問不懂的地方，邱國鐘（調琴）勤問別人對他調音的意見。只有王文玲（推拿、整復）是向她所服務的病患詢問療效，而劉美珠（身心學舞蹈）是和自己的身體對話，詢問自己身體的感覺。由於詢問，才能把自己學習上的問題提出來，由老師、有經驗的同儕或服務對象來解答，使學習能再繼續往前。

（四）「比較」和「發現」，是相當重要的次級學習：

本研究所稱的次級學習共有四種方法：比較（或稱區別）、反思、發現和改變；其中以比較和發現為常見的方法。在初級學中，觀察別人的作品之後，會將自己的成品和別人做比較。在以自我為主的自我導向學習中，並不強調傳統學制中的考試，主張由學習者自己設定學習目標、方法、步驟並自我評鑑；所以自行比較是很必要的一個程序。有七位案主會做「比較」，例如：崔光宙（樂評）比較音樂公司製作的唱片、ＣＤ及錄音帶和現場音樂品質上的差異；劉美珠（身心學舞蹈）先讓舞者

覺知到什麼叫做肌肉的鬆和緊，接著就要求他們區別自己的肌肉是鬆還是緊；王文玲（推拿、整復）不但將書上說的和實際患者的狀況做比較，還把外公教她的推拿技術，和她弟弟在大陸中醫學校學到的方法做比較。

　　「發現」大多在觀察、練習、詢問後，自我導向學習者產生了邏輯推理的內生知識。「發現」，讓學習者對他(她)的學習有了新的體認，當然就更能快樂並持續的學習了。北燕（國畫）發現名畫或展出的作品，也有不正確或穿幫的地方；她更找出名家表現特出之處，自己可以學習。崔光宙（樂評）發現音樂複製品水準，不如現場音樂的原因是：做音響的人不懂音樂之故。

（五）「實務工作」和「教學」，是最常採用的統整學習方法：

　　統整學習是整合初級與次級學習所學到的知識和技術，消化、吸收之後，再將心得與精華傾倒出來的層次，包括教學、批判和實務工作三種。十一位案主採用了「實務工作」，九位採用了「教學」的統整學習方法。

（六）「實務工作」著重經驗和實做的面向：

　　「實務工作」和初級學習中的「練習」，有密切的關係。在實際狀況中不斷練習自我導向學習的項目，正如崔光宙說的：「學習經驗的累積，是靠自己動手得來的。」他說的「自己動手」，指的是他自己修理音響和裝配音響等的練習。另外，「實務工作」將和我們在第八章土篇，第三節先備經驗中提及的幼時實做經驗一樣，是強調經驗和實務的面向。若幼年時只有家庭相關的背景，卻沒有實做經驗，對自我導向學習的觸發和幫助，是不太夠的。

　　　十一位成功學習者,將學習項目練習熟練並做整合之後,在實務工作中展現出來,例如:D-F(手療)幫同學、朋友做手療,黃威融(作家、編輯)自己編輯<u>生活在台北的一百個理由</u>這本書,Stacy(花束設計)依訂單為客戶設計花束;他們都著重經驗的累積和實做。

(七)「教學」是十分有用的經驗統整:

　　成功的教學絕不是照本宣科,成功的教師必須在理論架構之外,將知識咀嚼和反芻,再加上自己的理解,才傾倒出適合學習者學習的內容。所謂「教學相長」,可見「教」與「學」是互相依存的;「教的」必須是學生想學的,學生「學到」的,是教師的精華。十位案主在他們的統整學習中,以「教學」的方法來做更高層次的學習,例如:靜慧(瑜珈)教瑜珈,她也認為「解決學生的問題,可能引導出新的思維。」她從教瑜珈,反而獲得了更新、更深的學習。

(八)在發展學習中,「發表」比「創新」為多:

　　初級學習、次級學習、統整學習之後,可以再進入自我發揮的「發展學習」;發展學習包括發表(包含展演)和創新,正如燃燒快速到達燃點,溫度仍不住往上竄升,造成大量氣體,產生爆炸,發表和創新就是突破自己的限制的發展學習。十四位成功案主中,以發表、展演多於創新,因為「發表」只須將發現的記錄、研究心得及評論公諸於世,將學到的技巧及作品公開表演或展覽出來即可;至於「創新」則須要有突破、變化和新奇的點子才行,可遇不可求,並非每個人都能達到的。

　　　同時有「發表」和「創新」的,只有四位:楊厚基(寶石鑑定)不但將鑑定寶石的心得寫成文章,供中文寶石雜誌刊

載，他還發展出寶石鑑定的模式，嘉惠後學。蔡清波（賞鳥解說）將發現稀有鳥類的歷程及他對該鳥種生態的記錄，寫成專文發表外，他更以謎語、詩歌等形態寫成兒童文學創作。劉美珠（身心學舞蹈）常在各地表演，更編出注重舞者身心對話的新舞碼。陳逢椿（油畫）曾應邀在師大及大陸展出油畫作品；他更經由試驗，嘗試用不同的工具、材料和新奇的畫法，創新了油畫的表現方式，展現新鮮的效果。

　　不過，也有兩位案主，並未進入發展學習，而在統整學習階段就終止了；他們是阿金（西點、餐飲）和邱國鐘（調音）。

（九）**自我導向學習應循序漸進：**

雖然自我導向學習與傳統學習大異其趣，自由度高；但是依理論來看，學習仍應循序漸進，從初級、次級、統整到發展學習。每一階段的學習都有其重要性，初級學習大多在學習初期，學習者從環境中學習各種知識和技能，奠定往後學習的實質基礎。次級學習則將具體概念、知識、意向等經由內省，加以抽象化，那麼轉化和應用都較自由。統整學習要反芻所學再傾倒出來，去蕪存菁；最後才可能有發揮和創意的表現。十四位案主中，有十位完整的歷經初級學習、次級學習、統整學習到發展學習，唯獨三位（D-F、阿金與 Stacy）未經次級學習，二位（邱國鐘及阿金）未達發展學習。僅以楊厚基（寶石鑑定）和黃威融（寫作、編輯）兩人的自我導向學習方法為例，如圖7-1-1 所示。

　　事實上，每位學習者採用的學習方法及路徑，各不相同，從圖 7-1-1 中可以明顯看出。例如，D-F（手療）、阿金（西點、餐飲）與 Stacy（花束設計）的學習，並未採用比較、反思、

發現和改變的次級學習,直接從初級學習,跳入整合所學的整合學習階段。依 Piaget 的理論,初級學習所學到的知識是從環境中得到的,並不是學習者經過自身的活動得到的;也就是沒有經歷「內省抽象化」(reflective abstractions)的歷程。(Credler 著,吳幸宜譯,民 83)缺少自身思考上的抽象化,學到的東西比較不容易轉化,也不會有所創新;所以三位案主都沒有創新的表現,阿金(西點、餐飲)更在統整學習後,就終止了。

劉瓊慧(民 89)指出成人學習者的學習內容與其採用的學習策略或方法有關。邱國鐘(調音)和阿金(西點、餐飲)並未進到發展學習的階段,鋼琴調音是幕後工作,並沒有任何發表或展演的機會;再者聲音都是固定的,不可能創出不同的音調。西點和餐飲的展現,除了在自己店中擺放外,很少有比賽的機會;不過創新口味和菜色是很有可能的,阿金可以朝此方向努力。十四位案主的學習方法,阿金只用了初級學習和統整學習,跳過次級學習,又在統整學習就停止了,實在可惜,可再往發展學習來努力;若能補足次級學習的部份,可能發展學習會更輕而易舉。

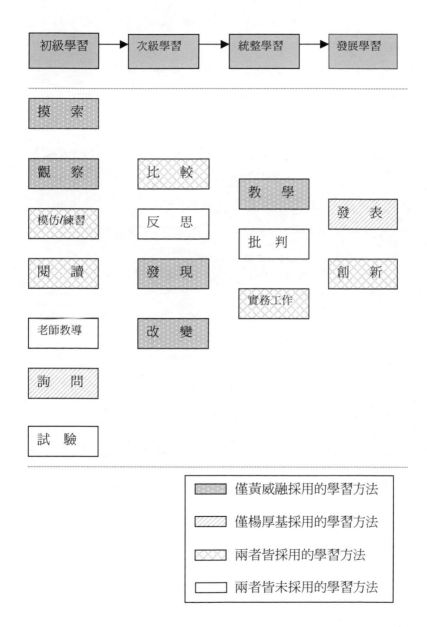

圖 7-1-1 黃威融及楊厚基的自我導向學習方法分析

第二節　學習策略

　　除了學習方法外，每位學習者還會選擇自己喜愛的策略來執行學習，文獻中提及 Weinstein & Mayer(1986)的八類學習策略，本研究之十四位對象並沒有採用如此複雜的策略；本研究只分為「做中學」及「學中做」兩種策略，十四位案主大多採「做中學」的學習策略。Knowles(1975a)對自我導向學習的五個基本假設，其中一個就提到：學生的學習屬於任務或問題中心導向；也就是說「做中學」的策略，較符合自我導向學習者。本節可回答研究問題 4-2。

表 7-2-1　自我導向學習者的學習策略分析

案　主	學　中　做	做　中　學（問題導向式）
王大倍		為參加游泳比賽而準備。
王文玲		以解決病人病痛為主目標並印證理論。
北　燕		遇到畫國畫方面的困難，設法突破難關，自己就更有信心往前。
阿　金	西式點心是先研究食譜，才動手做。	中式點心是先有實做的經驗，才反思。
邱國鐘		沒有什麼理論基礎，直接由師傅一對一帶著做，將新出廠鋼琴的音調好，邊做邊學調音。
陳逢椿	收藏、評鑑藝術品已有三十年。先有許多想法在腦中孕育，到 65 歲才把理想付諸實現，畫出第一張油畫，並試驗畫法、工具和材料。	
黃威融		不會編輯，就去找報紙和雜誌看，看別人怎麼編輯。
崔光宙		碰到音響和音樂方面的問題，再去探究原因和解決的方法。
楊厚基		銀樓寶石鑑定工作碰到難題，才決定參加寶石學院的寶石鑑定函授課程。
蔡清波		看到不知道名字的鳥，就去查書。
劉美珠	先有「身心學」的知識和理論；後來看見許多舞者受傷，才想到以身心學的理論來做舞蹈闡釋。	
靜　慧		為解決自己體重問題，發展出照著書上做的學習模式。
D-F		為人手療，遇到困難，再去找書看。
Stacy		先插花，才學習插花及經營花店的理論。

討　論：

　　Danis（1992）把「策略」列為一項自我規約學習的主要素。Knowles（1975）的自我導向學習六步驟中，第五步就是選擇並執行適當的學習策略；也說明了學習策略的重要。但是自我導向學習的策略到底有哪幾種，卻少在文獻中提及。Jarvis（1987）曾提到一位學習者參與學習的型態有兩種可能：一是學習者決定參與學習課程，二是獨立學習；而自我導向學習者多採獨立學習，所以常發展出契約學習或各種學習方案。Cavalier（1992）對懷特兄弟學習飛行的個案研究，列出他們學習的五個階段；第一個階段就是因為有問題需要解決所做的探究。可見自我導向學習者大多為獨立學習，且是問題導向式的「做中學」，就是為要解決實行上遭遇的問題才學習；不像傳統教學先學了理論和知識，再去執行某件事的「學中做」。

（一）絕大多數採用問題解決式的「做中學」策略：

　　與十四位案主訪談發現，有三位採「學中做」的策略。阿金（西點、餐飲）學西點是「學中做」策略，先研究食譜才動手做。劉美珠（身心學舞蹈）在研究所聽身心學的理論，後來看到許多舞者受傷，才想到運用身心學的理論來做舞蹈闡釋。陳逢椿（油畫）欣賞評鑑藝術品三十載，先有許多想法在腦中孕育，六十五歲把理想付諸實現，畫了第一張油畫，開始試驗畫法、工具和材料。其他十一位全部都採用解決難題之問題導向式的「做中學」策略。甚至阿金學中式點心，也仍然採用做中學的策略，先有實際做中式點心的經驗，才反思相關知識。再者，如蔡清波（鳥類解說）因為看到不知道名字的鳥，想解決這個疑難，才去查書；D-F（手療）為人手療遇到困難，再找書來看；王大倍（游泳）為了參加游泳比賽，才努力學習；

靜慧（瑜珈）要解決自己的體重問題，買了瑜珈書籍照著去練，
這十一位案主都採用問題導向式的「做中學」。

（二）絕大多數均為獨立學習：

　　十四位案主中，十二位是獨立學習，一位是參加課程，一
位是契約學習；上述 Javis(1987)提及自我導向學習者，多採
用獨立學習的論點，獲得證實。參與學習課程的是楊厚基（寶
石鑑定），因為家中銀樓在鑑定寶石方面碰到了難題，他決定
參加美國寶石學院所開授的面授課程。該學院的隔空教學課程
設計得很完善，又有系統，學完若通過考試，還可得到寶石鑑
定師執照；參與適當課程，對他的自我導向學習有很大的助益。

　　至於邱國鐘（調音）是由他四哥介紹到屏東慶聲鋼琴廠，
以微薄的收入當學徒，一邊工作一邊學習為新出場的鋼琴調
音，這是一種契約學習。後來雖然調琴很難學、薪水又少，但
既是契約，必須履行，邱國鐘只好堅忍學下去，最後成功了。

　　採用獨立學習的人，必須多花心力自行設定目標，找老師
或有經驗的人做人力資源，決定學習內容和時間，並自行負責
評鑑；自由度很高，卻需要很強的自我導向性才能成功。正如
北燕說：「遇到困難，就設法突破難關，自己就更有信心往前
了。」

　　前面兩節所提到的學習方法和學習策略，猶如燃燒三要件中的
氧氣，把需要燃燒的木材等燒起來。氧氣幾乎可以說是燃燒三要件
中最重要的一項了，沒有氧氣或氧氣不足，都沒辦法燃燒，所以，
自我導向學習者一定要用對了方法和策略，學習的成功就有把握多
了。

第三節　學習時間

　　十四位案主，阿金（西點、餐飲）有中式點心和西式點心兩項學習，一共十五項學習項目。學習時間從四年到五十四年不等，本節可回答研究問題 4-3。

表 7-3-1　自我導向學習者的學習時間分析

案主	學　習　時　間
王大倍	從小在河中游泳，18 歲參加金蘭灣的比賽，得第一名；六十六歲時又參加長青組泳賽得獎，前後有 54 年。
王文玲	從結婚後幫外公國術館推拿工作開始學，大約 10 年。
北　燕	板橋百康育樂中心開始學國畫（20 多歲）至今，約 40 載。
阿　金	・從小幫媽媽做中式點心(月餅)賣，至今 20 多年。 ・婚後跟先生去美國，學了西點做法，至今也將近 10 年了。
邱國鐘	63.12.23 到 64.2 只學了兩個多月就出師，開始調新琴的音。然後在鋼琴廠調琴，邊調音邊學，到 81 年考到調音檢定執照，共學了 26 年。
陳逢椿	從三、四十歲起，收藏藝術品，開始欣賞及評鑑，已 30 年。
黃威融	從高一編班刊起（16 歲）至今，共 17 年。
崔光宙	從小學二年級起聽古典音樂唱片，後來在國家音樂廳聽一流現場音樂並做比較和批判，至今大約 20 年。
楊厚基	・家裡開銀樓，成人後負責銀樓部業務，一直接觸寶石鑑定實務。 ・1977 年註冊美國寶石學院的函授課程，1978 年通過學習成果評鑑，獲寶石鑑定執照；至今共學了 24 年。
蔡清波	從擔任國小老師開始賞鳥（20 歲），至今約 28 年。
劉美珠	從四、五歲起學舞，到研究所時（24 歲）才接觸身心學，並用身心學來做舞蹈闡釋，至今有 33 年。
靜　慧	高中起被體育老師啟發後，自己照書練習，又到幾位瑜珈老師處學習，至今 21 年。
D-F	大二（19 歲）去學長的診所學習推拿、按摩，研究所學針灸，到美國俄亥俄州，學瑞典式按摩，共有 21 年。
Stacy	83 年過年，姊姊教基本方法後，在菜市場賣花；84 年起，跟著姊姊開花店，後來自己經營；87 年花店關閉，前後共 4 年。

討　論：

本研究做以下四點討論：

（一）學習時間在三十年以上的，大多都是老年人：

　　學習時間最長的是王大倍（游泳），從 18 歲在金蘭灣跟教練學習後參加泳賽，至今有 54 年了。北燕（國畫）二十多歲起在板橋百康育樂中心開始學國畫，也已經 40 年。陳逢椿（油畫）三、四十歲起收藏、評鑑藝術品，至今也 30 年了。劉美珠（身心學舞蹈）從四、五歲開始學舞，奠定舞蹈基礎，研究所接觸到身心學，後來發現許多舞者受傷，才想到以身心學的理論來做舞蹈闡釋，讓舞者與自己的身體對話，一路學來已有 33 年。她雖然只有三十多歲，是青年人，但是她在幼年期就開始學習，所以學習的時間很長。一般來說，只有老年人才可能有這麼長久的年代來學習，可佩的是他們都從一而終，沒有中止。

（二）學習時間在十年以下的，都是青年人，又是專職：

　　學習時間最短的是 Stacy（花束設計）只學了 4 年，35 歲的王文玲（推拿、整復）學了 10 年，39 歲的阿金（西點、餐飲）學習西點製作花了 10 年。此研究 14 位研究對象的年齡，從 33-70 歲；所以 40 歲以下的定為成年組，40-60 歲的是中年組，60 歲以上的是老年組。依此定義，此三位都是青年人；青年人沒有那麼長的學習時間，是可以理解的。不過 Stacy 學四年就能被選為僅有六十家的台北市花綠小站中的一家，另外還開課教授花店經營法；她的成功是很值得驕傲的。

　　Stacy、王文玲和阿金的西點學習只學了不到十年，卻能學有所成，本研究發現她們三位所學的都是她們的職業項目。Stacy 學花束設計，因為她開了一家花店，為客戶設計出最漂

亮的花束，是她的專門職業。王文玲學按摩和推拿，為了她開
的學德國術館，治好患者的傷痛，是她賺錢維持生計的職業。
阿金學習做適合國人口味的西點，是為了她點心烘焙坊的名聲
和生意，這是她的專業。既然都是專門職業所賴以生存的技
術，她們必定全心投入、全力以赴；所以學習時間雖然不很長，
卻有相當效果。

（三）學習二十年左右的最多，中年及青年人各半，專職及非
**　　專職也各半：**

　　自我導向學習時間在二十年上下的人數最多，有 8 位；就
年齡層來說，40 歲以下的青年人有 4 位，40 歲到 60 歲之間
的中年人也有 4 位。這四位青年人是：黃威融學編輯學了 17
年，阿金年輕時跟媽媽學做中式點心，至今大約 20 年，靜慧
學瑜珈有 21 年，D-F 學推拿及手療 21 年。4 位中年人是楊厚
基註冊美國寶石學院學鑑定寶石，至今 24 年；蔡清波從 20
歲當小學老師起賞鳥，也有 28 年歷史；崔光宙聽國際一流音
樂並寫樂評有二十多年；邱國鐘從十八歲在慶聲鋼琴廠學調音
起，有 26 年。

　　就是否為全時專職來看，四位是專職工作方面的學習，另
四位並非專職工作的學習。專職的四位是：黃威融（寫作、編
輯）、阿金（西點、餐飲）、靜慧（瑜珈）和邱國鐘（調音），
他們是以所學的內容來謀生的。非專職的四位則是：D-F、楊
厚基、蔡清波和崔光宙。D-F 的專職是大學體育系教師，課餘
為有需要的同學、朋友做手療；楊厚基的專職是高農教師兼圖
書館主任，課餘閒暇時義務為人做寶石鑑定；蔡清波的專職是
高職教師兼教務主任，假日則義務為各團體做賞鳥的解說；崔
光宙的專職是大學教授兼教育系所主任，課餘寫樂評。但年齡

層與是否專職，並無關聯。

（四）學習時間長短與自我導向的成功，並無絕對關係。

　　只學四年的 Stacy 在花束設計方面的成就，和學了五十四年游泳的王大倍在游泳方面的得獎，對他們自己的學習來說，都是同樣有意義、有價值的。所以，自我導向學習是否成功，並不一定以時間來決定。

　　總之，如前所述，學習時間是燃點，有些學習需要的時間長，正如大木塊的燃點高於小木屑，當然要燒久一點，才能點著起火。不過，研究者仍建議自我導向學習者，不要在乎學習時間的長短，只要有興趣，就一路學下去吧！正如王大倍說：「只要身體健康，心情愉快，時間到了，原來困擾的問題，自然會從別的方面獲得解答。」學習沒有疑問，又有新的發現，時間到了，自然有成果的。

　　這一章談的學習活動安排，正是成人教育機構花費心力最多的地方，因為知道活動安排的好壞，關係於學習是否發旺，學習是否有活力，是否能持續下去。自我導向學習者既多為獨立學習，但也可適時運用成教機構的課程安排或聆聽演講、參加參觀節目等，仍可受惠的。

第八章　　土篇---學習背景與條件

　　許慎說文解字云：「土土者，生者也。」元命苞說：「土之言吐，含吐精氣以生於物。」許慎說明土字的兩個橫劃，指「地之下」和「地之中」，另有一個直劃，指植物初出於地也。就季節來看，木處春季，火夏季，金屬秋季，水是冬季；土在中央，其時季夏，即老夏，夏末也。萬物於此成就，禮記威儀云：「得皇極之正氣，含黃土之德，能苞萬物。」就是孕育、培植萬物的意思。蕭吉說：「土在四時之中，處夏季之末，陽衰陰長，居位之中，總於四行，積塵成實，積則有間，有間故含容，成實故能持，故土以含散持實為體，稼穡為性。」

　　就陰陽來說。火屬陽，炎上；水為陰，潤下。木少陽，可曲直；金少陰，從革。白虎通說：「土者最大，苞含物，將生者出，將歸者入，不嫌清濁為萬物。」土為尊者，配天，其他火配水，木配金，陰陽自偶。土苞四德，故其體能兼虛實。

　　再以方位來看，白虎通的五行篇說：「水在北方，木在東方，火在南方，金在西方，而土在中央。中央者土，土主吐含萬物，土之為言吐也。」

　　綜上所言，「土」的具體意義是泥土；就陰陽來看，土最尊，配天，或說土屬陰；方位是居於中央；時令是在夏季最末端；味道是甘甜；本質是黏聚持實的能力，有稼穡農事的功用；象徵孕育培植的意思。

　　在自我導向學習中，個人的生活背景、世代、環境、家庭教養、人格特質、先備條件、學習資源和遇到的時勢等，都是「土」的範疇，在這些因素之下，孕育培植出自我導向學習的幼苗。

　　土就是土壤，其中包含礦物質、腐植質、水、空氣和生物。礦

石經年累月分解成砂土；腐植質為有機物，約佔土壤百分之五的份量，是植物的養分；水和空氣存在土壤縫隙中，「積則有間」，砂塵堆積成土，其間有間隙，「有間故能含容」，所以飽含水分和空氣，供植物生長；生物如蚯蚓、線蟲、微生物及菌類，鬆軟土壤、分解動植物遺體，促進植物長大。

　　土壤提供植物水、空氣和養分。我們先天的人格特質可比做礦物質，是學習的基礎；先備的知識、技能和經驗好比腐植質，是學習的重要養分；學習資源是水，是學習的基本需求；學習者所處的社會文化狀況是存在於土壤間隙中的空氣，讓學習者有喘息和發揮的空間；家庭教養是生物，可以改變土壤的性質，以利學習。以下分四節說明自我導向學習成功者，在人格特質、環境背景、先備條件和學習資源等方面的特色。

第一節　　人格特質

　　人格特質將討論十四位案主的一般人格特徵，及他們在自我導向學習準備度方面的特性，以回答研究問題 2-1。

壹、一般人格特質

　　我們採用 Haan, Milsap 及 Hartka 在 1986 年提出的六因素人格模式，來分析十四位案主的人格特質。這六個因素分別是：(1)自信--受迫害，(2)肯定--服從，(3)知性--感性，(4)外向--疏離，(5)依賴--獨立，(6)溫暖--冷漠。得到的結果幾乎都是自信（鎮靜、自得其樂、相信自己被他人接納），肯定（勇敢、雄心勃勃、坦然面對生活），知性（創新、內省、興趣廣泛、不在乎社會規範），外向（愉悅、重交際、好交朋友），獨立（自立性高、反叛），及溫暖（有同情心、喜好布施、樂於助人）。不過，最顯著共通的特色就是自信，幾乎每位成功者都有強烈的自信，其次是溫暖和獨立。就此三項說明如下：

一、自　信：

　　除了劉美珠（身心學舞蹈）在國中學業成績不好，而受老師和同學的嘲諷欺負，信心全無以外；所有案主都是信心滿滿，甚至到自大的地步。有的人在生活各方面，都很有自信，也有些只在他（她）的專業領域方面，對自己有很強的信心。

　　王文玲（推拿、整復）就是一位對生活細節不一定全有信心，卻對她推拿的專業有完全信心的案例。從小常受到外公治療些不經意的扭傷或脫臼；結婚後不久，外公身體漸漸不行，她就去外公的國術館幫忙包藥、疏筋。最後外公身體弱到不能下床了，她「只好憑感覺幫客人做」；她覺得自己似乎天生對推拿有特殊的感受和領悟

力。外公只教了她三個月，其實就只是在旁邊看外公如何為病患治療，然後依樣畫葫蘆地做。就這樣，她和先生把外公的事業接了下來，她遇到許多困難的病例，累積了可觀的經驗。但是她從開始就很有自信，相信自己一定可以把病患調理好，一點也不怕難；所以才能一個人獨撐大局，更贏得相當好的口碑，患者競相走告，求診者人滿為患。

音樂評論家崔光宙先生不只對他的專業很有信心，他對自己生活的各方面都信心滿滿，還讓我們訪談的人覺得：他自信到了自大的地步。他寫的樂評，若有人覺得不夠好，他說：「好！那麼你來寫，你寫一篇給我看看，你寫一篇在專業雜誌上登一登，看看雜誌賣得好不好。」他相信自己的樂評是一流的，是最好的，無人能比。

二、溫　暖：

本研究所接觸的成功案例中，除了較重成本報酬的黃威融(寫作、編輯)，不太表現他溫暖的一面外，幾乎個個都是熱忱、有同情心、樂於助人、不計成本去布施的人。教書法和國畫的北燕老師，對生活較苦的學生一概不收費，還忙著下廚做飯，給遠道來的媽媽班學生吃；每週做好幾大桶的「紅茶酊」給上課的學生解渴，只因為紅茶酊對腸胃很好，可以治過敏，有益健康。她從年輕就是個古道熱腸的人，婚後照顧小姑、小叔，不只生活上招呼得無微不至，連學費、雜費都由她教書法的微薄收入來支應。年長後，子女婚嫁有了孫子，又負擔起做褓姆的責任；有同時帶兩個奶娃娃的經驗，忙得不可開交；還抱著嬰兒教國畫，並為學生改畫，也不怕累。尤其她自己身體並不好，被醫生診斷為癌症，她偏偏不住院、不接受治療，自己調養；一方面還帶孫子、照顧學生們，竟然癌症也不敢發作，三、四年來，看她仍然生氣蓬勃地向她認識及接觸到的親人、

鄰居、朋友、學生們散發光和愛。她的收入並不高(清苦學生不收費、國中以後繼續來學書法的免費、媽媽班學生百忙中來學國畫又當然免費)，卻參加為慈濟會員，按月納錢賙濟窮人。

三、獨　立：

個性獨立、不依賴別人，是本研究案主一致的特色。邱國鐘（調音）天生盲目，一輩子都靠摸索過日子，但他卻十分自立，盡量不依賴別人。他幼年就離開家，到專收盲生及弱視學生的台中惠明學校住校讀書；雖然也有老師指導陪伴，但總不像父母親無微不至的呵護。他是堅強獨立的孩子，他撐了過來，從國小唸到國中畢業，一共十年，和惠明學校建立了深厚的感情。畢業後，學校介紹他到學校附近的裁縫機工廠工作，工作單調、死板又不受重視；後來他四哥教導他調音，並介紹他到屏東的慶聲鋼琴廠學調音。離開了像家的惠明學校，一個人從台中到台灣最南端的屏東，他很孤單；又是靠著他獨立的個性而留了下來，並學會調音。多年後，發現老闆無心在台灣經營鋼琴廠，危機意識產生，他能很自主地決定要走個人調音師的路，即刻開始準備執照考試。考執照時，堅決地要求考官提供點字或有聲考題，不只為自己權益把關，也為以後所有盲人的考試權，站起來呼籲。民國八十二年起，他成為個人調音師，接到調音的電話後，他獨自安排交通工具，前往客戶住所調音，技術高超獲得好評，生意不錯。他住在姊姊家的三樓，生活起居由姊姊招呼，我們在三樓訪問他時，發現他的家居物品、書籍、唱片、樂器等，擺放得井井有條，他的獨立性很高，生活得十分愜意。屏東公館教會的弟兄姊妹也很愛護他，常帶他一起出國旅遊，他們都不把他當盲人看待。他的興趣廣泛，喜歡各類運動：壘球、保齡球、游泳、浮潛、滑雪等，他還會攝影、彈鋼琴及電子琴，似乎眼盲並

不成為他的障礙；他比一般明眼人更為獨立，生活得更為多采多姿。在教會詩班中，他以高票被選為合唱團的隊長，民國 89 年光復節還出了一張「上帝是愛」的公館教會四十週年聖歌隊紀念專輯 CD。他除了領導隊員練唱外，其中電子合成音樂的配音都是他自己做的，他還唱了一首獨唱曲，並且接洽音樂公司出版。他不只獨立性、自主性高，他還有很強的領導能力。由於他的獨立，他克服了「看不見」在日常生活上所帶來的困擾，並排除學調音的種種困難，而出類拔萃。

討 論：

　　人格特質方面，案主們都顯出自信、溫暖和獨立的特性。自信確實讓人有衝力、有期許、敢於一試，不看負面陰影，只往光明、正向的前途邁進。有自信的人和沒有自信的人，在起步時就已經「失之毫釐，差以千里」了，當然結果的不同就更無法計算了。崔光宙從小學起就很有自信，小學時功課不好，六年級還唸了兩次；我們問他，當時會不會覺得很沒有面子或對自己沒有信心？他說：「不會！像我這樣成績很爛的人，還是很有自信。」原來他父母和家人從不給他壓力，也不罵他，只告訴他：「假如你考不上初中的話，就只好去做工。」他覺得自己沒有什麼原因要對自己沒有信心啊！他的興趣廣泛，尤其稀奇的是：他對自己每一方面的興趣，都很有把握、很有信心，包括裝修音響、電腦、電影評論、烹飪、股票、文化旅遊等。此外，他是教育研究所所長，他對自己的行政決策，也都很有把握。

　　其次說到溫暖，本研究訪問的自我導向學習成功者，大多像北燕女士一樣，性格熱忱，富同情心，待人溫暖，願意幫助

別人，不吝施與。他們和週遭環境，甚至大自然合為一體，人我不分，一概同情愛護，從不費神抗衡；對自己的學習，反而更能專心一致、全力以赴，所以都有輝煌的成果。

最後，他們都很獨立。自我導向學習由學習者自定目標，自己選擇學習方式、內容、進度及教師，甚至自我評鑑成果，其中也有許多關卡和難題，需要學習者能獨立挑起擔子，自主地做抉擇，才有成功的希望。

十四位研究對象在人格特質上，明顯展現出自信、溫暖和獨立的特點，確實幫助他們的自我導向學習，容易達到成功的境界。由於自信，他們能毫不猶豫地勇往直前，因為確定自己選擇的目標和方法都是正確的。他們溫暖的性格，讓他們對人、對事、對物都有一股熱忱，仁民愛物，困難和挫折很難絆倒他們，所以成功了。獨立不依賴的個性，更讓他們願意對學習負責，一肩擔起自己的學習重任；也幫助他們渡過孤寂冷漠的漫漫學習長路。

貳、自我導向學習準備度分析

在自我導向準備度方面，曾以鄧運林（民 84）所修訂 Guglielmino 的 Self-Directed Learning Readiness Scale（簡稱 SDLRS）量表，55 題敘述句，請十四位研究對象填答。中文的量表共有六個分量表，包括：效率學習 11 題，喜愛學習 10 題，學習動機 7 題，主動學習 10 題，獨立學習 13 題及創造學習 4 題。以五點量表：總是如此感受（給 5 分），大都如此感受（給 4 分），有時如此感受（給 3 分），偶而如此感受（給 2 分）及從未如此感受（給 1 分）的方式勾選合適的項目。

研究者將以上六類分別算出平均得分，發現參與此次研究的十

四位對象，以總分除以各項之題數，得分最高的是：效率學習(平均
26 分)；其次是創造學習(平均 25.6 分)；獨立學習(平均 25.1 分)和喜
愛學習(平均 24.4 分)。

「效率學習」分量表中的題目，得分較高的是：能對所學負責，
比別人能自學得更好，能發現需要學的東西，及擅於提出做事的新
方法等。

「創造學習」分量表四題中較高分的兩題是：常對事情有很多
疑問，及喜歡思考未來。

「獨立學習」題目最多，有 13 題，其中得分較高的是：喜歡
思考有正確答案的東西，能單獨把事情做得很好，能瞭解所學的東
西，不瞭解的事不會丟下不管。

「喜愛學習」分量表中得分高的有：希望指導者明白告知我該
做什麼，羨慕總在學新東西的人，覺得學得越多、世界越美好。

由以上簡略的描述，可窺知這十四位成功自我導向學習者，能
夠有效率地學習，表示他們採用的學習方法很適合，對自己的學習
有擔待，喜歡思考、個性獨立，這在前面對他們人格特質的描繪也
曾提到。另外，他們喜愛學習，不以學習為苦，不恥下問，享受對
未知的挑戰，這是他們和一般人比較不同的地方。

他們具有創造力，Griffin 早在 1989 年提出自我導向學習的基
本假設時，就提及「成功的成人生活，需要終身、持續、有效與創
造的自我導引學習。」也在這些研究對象身上，再次獲得證實。

這些人格特質，類同於土壤中的礦物質，多年的風化，分解成
砂土，這是土壤最基本的單位。有好的人格，又喜愛學習，能有效
率的學，當然是種在好土中的植物，可以期望它長得好。

第二節　　環境背景因素

此節分析家庭教養及社會文化狀況，以回答研究問題 2-2。

壹、家庭教養

　　自我導向學習成功的人並不是忽然就成功了，他們可能從幼年期就埋下了成功的種子。我們都在家庭中被乳養、呵護並受教導，直到完全長大成人或離家獨立；這個最先接觸到的家庭生活和父母教養方式，對一個人產生無法取代的地位。正如文獻中所提到的，自我導向學習者具有自我管理的自律能力，能夠自己做決定並對自己負責；這些能力泰半從幼時即開始培養。讓我們來看看十四位案主的家庭教養是否與他們的自我導向學習有一些關聯，他們的情形分析如下表：

表 8-2-1　　自我導向學習者的家庭教養情形分析

案主	家庭教養情形
王大倍	父親早年在南洋一帶經商，從小跟隨哥哥們學習。
王文玲	父母很忙，放任自由。
北燕	・父母教養重視勤儉，在家中印刷廠幫忙，認了許多字，並養成「精確」的習慣。 ・不重女性，連「上學讀書」都不被看重。
阿金	父親較早過世，母親因忙於生意，較少關注她的學習狀況，只希望她能多幫忙家中生意。
邱國鐘	幼年即入惠明學校住校，家庭教養不具影響力。
陳逢椿	
黃威融	家教開放、民主。
崔光宙	自幼家中的教育是開放的，有事自己想辦法；所以小時候許多能力就已經被啟發了。
楊厚基	家中開銀樓，要幫忙洗金子，有實做經驗。
蔡清波	父母訓練他要勤勞；每天上學前後，要幫忙家裡農事，有實做經驗。
劉美珠	自幼受義父栽培，學許多才藝，表現得很好，義父讚賞有加。
靜慧	父親以開放且支持的態度教養她。
D-F	・幼時父母太忙不管他們，刺激了自我導向的能力。 ・小時候媽媽常用刮痧，引發他對傳統療法的興趣。
Stacy	母親重男輕女，較獨裁，只重視子女經濟能力。

　　十四位案主中,邱國鐘幼年即進入學校住校,家庭未發揮影響力;陳逢椿只提到那個年代的生活都很苦,至於家庭教養方面沒有談到。其他十二位案主有兩種教養方式:要求管束和開放自由。父母對孩子有所要求,子弟成為嚴謹自律的人;父母對子女開放自由,孩子成為自發性強的人。

討 論:

(一)管束型的教養方式,培養出嚴謹自律的孩子:

　　十二位案主中,有六位父母的教養方式是要求管束型的:北燕(國畫)雖然父母經商,家境不錯,但家庭重視勤儉的美德,家中印刷廠的事業須要幫手,就以小孩為最佳幫忙對象,又認為女孩不必唸書,在家幫忙最合適;所以她從小就要幫忙揀字、清洗印刷機的油污,還要求她要快、要好,不准出錯,偶有誤差就挨罵;這樣倒讓她認了很多字,也學到精確、自律和要求完美。蔡清波(賞鳥解說)家中務農,農事繁雜,孩子要幫忙許多零碎的農務;若家中有其他事業或從事家庭副業,孩子們都得盡其所能來協助,以省下請工人的支出;例如楊厚基(寶石鑑定)在銀樓幫忙洗金子;王文玲(推拿、整復)幫媽媽經營麵攤和食品店,後來幫外公國術館的瑣事;阿金(西點、餐飲)要幫忙寡母做月餅的生意;Stacy(花束設計)住在九份及汐止鄉下,生活很苦,母親獨裁又重男輕女,從小就要幫忙家裡日常瑣事,做不好會挨打。這些必須幫忙家務、家中農事或其他副業的孩子,餘暇時間相對減少,必須把握時間完成學校課業,所以培育出善用時間及有效學習的習性;又因為父母對工作進度和品質的要求嚴格,養成自律嚴謹的習慣。Oddi(1984,1986)的繼續學習量表,簡稱 OCLI,其三個主要面

向中的一個就是「自我規約的能力」；這些具嚴謹自律性格的
六位成功自我導向學習者，正是有規約自己的能力，所以可以
依自訂之目標，自我要求，才能達到目的。

（二）開放自由型的教養方式，培養出自發性強的子弟：

　　有六位案主接受了自由開放的教養：黃威融（作家、編輯）
的寡母和崔光宙（樂評）的父母是大學教授，對子女的教養一
向民主開放；遇到困難只提供工具或建議，其他自己想辦法解
決。劉美珠（身心學舞蹈）的義父和靜慧（瑜珈）的父親，也
都採開放且支持的態度教養她們。D-F（手療）父母做紅龜粿
的生意，要做、要賣，忙得不可開交，根本沒時間管孩子，倒
刺激了他自動自發的能力。王大倍（游泳）父親在南洋經商，
只由兄長管教，也較開放。邱國鐘（調琴）三歲入惠明學校讀
書，沒有家長呵護，他要保護自己，練就了獨立和自己解決問
題的能力。這些父母親並不給太多限制和規條，有關孩子的事
由孩子自己做主，並對自己的抉擇負責，遇到問題讓他們自己
動腦筋去解決；久而久之，養成了自動自發、自行負責的習慣。

　　這兩種教養方式，所培養的嚴謹自律和自發性強、自己解
決問題並負責的態度，正是自我導向學習所極需的性格。
（Brockett & Hiemstra, 1991；鄧運林，民84）由於家庭教養
而具備了自我導向學習的人格特質，當然學起來容易成功。我
們常看到父母民主開放，結果孩子缺乏管束，學壞了；另有些
小孩又不能忍受父母的嚴格管教而造成精神不正常的狀況。為
何本研究的案主，不論教養方式為開放自由或要求管束，都能
培養出適合自我導向學習的性格？研究者分析，開放自由不是
一概民主，凡事放縱，而是在適當範圍內，給孩子思考和自決
的機會；一旦決定了，忠於所決，自行負責到底，這才能培養

出自發性強的孩子。要求管束，也不是定了一大堆規約要孩子
一一照辦，若作業產品的品質不能達到水準，就不問青紅皂白
的毒打苛責；而是事先說明標準並給示範，做對了給獎勵，做
的不好不能敷衍塞責，必須檢討重做，直到滿意為止。這樣的
標求和管束，才能培養孩子的嚴謹自律，而不致造成性格扭曲
或精神不正常的現象。再說，每個孩子的個性不同，父母教導
孩子時，要先透徹了解自己孩子的特質，給予適當的教養。

　　家庭教養對自我導向學習者，如同土壤中的生物，像蚯蚓
在土中鑽來鑽去，就把土弄鬆了，讓植物的根容易吸收水分和
養分，可見其重要性。沒有生物的土，都是死土和硬土，植物
是長不好的。

貳、社會文化狀況

　　社會文化狀況包括：性別差異、時勢、和社經地位，十四位案
主的情形如表 8-2-2，其中社經地位，分述原生家庭及目前社經地
位兩項。

表 8-2-2　　自我導向學習者的社會文化狀況分析

案主	性 別 差 異	時　　勢	社 經 地 位	
			原生家庭	目　　前
王大倍	所學游泳、救生多為男性天下，所學正符合社會對男性的期望。	社會富裕，人民重視休閒，運動及游泳的人增多，游泳教師及救生員供不應求。	南洋經商。	軍人退役兼泳協及晨泳會教練，家境小康。
王文玲	所學按摩、推拿，多為男性天下；但她卻未受到排擠或歧視。	店開在陋巷內，來求診的反倒是大馬路上看不好的困難病例，更刺激她學習。	經商但欠債多。	經營學德國術館，為推拿師，家境小康。
北燕	她身為女性，在生活中受歧視；但學習上並未遇到性別歧視的情況。	社會富裕，學藝術的人口增多。	大商人，富有但仍勤儉。	主持書畫教室，為國畫、書法教師，家境小康。

表 8-2-2　　自我導向學習者的社會文化狀況分析(續)

案主	性別差異	時勢	社經地位	
			原生家庭	目前
阿金	未發現。	中國人喜歡吃口味有變化的小點心。	寡母負擔家計，生活苦。	開設烘焙屋，生活富有。
邱國鐘	所學的調琴，為男性天下，所學正符合社會對男性的期望。	社會富裕，重才藝，學琴的人多，要調音的琴也多了。	低層勞工。	個人調琴師，家境小康。
陳逢椿	未發現。	・台灣社會富裕了，人民有機會看畫。 ・他自己沒有機會入藝術系學習，未受到學院派之框架限制。	生活清苦。	・建築師退休，很富有。 ・曾創辦春之藝廊。 ・目前畫油畫。
黃威融	未發現。	・英雄出擊找時勢，時勢造英雄。 ・正逢社會轉型，年輕的流行趨勢抬頭。	父母均為大學教授，父早亡，由寡母帶大。	自由作家並編書，為自由業。
崔光宙	未發現。	相關雜誌需要樂評的稿子。	母親為大學教授。	大學教授兼樂評家，家境小康。
楊厚基	未受到性別差異的影響。	銀樓面臨鑑別真寶石與合成寶石的情境。	經營銀樓，很富有。	職校老師兼寶石鑑定，家境富有。
蔡清波	未發現。	社會富裕，閒暇增加，賞鳥人數多了，解說人員益形需要。	務農，生活清苦。	職校老師兼賞鳥解說員及兒童文學作家，家境小康。
劉美珠	未受到太顯著的性別歧視；她學習的舞蹈，多為女性天下，所學正符合社會對女性的期望。	・表演的機會。 ・舞台有許多舞者受傷。	公務員，家境小康。	大學教授，家境小康。
靜慧	所學的瑜珈，多為女性天下，所學正符合社會對女性的期望。	正好遇上許多人追求身體的健康（包括減肥），學瑜珈的人口不斷增加。	公務員，家境小康。	擔任瑜珈教師，家境小康。
D-F	推拿、手療多為男性天下，所學符合社會對男性的期望。	體育系同學碰到許多運動傷害，需要手療。	經營紅龜粿生意，生活很苦。	大學教授，家境小康。
Stacy	所學花束設計，多為女性所學，正符合社會期望。	社會富裕及西化後，婚喪喜慶都喜歡以送花來致意。	住鄉下，生活艱苦。	主持花店，家境小康；但生活負擔重。

討 論：

根據上表之分析，本研究做以下三點討論：

（一）所學多與社會對性別的期望相符：

　　十四位案主中，北燕和 Stacy 兩人，一向因為是「女生」而受到歧視。北燕甚至考上中學，家人都不讓她去唸，因為女生不須要讀太多書；Stacy 的母親非常重視男生，只看重弟弟不重視她，可惜的是：她的弟弟們都早逝。在台灣一般人的生活中，男女不平等的性別差異現象，還是存在的；還好她們兩人在自我導向學習的領域中，並未因性別受到不公平的對待。

　　十四位案主中，七位的自我導向學習為男、女性都可能涉入的項目，如寶石鑑定、賞鳥解說、國畫、油畫、樂評、作家、編輯和西點餐飲。既然沒有特殊的性別期待，不論男、女，學起來都是一樣的，不特別分析。

　　另有七位的學習項目有性別傾向，劉美珠的身心學舞蹈、靜慧的瑜珈和 Stacy 的花束設計多為女性天下，她們都是女性，學習正符合社會對女性的期望；D-F 學手療、邱國鐘學調琴、王大倍的游泳救生多為男性天下，三位男士的學習，也受社會文化肯定。他們都學了社會大眾原本希望他們學習的內容，順從社會文化的走向，相得益彰，都很順利的學成了。

　　僅王文玲是女性，卻學了偏男性色彩的推拿、按摩，似乎會受到性別歧視；但是患者反而認為她是女性，診療會比較仔細；女患者覺得由女性推拿師診治，比較方便，不覺得尷尬；尤其她又看得很好，所以並沒有性別不利的情況發生。整體來看，十四位案主的自我導向學習，並沒有性別差異的情況發生。

（二）所學習的內容，都能順應時勢的需求：

　　台灣社會漸趨安定富裕，十四位案主都遇上了有助於自我導向學習的時勢。楊厚基家裡經營的銀樓，面臨鑑別真寶石和合成寶石的需要，逼得他非學不可。生態教育成功，賞鳥的人多了，解說員益形需要，如蔡清波般的賞鳥解說員炙手可熱。社會富裕，人們有閒、有錢欣賞藝術或學習藝術，北燕學的國畫、陳逢椿的油畫和邱國鐘的調琴，正好派上用場。正逢愛聽高品質音樂的人口增多，又有相關雜誌要樂評的稿子，崔光宙才有寫樂評的機會。碰上中國人喜歡吃口味有變化的小點心，阿金有了在西點及餐飲方面發揮的空間。遇上大多數人追求身體的健康、減肥成為流行、學瑜珈的人口不斷增加的大環境，靜慧的學習，更顯得具時代意義。劉美珠看見許多舞者因肌肉過度使用而受傷，才想到以身心學的觀點來做舞蹈表演的闡釋。D-F 因為體育系的同學常遭遇到運動傷害，才需要他的手療服務。黃威融正逢社會轉型，年輕的流行趨勢抬頭，他對年輕、新時代的瞭解，正好用在他的編輯工作上。王大倍也因人們注重運動，游泳的人口增加，游泳教練及救生員的需求增加，所以他學的游泳正逢其時。Stacy 遇到社會富裕並逐漸西化，婚喪喜慶都以「花」來表情達意，她經營的花店，正合時勢所需。王文玲自己開設的國術館在陋巷內，來求診的大多是病情較重、大馬路上的店家治不好的困難病例，如此反而刺激她加倍努力的學習推拿和整復的技術，反而成功了。

（三）社經地位有提昇：

　　案主中，有六位原生家庭的社經地位不高或生活十分艱苦，但是目前他們的社經地位卻都在中階層以上或屬小康的情況。六位原生家庭較苦的是：蔡清波（賞鳥解說）父母務農；

D-F（手療）父母親作紅龜粿，常繳不出他上學的學費；邱國鐘（調音）的原生家庭為低階層勞工；阿金（西點、餐飲）的父親早亡，寡母一人負擔家計，生活很苦；王文玲（推拿、整復）父母從商、富有，但家中欠了不少債；Stacy（花束設計）的原生家庭，住在鄉下，生活艱苦。

　　目前他們的社經地位都有提高：蔡清波碩士畢業，是高職老師兼教務主任，業餘做賞鳥解說；D-F獲博士學位，任教大學，並義務為人手療；邱國鐘為高技術的個人調琴師；阿金自己經營烘焙店，生活富裕；王文玲開設國術館，是推拿師；Stacy主持花店；都屬中上知識份子或經濟小康的狀況。其他幾位原生家庭的社經地位就不差，目前自己的社經地位也很好。

　　社會文化狀況可比做土壤中的空氣，使植物的根吸收到足夠的氧氣，才能伸展並好好的生長。自我導向學習者，要學到五行的精神，就像漢朝人認為政治、社會、人際關係均應取法自然秩序，不要勉強，順勢而興。學習的內容能符合社會對性別的要求，尤其要順應時勢，都會有好的收成。

第三節　先備條件

　　Knowles(1975a)將「個體具有不同型態的準備度」列為其對自我導向學習的五項基本假設之一；就是說到先備條件是重要的，不過每個學習者的準備狀況各不相同。到底成功自我導向學習者有哪些先備條件呢？Presnell(2000)以個案研究，探討佛羅里達州 Leon County 成功小型商業經理參與教育活動的情形，他們認為導致他們成功的重要因素有三：知識，技術和能力。尤其是處人技術（people skills），程序技術，工藝技術，世界觀，外在改變，網路技術，學習與工作融合，非正式及正式的學習資源等，有助於他們的成功。除了知識、技術、及能力外，本研究發現「經驗」也是重要的一項先備條件，所以本研究所稱之「先備條件」，包括先備知識、先備能力及先備經驗三項，這節的資料可回答研究問題 3-2。

壹、先備知識：

　　「先備知識」指在學習之前所具有的相關知識；十四位案主中，除了王大倍、邱國鐘、D-F 及王文玲外，有十位在自我導向學習前，具有先備知識。楊厚基（寶石鑑定）大學時代修過的礦物學，蔡清波（賞鳥解說）在師專生物課得到的保育觀念，北燕（國畫）對書法運筆與結構安排的研究，崔光宙（音樂評論）對音樂和音響的廣泛知識，劉美珠（身心學舞蹈）在研究所接觸到身心學的理論，黃威融（作家、編輯）對年輕及流行趨勢的了解，阿金（西點、餐飲）對烹飪訣竅的洞見，靜慧（瑜珈）在高中時代體育老師啟發的瑜珈觀念，及 Stacy（花束設計）對審美及架構與對比的瞭解，都是他們進行自我導向學習的先備知識。這些先備知識不但為他們開啟了各領域的奧秘，更帶領他們進入專業的學習，也使他們更容易掌握學習的要領。

討　論：

　　有些學習者並沒有先備知識，爲何也能成功呢？四位沒有先備知識的案主中，D-F（手療）、王文玲（推拿、按摩）及王大倍（游泳）完全是以經驗爲主的技術性學習，對知識的需求並不很顯著。邱國鐘（調琴）學習調音，需要音樂理論及樂器發音方面的知識，自我導向學習前，他並未具備這些基礎，所以學起來十分吃力；不過他後來也自己補足了這方面的缺失。

　　可見，先備知識確實是自我導向學習成功的因素之一；即便是純技術的學習，若原有一些相關的理論知識做後盾，學習起來都更能得心應手，觸類旁通。

貳、先備能力

　　Thompson（1999）指出：「喜愛學習」是辨識自我導向學習的有效工具；在工作中學習時，所展現的自我導向能力，包括：

- 行動行為（action behavior）—計劃、啟動、回饋及關心形像。
- 堅持行為（endurance behavior）—精力充沛（stamina）及師生關係。
- 個人控制（personal control）—彈性，自信，自我評鑑，對組織的承諾及與他人的對話。

　　本研究經深度訪問，也發現個人控制，或稱自我管理能力的重要；與他人對話，就是溝通能力，也很重要。另外，還有探索能力和基本研究能力。所以，「先備能力」分為探索能力、溝通能力、自我管理能力、基本研究能力和其他能力五項。十四位案主的這五項能力如下表：

表 8-3-1　　自我導向學習者的先備能力分析

案主	探索能力	溝通能力	自我管理能力	基本研究能力	其他能力
王大倍	探查別人游泳的特色。	·詢問教練技法 ·能與學生溝通適當游泳方法		比較的能力。	
王文玲	能探討病患間的不同症狀。	能透過溝通，察覺病患的需求。		比較的能力。	似乎天生對推拿有特殊感受和領悟力。
北燕	·能找出名畫「穿幫」之處。 ·能找出學生畫作中，表達錯誤或無法表達之處。	能以「口訣」教學生，好懂好記。	內控性格，善於自我管理。	記憶、分析、歸納、批判之能力強。	
阿金	探索吃東西之人的口味和喜好。	善於闡述自己的理念。		比較和批判的能力。	能尋找有用的國內外食譜。
邱國鐘	·具強烈探索看不見之未知世界的能力，勇於嘗試、好冒險、好刺激。 ·聽出琴音的不和諧處。	·反應敏銳，雖然看不見，但是注意聽，用各種感覺，來與人溝通。 ·朋友很多，人際關係好。 ·具領導力。	生活管理能力強。(東西按定位放置，方便取用)	善於做結構性分析。	·音感不錯。 ·會吹簫、吹口琴、彈電子琴、鋼琴。 ·記憶力強。 ·應變力及適應力強。
陳逢椿	自己探索油畫世界並創新的能力強。	將自己的理念，用油畫傳達給觀眾。		比較和批判的能力。	自我瞭解、欣賞。
黃威融	具有找時勢及創新的能力。	·自己的書要出版，一定跟出版商溝通行銷方法。 ·文字表達能力。 ·領導能力。	時間管理能力強。	蒐集、整理、比較、串聯的能力。	
崔光宙	探索如何使音樂「原音重現」。	文字表達能力。	自我反省能力。	分析能力、歸納能力。	·辨別音響好壞的聽力。 ·回溯的能力。

表 8-3-1　　自我導向學習者的先備能力分析(續)

案主	探索能力	溝通能力	自我管理能力	基本研究能力	其他能力
楊厚基	・向未知領域探索的能力強，喜歡接受挑戰。 ・探索寶石世界。	英語讀寫能力佳。	自訂學習進度，善於管理時間。	比較、分辨及分析的能力。	
蔡清波	具有尋找鳥類蹤跡的能力。	・文字表達的能力。 ・用淺近語言解說的能力。	時間管理的能力很強。	具整合、建構之能力。	
劉美珠	探索能表達內心感受的舞蹈表現方法。	・與舞者溝通想法、跳法。 ・領導能力（當小老師、體操隊隊長）。		比較和反思的能力。	對動作的敏感性。
靜慧	探索瑜珈對身、心、靈三方面的益處。	・向老師詢問瑜珈的功能、技法。 ・與學生溝通瑜珈技法。		比較和統整的能力。	肢體柔軟度佳。
D｜F	・喜歡探索不瞭解的東西。 ・探索患者的感受。	・人際關係好，對各種人都有興趣，會因對象作應變。 ・能在短時間和陌生人誠懇接觸，且察覺別人身上的痛苦，也取得對方的信任。		綜合的能力。	手感很好。
Stacy	探索並比較其他花店的優劣。	善於結交朋友。	為達成主要目標，可以放棄一些次要目標。	比較的能力。	

一、探索能力

本研究中的十四位案主都具有探索的傾向和能力。楊厚基（寶石鑑定）喜歡接受挑戰並向未知領域探索，尤其喜歡探查寶石的世界，

蔡清波（賞鳥解說）有尋找鳥類蹤跡的能力，北燕（國畫）能找出名畫穿幫之處，也善於察覺學生畫作的錯誤或無法表達之處，崔光宙（樂評）探究如何使音樂能夠原音重現，劉美珠（身心學舞蹈）探索能表達內心感受的舞蹈方法，D-F（手療）喜歡探索不了解的東西及患者的感受，黃威融（作家、編輯）具有找時勢及創新的能力，邱國鐘（調琴）喜歡刺激，勇於嘗試和冒險並具有探尋他「看不見」之未知世界的決心，聽出琴音的不和諧處，陳逢椿（油畫）有探索油畫世界並創作的能力，王大倍（游泳）喜歡探查別人游泳的特色，阿金（點心、餐飲）會探討吃東西者的口味和喜好，靜慧（瑜珈）致力於探索瑜珈對身、心、靈修練的益處，王文玲（推拿）探討病患間的不同，Stacy（花束設計）探索並比較其他花店之優劣。

討　論：

在以上的探索中，研究者發現三個共同特色：

（一）好　奇：

　　　　他們對不了解及尚未達到的狀況，有極大的好奇；喜歡向未知的領域及看不見的世界挑戰。他們絕不畫地自限，認為那些範疇是自己無法明瞭的；反而有極大的好奇和動力，想盡辦法去明查暗訪，弄個水落石出。這點正符合文獻的紀錄，Gualielmino (1977)的「自我導向準備度量表」分析出的八個因素中，有一個就是「能容忍學習中的冒險性，不明確性及複雜性」。十四位自我導向準備度分析，也提到他們對事物的好奇心。

（二）不把所看到和感覺到的狀況，視為理所當然：

所以有探索的意願和興致，在於他們會找出別人游泳、別家花店插的花、名家或學生畫作的特色和缺點，探索病患間的不同

和患者的感受。如果把現況視爲理所當然,就不會做深入的探勘和挖掘,也就不會有創新和學習產生了。

(三)願意思考:

　　他們不只對不了解或未達到的景況好奇,對現況也不視爲當然;他們還更往前一步:動腦筋想想看,爲什麼這樣、怎麼做可以換個樣子。思考是靈長類動物的特長,但有些人放棄不用,實在可惜;這些自我導向學習成功的人,善用此一長處。他們喜歡思考,試著想出新方法,使原音重現、分辨寶石的真僞、讓不標準的琴音回復和諧。

二、溝通能力

　　十四位案主均具有溝通能力,溝通能力包括:口語及文字表達能力、人際溝通能力及領導能力等。

討 論:

在溝通能力方面,有以下特點:

(一)口語表達能力很強:

　　這是最根本的溝通能力,蔡清波(賞鳥解說)具有以淺近語詞來解說的能力;北燕(國畫)以口訣教學,發揮口語表達的極致;劉美珠(身心學舞蹈)善於和舞者溝通想法及舞蹈表現的方式;阿金(西點、餐飲)很會闡述自己的理念;王大倍(游泳)和靜慧(瑜珈)都擅長以口語向老師詢問,並以口述的方法與學生溝通。

(二)以文字表達能力,補口語表達之不足:

　　楊厚基(寶石鑑定)具有以英文寫信,向美國寶石學院的外國講師詢問疑點並書寫作業的能力;蔡清波(賞鳥解說)

以兒童文學的形式，將鳥類生態寫出來；崔光宙（樂評）用文章表達出他對各類音樂作品的評論；黃威融（作家、編輯）更以他的著作，儕身排行榜作家之列。凡是向不能面對或數目龐大的對象溝通時，文字表達是很有效的溝通方式。

（三）優良的人際溝通能力，使他們有好的互動：

　　Stacy（花束設計）善於交朋友；D-F（手療）對各種人都有興趣，能在短時間內與陌生人誠懇接觸；邱國鐘（調琴）眼睛看不見，但他的感覺和反映敏銳，人際關係非常好；黃威融（作家、編輯）善於和書籍出版商溝通行銷方法；陳逢椿（油畫）會在他的畫作中把自己的理念傳達給觀眾；王文玲（推拿）很能察覺患者的需求。他們都具有很好的溝通能力。

（四）表現出卓越的領導能力：

　　劉美珠（身心學舞蹈）從小參加舞蹈練習時，就常被老師指定為小老師，國中進入體操隊又被選為隊長，領導能力很強。黃威融（作家、編輯）領導他的編輯團隊，編出亮麗的生活在台北的一百個理由這本書。邱國鐘（調琴）在屏東公館教會聖詩班被選為隊長，訓練團員練唱並出版紀念 CD。他們的領導能力是有目共睹的。

三、自我管理能力

　　七位案主有明顯的時間管理、進度管理、生活管理或情緒管理的特長。楊厚基（寶石鑑定）、蔡清波（賞鳥解說）、黃威融（作家、編輯）擅長於時間管理，能切割時間、充分運用有限時間，完成大量工作。

　　楊厚基（寶石鑑定）和 Stacy（花束設計）會做好進度管理，楊厚基以遠距學習的方式，自己定進度並如期在一年內完成美國寶

石學院的函授課程。Stacy 常為了達成主要目標,而放棄其他次目標,因而可以做理想的進度安排。

邱國鐘(調琴)先天盲目,但是他有很好的生活管理能力,他的東西都放定位、整理得有條不紊,所以可以活得很自在。

北燕(國畫)屬內控性格,相當會控制自己的情緒,崔光宙(樂評)善於自我反省,並能做適當的情緒管理。

討 論:

這些自我管理的能力,本來就是自我導向學習者的基本條件,正如 Garrison (1997)的自我導向學習模式三個層面中,第一個層面就是自我管理(情緒控制),之後才談到自我監測(認知責任)及動機(進入及操作)兩個層面(郭麗玲,民 89);十四位案主都有很良好的自我管理能力。

四、基本研究能力

本研究十四位案主均具有某(幾)種基本研究能力,最常見的是比較、分析、統整和批判能力。楊厚基比較寶石的純度、色澤、重量及車工等,劉美珠要求舞者比較肌肉鬆和緊的不同,黃威融比較多種報紙和雜誌的不同編法,陳逢椿比較藝術作品的美感,王大倍拿自己游泳的方法和教練的做比較,阿金會做各家餐點特色的比較,靜慧比較她幾位老師所教授瑜珈的內容,王文玲將自己從經驗中學到的推拿方法和弟弟從大陸中醫學校學回來的手法做比較,而 Stacy 則比較各家花店所設計的花束。

討　論：

　　「比較」似乎是自我導向學習者最常採用的研究方法；至於「分析」和「統整」是接續「比較」之後常用的方法。「批判」屬高層次的研究能力，北燕（國畫）找出名畫的錯誤，陳逢椿（油畫）批判畫作和畫家人格，阿金（西點、餐飲）指出餐點的缺點等，都是這種研究能力的展現。可見想要自我導向學習能夠成功，具備一些基本的研究能力，也是很需要的。

五、其他相關能力

　　除了前述之探索、溝通、自我管理和基本研究能力之外，有九位案主還具有其他方面的能力。例如：北燕（國畫）的記憶力極強；崔光宙（樂評）的聽力非常好，他的回溯能力也很強，對訪談內容的釐析有很大助益；劉美珠（身心學舞蹈）對動作的敏感性；D-F（手療）手感很好；邱國鐘（調琴）音感好，音樂技能豐富，另外他的記憶、應變及適應力都超人一等；陳逢椿（油畫）的欣賞力強，對自我又很有了解；阿金（西點、餐飲）特別會找各種食譜，靜慧（瑜珈）的肢體柔軟度很好，王文玲（推拿）天生對推拿有特殊感受及領悟力。案主具備的特殊能力，和他們自我導向學習內容有很大的關聯，也可以說由於這些能力，讓他們的學習更成功。

參、先備經驗

　　「先備經驗」指在學習之前所具備的相關經驗，Knowles(1975a)所提自我導向學習的五項基本假設中，第二項就說到，「學習者的經驗是學習的豐富資源」；Gibbons,et al. (1980)的自我導向學習原則中，指出「少年時期的經驗，對最後選擇某一學科成為自我教育者，有很大的影響。」可見，先備經驗的重要性。十

四位案主中，僅邱國鐘（調琴）沒有任何先備經驗，就開始自我導向學習，其他十三位都有相當豐富的先備經驗。先備經驗包括小時候（十五歲以前）的經驗，和成長（十五歲）以後的經驗兩類。

一、小時候的經驗：

八位案主有小時候的實作經驗，分別是：楊厚基（寶石鑑定）從小在自己家的銀樓幫忙洗金子，蔡清波（賞鳥解說）小時候上學前後要下田幫忙，北燕（國畫）從小就經常參加寫生、書法及美術比賽，崔光宙（音樂評論）愛聽古典音樂唱片，劉美珠（身心學舞蹈）從小就參加舞蹈比賽，又學了舞蹈、體操、瑜珈及武術，王大倍（游泳）孩提時游泳險些溺水，阿金（西點、餐飲）幫媽媽做月餅去賣，靜慧（瑜珈）有小時候學跳舞的經驗。這些兒時的經驗，在學習觸發的分析中也曾提出過；他們從幼年就接觸了這些活動，留下深刻的記憶，往後人生中一觸及或有此需要，就會自動自發的去學習，這些先備經驗是十分寶貴的。

二、成長以後的經驗：

至於十五歲成長以後才有的經驗，也有七位，包括：陳逢椿（油畫）創辦春之藝廊，收藏畫作及美術品時要做選擇，他看的多、做的比較也多，這些經驗累積了他畫油畫的功力。崔光宙（音樂評論）「在國家音樂廳聽了上百場一流的現場音樂會」，培養了他高水準的欣賞力，和分辨音樂好壞的鑑賞力，這些都是他做樂評的基礎經驗。D-F（手療）大學時為女朋友和同學的運動傷害做推拿及手療，成了他的先備經驗。黃威融在建中編輯班刊，在大學編報紙，後來在廣告公司做廣告，對他的寫作和編輯都有助益。王大倍（游泳）在退役後參加多項常青組游泳比賽的經驗，王文玲（推拿、整復）結婚後幫外公國術店的病人舒筋，Stacy（花束設計）曾在過年前在菜市場賣花，還賺了一些錢的這些先備經驗，對於他們後來進行的自

我導向學習都是很有意義的。

　　前段所談的先備知識，D-F（手療）、王大倍（游泳）、王文玲（推拿、整復）及邱國鐘（調音）四位，是沒有先備知識的。但是D-F、王大倍和王文玲三位都有豐富的先備經驗，這些經驗彌補了他們知識方面的不足，而且他們學的手療、游泳和推拿，都偏向技術、技巧方面的學習，先備經驗比先備知識更顯得重要。

　　只有邱國鐘，不但沒有先備知識，也缺乏先備經驗。他是在迫不得已、走投無路的情況下，糊裡糊塗地學了調琴；我們發現他學得很苦，這是一個特例，後面會再做討論。

討　論：

　　本研究發現：實做經驗才能引發學習。只靠幼時相關環境，並不一定能引發出成年後在這方面的自我導向學習；一定要在環境中有實做的經驗，才可能引出自我導向學習。楊厚基的父親開銀樓，有很多機會看到金、銀首飾及寶石；此外，他每天還得在店裡幫忙洗金子，這種實際參與工作的經驗，真正在他心中留下了深刻的印象，和以後學的寶石鑑定有很大的關係。

　　至於楊厚基的下一代，雖然他後來負責銀樓部門的經營，他的孩子也從小都在銀樓中長大，也看到首飾及寶石，但楊厚基並未要求孩子在店裡幫忙，都請學徒來做洗金子的工作；孩子們並沒有實做的經驗，印象不深，興趣也未被引發，結果沒有一個孩子願意繼承這份家業，也沒有一個孩子對鑑定寶石有興趣。我們深深體會到實作經驗對自我導向學習的引發，是不可或缺的先備經驗。

　　相同的例子，也在陳逢椿家中發生，他的子女中，沒有一

個人喜歡畫畫，也沒有一個人對藝術工作有興趣；因為他們並未參加父親春之藝廊挑選藝術品、安排畫作展出等的實際工作。北燕的三個孩子，雖然不排斥書法和國畫,但是並沒有一位學美術或以藝術為職業的，大概是因為孩子們並不像北燕有參加各種美術比賽、不停畫畫的實際經驗之故。王大倍在他孩子小的時候，也教他們游泳，他們也會游泳，但是他說，孩子們並不像他自己那麼熱衷於游泳。差異就在於他小時候曾有險些喪命的危險，和後來不斷參加游泳比賽的實際經驗，而他的孩子們只把游泳當成一項娛樂而已。其他幾位成功者，年紀尚輕、未婚或子女還小，看不出他們下一代的發展和自我導向學習，無法推論。

　　這節討論的先備能力、先備知識和先備經驗等自我導向學習之前所具備的先備條件，可比做土壤中的腐植質，雖然腐植質是由動物的屍體、枯死的植物及細菌等組成的，卻是土中的養分。沒有腐植質的土壤，無法培育出好的植物，欠缺先備條件，也讓學習困難許多。

第四節　學習資源

此節探討資源供給者和資源內容兩項，以回答研究問題 4-9。

壹、學習資源供給者

前面提到學習資源，是學習的基本需求；那麼學習資源的提供者，對自我導向學習者來說，就更為重要了，供給者以家人及專業機構或團體為主。

自我導向學習的資源供應者包括家人、同儕、教師、學校、專業機構及專業團體等。家人方面，最常見的提供者是父母及配偶，劉美珠(身心學舞蹈)的義父，阿金（西點、餐飲）的母親，靜慧（瑜珈）的父親，王文玲（推拿）的媽媽和外婆；她們四位，都是由父母親供應各項學習資源的。由配偶提供資源的也不少，楊厚基（寶石鑑定）、蔡清波（賞鳥解說）、陳逢椿（油畫）、靜慧（瑜珈）、王大倍（游泳）都是很好的例子。

專業機構和專業團體對自我導向學習也扮演了舉足輕重的角色。（郭麗玲，民 89）Brookfield 也一再強調專業機構及嗜好團體，對自我導向學習者在廣泛供應學習資訊及管道、互換學習項目、解決疑難等方面是很重要的。本研究發現：在訪談中不斷聽到各類舞蹈團體、瑜珈協會、游泳協會、美術學會、中華鳥會、美國寶石學院、春之藝廊、慶聲鋼琴廠、國術館及國家音樂廳等專業團體和專門機構，對案主在精神與物質方面的支援，可見其重要性。

貳、學習資源的內容

自我導向的學習中，資源的供應是很重要的。(Tough,1967；Knowles,1975) Tough (1978)及 Penland (1979)均將自我導向學習的學習資源分為三類：人力資源，如專業人員及朋友等；非人力資

源,如圖書、雜誌等;及團體資源,如興趣俱樂部等。為配合本研究情況,把學習資源分為精神、物質、文化及環境四項資源,十四位案主的學習資源如表 8-4-1,8-4-2,及 8-4-3。

※精神資源與物質資源:

表 8-4-1 自我導向學習者的精神及物質資源分析

案 主	精 神 資 源	物 質 資 源
王大倍	• 太太支持。 • 泳會會員間,友情深厚。	
王文玲	娘家媽媽及外婆,常督促她跟外公學習。	病患很多,收入很好。
北 燕	老師鼓勵。	教畫有收入。
阿 金	吃過她做的點心的人,都讚不絕口。	
邱國鐘	琴調得好,有口碑。	個人調琴師,收入不錯。
陳逢椿	藝術品使心情開闊。	家庭經濟支持,花很多錢買畫。
黃威融	同好一起探討和打拼。	書籍上排行榜,版稅收入高些。
崔光宙	音樂同好多,遇技術性的問題,找同儕提供解決的辦法。	小時候家中有音響設備及買唱片的錢。
楊厚基	配偶一起在店裡工作,很幫助他。	家庭的經濟支持。
蔡清波	全家一起陪他賞鳥。	鳥會提供攝影資源。
劉美珠	老師請她當小老師。	
靜 慧	先生能以旁觀者的角度,為她分析情境。	教瑜珈的收入,能貼補家用。
D-F	為女友及同學按摩,人人稱謝。	女友協助第一次學按摩的部分學費。
Stacy	• 姊姊也開花店,在她急需時,幫助她。 • 客人都說她設計的花束最美。	花店收入。

※文化資源：

表 8-4-2　自我導向學習者的文化資源分析

案 主	文　化　資　源		
	學習知識	學習經驗	學習資訊管道
王大倍		自己游泳及教人游泳的經驗。	人際傳播。
王文玲	相關書籍。	患者呈現不同病況，累積了最佳的學習經驗。	
北　燕	・書籍、畫冊。 ・電視上有關動、植物生態介紹的節目。	參加各類美術展覽。	報紙上有關畫展及國畫課程的訊息。
阿　金	美國鄰居提供的蛋糕食譜及各種食譜。	跟母親學習製作食物的技巧。	人際傳播。
邱國鐘		慶聲琴廠提供學習經驗，每天為新出廠的鋼琴調音。	
陳逢椿		為春之藝廊選畫，多看、多評鑑。	・藝術專業雜誌。 ・人際傳播。
黃威融		編班刊及編報的經驗。	網路資訊。
崔光宙	學術性問題，自己去找資料充實自己。	國家音樂廳提供具國際水準的音樂會。	・相關報刊雜誌。 ・網路訊息。
楊厚基	教科書及專業雜誌上的專文。	家裡銀樓的經驗。	報紙上的訊息。
蔡清波	鳥會舉辦各種演講。	鳥會舉辦觀鳥活動。	鳥會的通訊資料。
劉美珠	體育研究所及美國俄亥俄大學教導身心學的理論。	各舞蹈團給予練舞及表演的經驗。	舞團訊息。
靜　慧	・瑜珈導師班，教導高深的瑜珈原理及教學方法。 ・各瑜珈團體、協會及同儕，提供瑜珈相關書籍及資訊。	瑜珈學習團體，提供學習的場所、師資及教學。	瑜珈團體的訊息。
D-F	・相關資料及書籍。 ・體育系運動傷害方面的課程。	在學長診所中，學習按摩及推拿的技能。	・人際傳播。 ・網路資訊。
Stacy		參觀插花展、喪禮、開幕等，學習別人的長處。	人際傳播。

※環境資源：

表 8-4-3　　自我導向學習者的環境資源分析

案　主	環　　境　　資　　源		
	家　　庭	學　　校	工　　作
王大倍	住家靠近碧潭，就近參加了碧潭早泳會。		退休後做救生員，兼泳協工作，與所學相符。
王文玲			開設國術館，為人推拿按摩，與所學相符。
北　燕	住板橋，就近在百康育樂中心和國立藝專學畫畫。	拿老師把她的畫作帶回美國去的鼓勵。	教國畫，與所學相符。
阿　金			經營烘焙店，與所學相符。
邱國鐘		播放音樂，紮下音樂的根。	個人調音師，與所學相符。
陳逢椿			退休後收藏畫及畫油畫，與所學相符。
黃威融		• 高中歷史老師稱讚。 • 學校社團培養編輯興趣。 • 大學時與相投之同學一起研討。	自己寫書編書，與所學相符。
崔光宙			通識課程開音樂鑑賞，與所學相符。
楊厚基			課餘免費做寶石鑑定，與所學相符。
蔡清波		師專的生物老師，啟發保育觀念。	課餘做賞鳥解說員。
劉美珠			教舞蹈，與所學相符。
靜　慧		高中體育老師，給正確瑜珈觀念。	教瑜珈與所學相符。
D-F			教運動按摩，與所學相符。
Stacy			開花店，與所學相符。

如上所述，本研究依四項資源，分析如下：

（一）精神資源

　　精神資源方面，十四位案主都有；提供最多精神資源的是家人及服務對象，少數來自指導者及同儕。精神資源的內容包括(1)陪伴，(2)鼓勵、支持、指引、督促，和(3)讚美三類。

討論：

三種精神資源如下：

1、陪伴：

　　「陪伴」這一類精神資源多由家人或同儕提供，例如：楊厚基(寶石鑑定)太太陪他在銀樓裡工作，蔡清波(賞鳥解說)全家在假日一起賞鳥，都是親密家人的陪同。而黃威融(寫作、編輯)有一群相同嗜好的大學同學一起打拼，是由同儕提供的陪伴。這樣身體力行的牽手相伴、隨侍在側，對自我導向學習者來說，是最親切、貼心的支援。

2、鼓勵、支持、指引、督促：

　　這方面的精神資源仍然多半由家人提供，其次是老師和同儕。雖然不能陪在身邊，同進同出，但是都在自我導向學習者覺得孤單寂寞、挫折失意時，輸送安慰、鼓勵和支持；意興闌珊之際，給予適切的督促和提醒；不知如何往前或往何處努力時，提出方向的指點。北燕(國畫)有杜簦吟老師鼓勵她一定要開班授徒，可收「教學相長」之效。劉美珠(身心學舞蹈)常被老師指定去當小老師，教其他同學；對她來說，是一種支持和肯定。崔光宙(樂評)遇到音響的技術性問題時，就去找他的音樂同好，為他提供解決辦法。靜慧(瑜珈)的先生能以旁觀者的

角度，為她分析所遭遇的困境。王文玲(推拿、按摩)的媽媽和外婆，常常督促她要好好跟外公學習。Stacy(花束設計)的姊姊也開花店，當她急需協助時，姊姊挺身出來教她，並指引她可用的設計模式。

3、讚美：

讚美是第三類很受用的精神資源，完全由服務對象提供。當自我導向學習者學到某種程度時，就為需要的人服務，這些接受服務的隊對象，因為他們完美的服務而脫口讚美。D-F(手療)在大學時為女友及體育系同學按摩，使他們的運動傷害減少到最低限度，而得以繼續學下去，人人稱謝。邱國鐘(調琴)為客戶的琴音調到最理想的狀況，口耳相傳而有好的口碑。凡吃過阿金(西點、餐飲)店裡點心的人，都回味無窮、讚不絕口。Stacy(花束設計)的客人都說，她設計的花束最美、最高雅。這些溢於言表的讚美之辭，對學習者來說，是對自己學習成果的回饋；這種肯定，促使他們更熱衷於做更深入的探究和學習。

以上所分析的三類精神資源，「陪伴」要花時間，「讚美」用口舌，「鼓勵、支持、指引和督促」要用心，對自我導向學習者各有不同的功效，但都十分受用。

(二) 物質資源

十四位案主中，有 11 位提到學習中的物質資源，大多是服務的收入或家庭在經濟方面的支援；當然由服務對象或家庭提供。楊厚基(寶石鑑定)、崔光宙(樂評)和陳逢椿(油畫)有家庭經濟支持，D-F(手療)則由女友協助他支付第一次學按摩的部分學費。

至於因服務而得到的收入，較為普遍，如北燕教國畫，邱國鐘

為人調琴，靜慧教瑜珈，王文玲為人推拿，Stacy 為客人設計花束，黃威融編的書上了排行榜，版稅增高，都是用自己所學到的技術和能力為別人服務，而得到的物質資源。不靠家人、朋友，而靠自己掙得的資源，對學習者是更大的回饋。

　　蔡清波(賞鳥解說)則得到鳥會提供的攝影資源，因為攝影器材太貴，自己無力購置；鳥會提供了這方面的資源，對他來說是很大的幫助，不然觀察到稀有的鳥種，也無法拍照存證了。

討　論：

　　物質資源，雖然不像精神資源提供了內在推動的力量，但自我導向學習者勢必面臨購買材料、書籍、儀器、店面等，耗費錢財的實際狀況，若欠缺適當的資源，學習也成為不可能了。

（三）文化資源

　　「文化資源」，指提供給自我導向學習者的學習知識和學習經驗。學習知識絕大多數為專業書報雜誌，而學習經驗則包括純粹學習的經驗和服務的經驗兩種。此外，本研究也探討了獲得學習資訊的管道。

討　論：

1.學習知識，絕大多數為專業書報及雜誌：

　　九位案主提到在他們的自我導向學習中，在文化資源方面有學習知識的提供，其中以專業圖書及雜誌專文最常見；其他則另外有相關的專業課程、專題演講及電視節目，與幾個相關研究的結果吻合：Coolican 指出：閱讀是自我導向學習者最常使用的方法之一；Penland (1979)提及，45％的學習者喜歡

觀察和閱讀，30%偏向與別人商談、請教問題、聽講、練習或嘗試錯誤；郭麗玲（民88）發現使用最多的是閱讀書籍。

2.學習經驗，有純粹以學習為主的經驗和服務的經驗兩種：

十四位案主都接受了經驗方面的文化資源，部分與第三節第三點分析的先備經驗相同，絕大多數由專業團體或專業機構提供。至於內容，則包括兩種經驗：一種是純粹學習的經驗，另一種是服務的經驗。

（1）、純粹以學習為主的經驗，如蔡清波(賞鳥解說)參加鳥會舉辦的觀鳥活動，學習如何賞鳥及向觀眾解說的方法；崔光宙(樂評)到國家音樂廳聽國際級一流的音樂會；劉美珠(身心學舞蹈)所參加的舞蹈團體給予她練舞的機會；D-F(手療)在學長的診所學習按摩和推拿的技術；陳達椿(油畫)為春之藝廊選畫時，看了很多油畫作品；阿金(西點、餐飲)跟母親學到製作食物的技巧；靜慧(瑜珈)加入瑜珈學習團體學習瑜珈術；他們這些學習經驗是純粹以學習為主的。學習到相當程度後，就可以為別人提供服務了；服務的同時，也可以學習，那就是第二類經驗，服務的經驗了。

（2）、「服務的經驗」是學習者藉由他學到的知識或技能為別人服務時，又學到新東西的經驗。楊厚基(寶石鑑定)在家中銀樓邊做邊學，既是為顧客服務，自己又學了更多有關寶石的知識。北燕(國畫)以自己的畫作參加各類美展；黃威融(作家、編輯)以編輯長才為高中班級及大學社團提供編刊物的服務；邱國鐘(調琴)每天為慶聲出廠的新鋼琴做調音服務；王大倍(游泳)教別人游泳；王文玲(推拿、按摩)由於她的患者呈現不同的病況，她為他們整復時累積了最佳的學習經驗；Stacy(花束設計)送花去開幕禮、喪禮或插花展覽會場時，順便參觀別

家花店的作品等；都是「教學相長」的原理，因自己提供的服務，而貯存了更多的經驗，使學習更為精進。

3.學習資訊管道，以人際傳播及專業訊息為要：

　　　　至於自我導向學習者如何獲得學習資訊呢？本研究發現他們的管道以人際傳播及專業訊息為大宗，另有由網路資訊及報紙等大眾傳播媒介來發現資訊的。D-F(手療)、陳逢椿(油畫)、王大倍(游泳)、阿金(西點、餐飲)及 Stacy(花束設計)都得利於口耳相傳的人際傳播，來獲得學習資訊。楊厚基(寶石鑑定)在報紙上得知友人在美國學了寶石鑑定且得到證書的訊息，及北燕(國畫)常在報紙上看到畫展及國畫課程的訊息，這都是大眾傳播媒體對自我導向學習者所提供的學習資訊。近年來網路興盛，年輕的學習者會從網路上得知相關的學習資訊，如 D-F(手療)、崔光宙(樂評)和黃威融(作家、編輯)。此外，自我導向學習者一向和專業團體及興趣嗜好團體有很密切的關係；(Brookfield 著，李素卿譯，民 86) 所以專業訊息也是他們取得學習資訊的重要管道。蔡清波(賞鳥解說)、劉美珠(身心學舞蹈)、陳逢椿(油畫)及靜慧(瑜珈)，都從鳥會、舞蹈團體、藝術專業雜誌及瑜珈協會通訊上，獲知學習資訊。

　　總之，學習資訊取得的管道，從最具草根性的人際傳播到大眾傳媒，到專業訊息；從口耳相傳、平面媒體到虛擬傳播；各有其特性。從學習者選取的管道，可窺出其偏好之一斑。

（四）環境資源

　　　　自我導向學習者的學習資源，除了精神、物質和文化資源外，還有環境資源。「環境資源」包括家庭、學校及工作環境，所提供有助於學習的資源。本研究發現，在家庭環境方面，案主大多住在都

市，其中最有利的地理環境是王大倍（游泳）住在新店，因地利之
便，參加了碧潭早泳會；北燕（國畫）住板橋，靠近百康育樂中心
及藝專，她就近學畫。在婚姻方面，案主大多已婚且配偶支持其學
習。對自我導向學習者來說，這是最明顯也是最需要的家庭環境資
源。在學校環境方面，僅有幾位案主，以前正規學校教育中的老師，
對他們的自我導向學習有一些幫助。在工作環境方面，案主所從事
的工作，泰半與自我導向學習的內容相符，可見工作環境對自我導
向學習，是十分重要的。

討　論：

　　根據家庭、學校及工作環境資源方面的分析，本研究發現
以下現象：

（一）自我導向學習者，大多已婚且配偶支持：

　　十四位案主中，兩位未婚，一位離婚，十一位已婚；已
婚案主的配偶都很支持他們的自我導向學習，這是促成他們成
功的重要條件。楊厚基（寶石鑑定）太太嫁到楊家後，一直在
銀樓幫忙，對他學習鑑定寶石非常支持；蔡清波（賞鳥解說）
太太也喜歡賞鳥，也是鳥會會員；劉美珠（身心學舞蹈）先生
是她大學同班同學，不斷鼓勵，甚至成為她學習上的「重要他
人」；D-F（手療）太太和他一向互相幫助，彼此砥礪；陳逢椿
（油畫）和王大倍（游泳）的太太都全力支持他們；靜慧（瑜
珈）的先生接送她上課，又幫忙家事，還在精神上鼓勵她；這
些都是重要的家庭環境資源。正如郭麗玲（民 88）對我國圖
書資訊專業人員自我導向學習的調查發現，家人支持是相當大
的助力；若家人不贊成或不支持，則成為學習的最大阻力。

　　不過，已婚的案主中，有三位例外，阿金（西點、餐飲）

的先生，怕她做餐飲和烘焙業太忙、太累，心疼她而不太贊成。配偶明顯不太配合的，只有北燕（國畫）和王文玲（推拿、整復）；兩位的先生都屬大男人心態，只想妻子管好家庭或賺錢貼補家用。北燕對國畫有強烈的興趣，不受先生的影響，常利用先生出國期間去上課學畫或忍受先生的不悅；王文玲為了要幫娘家媽媽還債，又不願辜負前來求診的患者，雖然先生脾氣不好或惡言相向，她總是任勞任怨的學習推拿並為病患服務。她們兩人在艱困的環境中，竟能堅持學習且得到成功，是十分難能可貴，且令人欽佩的。

（二）自我導向學習與工作內容頗為相符：

　　十四位案主中，有十二位學習項目和他們的工作內容是完全相符的。另二位雖然主要工作與自我導向學習無關，但額外兼有相關業務，與其學習內容相符：崔光宙是教育系所教授兼主任，另在通識課程開有「音樂鑑賞」一科，業餘寫樂評；蔡清波是職校老師兼教務主任，課餘做賞鳥解說。總之，十四位案主的自我導向學習或成為他們的主要工作，或做為兼職工作，關聯性都非常大。學習與工作的關係，大多學習在先，「學而優則仕」，學到某種程度後，就做起這方面的工作來了，如：蔡清波賞鳥到某種程度，就有人邀他做賞鳥解說員；阿金西點學成後，做給朋友吃，大家讚不絕口，就建議她開家西點烘焙屋。只有邱國鐘是先接了鋼琴廠的工作，才開始學調琴的，他是例外。

　　綜上所述，精神資源包括陪伴，鼓勵、支持、指引、督促，和讚美三類。物質資源則有家庭經濟支援和服務的收入兩方面。文化資源包含以專業書報雜誌為主的學習知識和學習經驗兩種；至於學

習資訊獲得的管道,以人際傳播和專業訊息為主。環境資源有家庭、學校和工作兩類;其中以工作環境最重要,自我導向學習的內容,絕大多數與工作情境相符合。

　　學習資源可比擬做土壤中的水分,太乾的土如沙漠,當然無法讓植物生長;太濕的土壤,根會泡爛,也無法成長。不論是精神、物質、文化或環境資源,對自我導向學習者都如土壤中適當的水分,是不可或缺的。

　　第八章稱為土篇,是學習的背景和條件。若植物栽種在好土中,它的主成分礦物質變成好的砂土,土中有水、有空氣、有腐植質做養分,植物自然生長得好。自我導向學習者,若有獨立、自信、熱忱、喜愛學習的好性格,有適合的家庭教養,又有適合其性別和有助其學習的時勢;另外,學習之前就具備相當的先備知識、能力和經驗,學習時又有豐富的學習資源支持他的學習,當然不成功也難了。

第九章 金篇---學習的禁制

依呂氏春秋十二紀(禮記月令)之五行分類表來看，金在秋季，「秋之為言愁也，愁之以時，察守義者也。」肅也，味辛。許慎云：「金者，禁也，陰氣之始起，萬物禁止也。」禁制又指活力受到拘束，或無法發揮其性能。在自我導向學習來看，就是學習的禁制，學習者內有挫折，外有阻礙，造成無法卒學的情況。

以植物觀之，可能受到天候、地形等外在限制而不能存活者，也有因為根基被蟲蟻啃咬或本身營養不良而無法繼續生存者。秋天一到，冷風颳起，植物的根沒長牢就被颳走了，若種子落在岩礫堆中，受到地形限制，無法再往上長，或許得要遷落他處；這正如自我導向學習者遇到外界的阻礙，經費不足、時間不合適或開課機構未充分考慮學習者處境等，都造成學習的困境。或是植物內遭病害或營養供應不良，則如學習者體能不佳、信心不足或先備條件不足、資源不夠、支持體系不健全等，若不能合理克服，也都造成自我導向學習無法剋盡其功。

第一節　學習的挫折

　　本研究將「挫折」和「障礙」做以下區分,「挫折」指學習者在自己心中產生了不利學習的情況;「障礙」指學習者因外在環境及人為因素,而造成學習困難或無法卒學的情況。此節資料可回答研究問題 4-5。十位案主沒有遇到任何挫折,只有四位曾遭遇挫折,但他們的挫折都不相同,均非個人能力所能改善。

討　論：

（一）大部分自我導向學習成功者,並沒有學習挫折：

　　十四位案主中,有 10 位沒有遇到任何挫折,只有 4 位案主提及曾遭遇挫折。這可能與他們的人格特質有關,他們在六向度的人格特質表述中,都趨向正向的特質,尤其顯著的是自信、獨立和溫暖。前面的分析,曾提到他們對自己有十足的信心,甚至有些案主到了「自大」的地步,這是成功者在人格特質方面最大的特色。正由於他們的自信心堅強,幾乎任何挫折在他們眼中都不存在;擁有這樣的心理建設,當他們被問到「一路走來,有無挫折」的問題時,都顯得詫異,為何有此一問;經思索再三仍然想不到曾遇挫折,就搖著頭回答說:「沒有!倒真是沒有挫折呢!」就算這些案主覺知到挫折,也都是愈挫愈勇。

（二）挫折均非個人能力所能改善的：

　　四位案主提到曾遭挫折,但他們的挫折都不相同:有未達目標的,有配合者的問題,有學生引起的,也有個人的因素。蔡清波（賞鳥解說）的挫折是:出去賞鳥,卻未看到特殊的鳥或想看的鳥,未能達到目標而感挫折。黃威融（寫作、編輯）

的挫折來自他編輯工作的配合者，圖書出版商，他們不重視書
的行銷業務，導致他所編的書不能賣到最好的狀況。靜慧（瑜
珈）的挫折來自學生，她所教的學生，學成之後自行開班授徒，
還拉走了她原來的學生；在心態上，她很難以接受。劉美珠（身
心學舞蹈）的挫折是個人問題，但她的挫折最深也最慘痛：她
自幼學習舞蹈，國中被選為體操隊隊長，練習時間很長，沒空
唸書，以致她在前段班中的學業成績很差，被數學老師嘲笑，
同學也欺負她，整個人完全被打倒，從一個自傲自滿的人，變
成自信全無，歷經了人生的黑暗期。

　　總之，學習者心裡所感受到的挫折，可能因任何原因引
起；若學習者根本未感知或能視若無睹，就不會有挫折的感覺
了。以上4位案主顯然感知到這些造成心中不舒服的狀況，而
且所遇到的情形是個人能力所無法改善的，挫折於焉產生。蔡
清波想出去觀察某些特別的鳥種，一定是按照同好提供的時間
和地點前去，偏偏鳥兒們躲著他，不讓他找到；大自然生態並
非一位愛鳥、賞鳥的人可以控制的，他只能挫敗而返了。黃威
融在廣告公司待過，見識過商品重視行銷的程度，誰知「圖書」
這種知識商品的出版者，卻完全不重行銷；他恣恨這種輕視圖
書的做法，但身為作者及編輯者，並無旋乾轉坤的能力來改變
目前的狀況。靜慧所教的瑜珈學生，出於藍而勝於藍，自立門
戶教授瑜珈，還順便拉走了她的部分學生；她不能強迫學生不
開班，更不能強力要求原來的學生留下來不要換老師，這也是
她個人能力所不能改變的事實。劉美珠因為對舞蹈、體操的學
習和投入，無足夠時間溫習功課，以致學業成績不佳，在以升
學為主的教育潮流中，她受到無禮（無理）對待，卻無力反擊
或改善。

　　學習者心中的挫折，正如植物受到病蟲害或營養不良的禁制，而無法正常成長為大樹，尤其對自己無能改善的狀況，更是叫天不應，叫地不靈了！不過，大多數成功自我導向學習者都沒有遭到這種內在的挫折，連想也想不起來；說他們運道好，倒不如說他們並不把眼光放在這些負向的事物上，所以一點也不以為意。

第二節　學習的障礙

　　Hassan（1982）所做成人學習專案的研究，指出：學習者遇到的障礙數與自我導向學習準備度有明顯的負相關存在；就是說若遇到的障礙多，自導學習的傾向較少。到底學習障礙有哪些呢？本研究依照 Cross（1986）對成人未能參與學習的三個理由：情境的(situation)、機構的 (institutional)、和意向的 (dispositional)，再加上先備條件，共有四種障礙。

（一）情境障礙，指學習者在某一時期所面臨物質和環境方面的困難，包括時間不足、交通不便或太遠、經費欠缺及須要照顧家人等。Sears（1989）訪問五十歲以上年長成人進行自我導向學習專案時，最常見的障礙有六項，其中包括時間、經費及家庭責任，都屬情境障礙。

（二）機構障礙，指學習機構的某些因素妨礙了學習者的參與，包括課程不合需要、開課時間不合適、老師不夠專業、同儕關係不良、資訊及設備不足等。

（三）意向障礙，指個人所持信念、價值和態度造成學習活動的障礙，包括對該學習的評價、自我信心、精神及情緒的不安、年紀與體能的不能配合等。Sears（1989）發現年長成人自導學習者遇到若干障礙，其中的「很難決定要學習什麼知識或技能」，「不容易記住新資料及資訊」，和「健康不佳」三項，都屬意向障礙。

（四）先備條件障礙，指學習者因某項先備知識不足、先備能力不夠及先備經驗缺乏。

　　　　分析十四位案主，有四位沒有任何學習障礙：蔡清波（賞鳥解說）、黃威融（寫作、編輯）、陳逢椿（油畫）及王大倍（游泳）；十位曾遭遇學習障礙的案主，情況如表 9-2-1，9-2-2及 9-2-3，這些資料可回答研究問題 4-7。

壹、情境障礙：

表 9-2-1　　自我導向學習者的情境障礙分析

案 主	情　境　障　礙			
	時　間	交　通	經　費	家　人
王大倍				
王文玲				照顧小孩的時間不夠。
北　燕	先生不贊成，所以先生在國內時，不方便選課學習。		買畫畫材料的錢不夠。	三個孩子還小的時候，要照顧他們，無法學習。
阿　金				照顧小孩，要花費相當多的心力。
邱國鐘			學調音的薪水太低，每月 NT＄600，幾乎不夠生活。	
陳逢椿				
黃威融				
崔光宙				
楊厚基				
蔡清波				
劉美珠				
靜　慧				
D-F			大學時，沒有錢去學按摩。	
Stacy	工作時間過長。		・店租過高。 ・上課要花費的經費太多，難以負擔。	無暇照顧小孩。

貳、機構障礙：

表 9-2-2　　自我導向學習者的機構障礙分析

案　主	機　構　障　礙				
	課　程	開課時間	老　師	同　儕	資訊/設備
王大倍					
王文玲					
北　燕		課程開課時間，不方便。	老師不喜歡「舉一立即能反三」的學生。	因為她太聰明，受同學排擠。	
阿　金					製作餅乾的過程不順利，一直無法達到水準。
邱國鐘					
陳逢椿					
黃威融					
崔光宙					沒有好的音響把一流音樂收錄下來，因為做音響的人都不懂音樂。
楊厚基	用英文書信向美國寶石學院老師發問，困難重重。		人力資源不足，在台灣沒有老師可以請教。	沒有專業團體，沒有同儕一起切磋。	·台灣地區的圖書館，找不到參考書及相關書籍。·當時台灣沒有鑑別寶石專用的儀器。
蔡清波					
劉美珠					
靜　慧	課程設計僅以動作為主，難以滿足。		對老師的教學不滿足，難以獲得讓師生雙方滿意的結果。	同儕的建議(出去向其他老師學)，讓她陷入兩難。	相關資訊不足，難以找到理想的老師。
D-F				大學同學中沒人學這個，所以缺乏同儕。	
Stacy					

參、意向障礙與先備條件障礙：

表 9-2-3　自我導向學習者的意向障礙與先備條件障礙分析

案主	意　向　障　礙				先備條件障礙		
	評　價	自我信心	精神/情緒	病痛/體能	知　識	能　力	經　驗
王大倍							
王文玲							
北　燕			常碰到困難。	身體上的病痛。			
阿　金							
邱國鐘		調琴實在太難，很不容易學。		全盲，造成學習的大障礙。	從未學過音樂，對音樂的知識太少。	不會彈奏樂器。	
陳逢椿							
黃威融							
崔光宙							
楊厚基							
蔡清波							
劉美珠	一般職業舞者沒有固定薪水，生存成問題。			職業舞者的舞齡不長，如果年紀大了，不但自己體力不夠，舞團也不會要老舞者。			
靜　慧		初次教學，無法克服信心的不足。		・肢體使用過度，太過疲憊，無法克服肌肉的酸痛。 ・有些動作無法勝任。		某些瑜珈動作因為柔軟度不夠，做不到。	初次教學時，因為沒有教學經驗而不成功。
D-F	推拿、按摩在社會上屬低層次工作，不受重視。						
Stacy					與插花有關的知識不多。		

討　論：

（一）四類障礙中，以機構障礙最多，其次是情境障礙：

　　　情境、機構、意向及先備條件四類障礙，十位曾遭遇障礙的研究對象共提出 16 個類目，總計以機構障礙類最多，共有 15 個類次，其次是情境障礙有 12 個類次，先備條件障礙最少見。可見成功自我導向學習者所選擇學習的，多為其先備條件較充裕的項目，不會去學自己原本欠缺知識、能力或經驗的項目，自然最少遇到先備條件類的障礙。而最大宗的學習障礙，仍然發生在機構類的障礙，學習機構所提供的課程、開課時間的安排、教師的教學技巧、同學相處的狀況、圖書資訊及相關儀器設備的配合等，並未能滿足這些成功自我導向學習者的需求。至於學習者之家庭，在物質及生活狀況的配合，仍嫌不足，使他們的學習礙手礙腳，不能自由選擇和充分發揮；由此更見學習資源的重要，缺乏支持和支援的自我導向學習，要想成功是相當不容易的。但是十位遭遇到障礙的案主，竟能以完滿的方式，把障礙做妥善的處理，是值得我們探討和學習的；第十章水篇將做這方面的分析。

（二）情境障礙中，以家人障礙最多，且均為女性有此障礙：

　　　本研究將情境障礙分為時間、交通、經費及家人四項；其中以家人障礙最多，十位曾遭障礙的案主中，有 7 位遇到過情境障礙，其中有 5 位遭遇的是家人的障礙。北燕（國畫）、阿金（西點、餐飲）、靜慧（瑜珈）、王文玲（推拿、整復）及 Stacy（花束設計），都曾遇到必須照顧小孩的障礙。這五位案主都是女性，何以男性案主沒有照顧家人的障礙，這正是 Safman (1986) 指出大多婦女，尤其低社經地位的婦女，她們的思考僅限於看到婦女最原始的角色—妻子和母親。以上 5 位

案主都是母親，就得負起照顧子女的責任；本研究 14 位案主中，有 6 位女性，其中 5 位就有照顧子女的障礙，可見中國婦女仍以肩負最原始的女性角色為主。

在現階段台灣社會中，女性能在自我導向學習中嶄露頭角，較之男性，要有更多的付出和堅強的毅力。劉美珠（身心學舞蹈）是唯一例外，她是不必擔心子女照顧的女性自我導向學習者；她只有一個女兒，而且義父為她擔負了所有家事及家人照顧的重擔。

（三）經費障礙，也是重要的情境障礙：

在 7 位遭遇到情境障礙的案主中，有 4 位談到經費方面的障礙，僅次於家人障礙。北燕（國畫）、D-F（手療）和 Stacy（花束設計），都是沒有足夠的錢買材料或繳交學費。Stacy 還提到花店的店租過高，難以負擔；至於邱國鐘（調音）是契約學習，邊學習、邊工作，但是薪水太低，每個月只有新台幣六百元，幾乎不夠生活。許多文獻也提到經費欠缺，造成成人無法進行自我導向學習；第八章上篇談到學習資源時，經費資源也是重要的一項支持，與此相互呼應。

（四）機構障礙中，以老師、同儕和資訊設備方面的障礙為多：

案主曾遭遇機構障礙，而 5 項機構障礙分別是：課程、開課時間、老師、同儕和資訊／設備。老師、同儕和資訊／設備的障礙，各有 4 人提及，是比較嚴重的機構障礙。

（五）老師障礙，以教學方法不適當為多。

四人提及老師障礙，除了楊厚基（寶石鑑定）提及人力資源不足，在台灣並沒有可以請教的老師外，其他三位則都是老師教學方法的問題。靜慧（瑜珈）對老師的教學不滿意，難以獲得讓師生雙方都滿意的結果；這可能是師生溝通不良，老

師不明白學生的需要，或是班級太大，老師無法顧及學生的不同狀況。邱國鐘（調音）在鋼琴廠教他調音的師傅是明眼人，他不知道該如何教盲人學調琴。北燕（國畫）發現，她的老師並不喜歡「舉一能立即反三」的學生；太聰敏的學生，搶了老師的風采，令老師不悅。其實「得天下英才而教之」，不是為師者最高的期望嗎？怎麼北燕的老師，反而不喜歡聰明的學生呢？老師應該知道怎麼教壞學生，也知道怎麼教聰明的好學生；知道怎麼教明眼人，也知道怎麼教盲人；知道怎麼教一般的學生，也知道怎麼向有特殊需求的學生來開啟，這才是稱職的老師。

（六）同學障礙中，最怕的是沒有同儕切磋：

　　四位提及同學障礙的案主中，有 2 位是沒有同儕的：楊厚基（寶石鑑定）提到當年在台灣沒有這方面的專業團體，也沒有一起討論的同儕；D-F（手療）大學的同學中，沒有人學這個，在學習上很孤單、沒有同儕相互切磋。在自我導向學習的漫漫長路上，最需要同伴的鼓勵和切磋，不然很難獨自一人撐下去的。Gross (1981) 提及學習夥伴間的互動以及能提供資訊及能批判之聽眾討論各人研究心得的機會，是很重要的；在此研究中，得到證實。

　　北燕（國畫）因為太聰明，不只老師不喜歡她，連同學也排擠她；靜慧（瑜珈）由於好心同學建議她出去找別的老師學習，反而造成她的困擾。她們兩位，固然有一起學習的同學，卻帶來負面的效果，也是很痛苦的。

（七）資訊／設備障礙中，缺乏儀器及設備的最多：

　　四位遭遇資訊／設備障礙的案主，有 3 位曾面臨缺乏儀器及設備的窘境：楊厚基（寶石鑑定）沒有鑑別寶石的儀器；

崔光宙（樂評）發現沒有好的音響設備及人才，能把一流的音
樂收錄下來；阿金（西點、餐飲）沒有器材，以致做餅乾的過
程不順利，一直無法達到水準，他們都缺乏硬體設備。另有兩
位提及軟體資訊的不足：楊厚基（寶石鑑定）說，當時臺灣各
圖書館都沒有寶石鑑定的參考書和相關書籍，無法做深入鑽
研；靜慧（瑜珈）因為資訊不足，以致不能找到理想的老師。
「工欲善其事，必先利其器」，缺乏硬體資訊，也是影響重大
的。Gross (1981) 也注意到行政支援及電腦設備的取得，對
自我導向學習的重要，此處得到印證。

（八）意向障礙，以病痛/體能方面最多：

　　意向障礙包括評價、自我信心、精神／情緒、及病痛／
體能四項。有 5 位案主遭遇到意向障礙，其中有 4 位是病痛／
體能方面的障礙，是最多的；其次是評價和自我信心的障礙。

（九）病痛／體能障礙，以身體上的病痛最多：

　　四位曾遭遇病痛／體能障礙的案主中，有 3 位是有身體
上的病痛：北燕（國畫）有好幾種嚴重的疾病，讓她遭受到很
多痛苦；邱國鐘（調音）天生全盲，造成學習的大障礙；靜慧
（瑜珈）因為肌肉使用過度，太過疲憊，無法克服肌肉的酸痛，
這些都是有關身體的病痛。另外，靜慧（瑜珈）還提到體能的
問題，有些瑜珈的動作，是她無法勝任的；劉美珠（身心學舞
蹈）也考慮到職業舞者的舞齡不長，如果年紀大了，體力不夠
應付，而舞團也不會要年紀大的舞者，這都是體能的問題。

（十）先備條件障礙，以先備知識和能力為主：

　　先備條件障礙，包括先備知識、先備能力和先備經驗三
項，共有 3 位案主有這方面的障礙；其中各有 2 位案主，提到
先備知識和先備能力方面的障礙。

（十一）先備知識障礙，多為相關知識不足：

兩位有先備知識障礙的案主：邱國鐘（調音）自覺對音樂的知識太少，Stacy（花束設計）覺得有關插花的知識不足。若有豐富的先備知識，他們的自我導向學習會更順利。

（十二）先備能力的障礙，則是缺乏相關能力：

兩位先備能力障礙的案主：邱國鐘（調音）覺得自己不會彈奏樂器，成為學調音的障礙；靜慧（瑜珈）因先天柔軟度不夠，有些瑜珈動作做不到；在自我導向學習的過程中，先備能力還是相當重要的因素。

成功自我導向學習者各有不同狀況，單就學習障礙來看，有 4 人沒有任何障礙。崔光宙（樂評）和王文玲（推拿、整復）只有 1 項障礙，劉美珠（身心學舞蹈）和阿金（西點、餐飲）也只有 2 項，他們 4 人算是障礙少的案主。而遭遇障礙較多的是靜慧（瑜珈）、北燕（國畫）和邱國鐘（調音）。在 4 大類、16 項障礙中，靜慧（瑜珈）有 10 項障礙；最多的是機構障礙 4 項，情境、意向及先備條件各 2 項。北燕（國畫）在情境和機構障礙方面，各有 3 項，意向障礙兩項，共 8 項；她沒有先備條件的障礙。邱國鐘（調音）在意向和先備條件障礙方面，各有 2 項，情境和機構障礙各 1 項，共 6 項障礙。

總而言之，機構障礙最多，尤其在老師教學、同儕相處和資訊及設備的配合方面，尚有不理想之處。其次是情境障礙，尤其女性幾乎全都必須面臨子女照顧的問題；接著就是經濟方面的欠缺。意向障礙以身體的病痛及體能為主；先備條件障礙比較少，偶有先備知識及先備能力的欠缺為憾。

　　學習的障礙，大約可看做植物受到天候、地形等外在環境的限制，無法成長。自我導向學習者，難免遇到某些障礙，若能預先避免的，就先防著，不要硬去碰它；若無法避免，就以平常心看待。下一章會談到成功自我導向學習者處理障礙的方法，讀者可以參考。

第十章 水篇—學習的成果

蕭吉說:「水,準也,平準萬物。」其時冬,尸子曰:「冬,終也,萬物至此終藏也。」水以寒虛為體,以潤下為性,具有向下流的現象,是成果收穫;從自我導向學習來看,包括挫折和障礙的處理,學習的成果及實踐。

水的特性很多,例如:水有浮力、有溶解力、能依照容器改變形狀、及水往低處流等,說明水能解決一切的挫折和障礙。它不怕壓,因為它有浮力;碰到鹽、糖等,它可以把他們溶解,什麼樣的容器,自我導向學習者都能適合他們,也能從虛柔處找到學習脈絡,雖遇枯水期,也不急,等到滿水期一到,又能順利學習;受到擠壓也不怕,一找到空隙,水就立即往外流,自我導向學習也會自己找出路;它更能順應地勢,往下匯集成水庫或水壩,而能發電,發揮無限的力量。

地球表面,四分之三都被水覆蓋著,而生物存活的三大必要條件中,除了陽光和空氣之外,水是重要的一項,可見到了冬季,終藏的收穫是豐沛的,人類社會中處處見到學習的成果;自我導向學習的成果,可以從證照頒發及競賽獲勝等佳績看出。

自我導向的學習實踐,猶如水的三態:固體、液體和氣體,而表現在職場、日常生活和社區服務之中。

第一節　困境的處理

　　學習難免遇到困境，包括內在挫折和外在障礙，如何化險為夷，是學習者最需要學習的技巧；這節回答研究問題 4-6 及 4-8。

壹、學習挫折的處理

　　一般人也多有自我導向學習的經驗，為何不能成功，原因很多，其中一個因素是，遇到挫折以致無法繼續學習。十四位研究對象中，只有四位曾遭到挫折；這 4 位案主雖然遭遇挫折，卻仍能成功，原因在於他們順利地處理了自己學習上的心理挫折；如何處理挫折，對自我導向學習者是十分重要的。除了劉美珠（身心學舞蹈）當時完全被打倒，毫無反擊和自信的能力外，其他 3 位案主，倒提供了很好的挫折處理方法。而劉美珠竟然在八、九年後，當進了研究所，幸運地接觸到身心學的理論，她練習覺知自己內心的感受，和自己對話，不再以他人的標準來衡量並要求自己，才再建立了對自己的信心，並導致她以身心學來做舞蹈闡釋，歷經了近十年的黑暗、自卑、一無是處，又能漸漸站立起來，絕處逢生，並不是所有人都能遇到的。另外 3 人的挫折處理方法，倒可供所有自我導向學習者參考。

討 論：

五種處理挫折的方法如下：

（一）更努力：

　　黃威融（作家、編輯）對圖書出版商不重行銷的處理辦法，第一個就是先求諸己，盡量與他的編輯工作團隊溝通，花最大的力量做出最完美的編輯。盡全力努力做出能讓讀者、出版商

及相關行業感動的書籍編輯，*生活在台北的一百個理由*不論文字、圖片、編排、校對等，都依預定日期，如期完工，而且是讓人耳目一新的超水準表現。Conway（2000）研究教師採用新科技及互動錄影遠距教學，成功學習者的個人因素，發現若個人把「改變」視為學習的機會，願意做到「最好」（excellence），享受發現並能應用創新；那麼他（她）成功的機會大大增加。與黃威融想要做出超水準的表現，享受新的發現，是很相符的。從他的案例看出：成功者是不輕言放棄、不隨便承認失敗的。由於他們的編輯團隊自我要求高，編輯的書品質很好，而「品質是最好的宣傳」，讀者翻閱時，終於發現了這本好書，爭相搶購。

黃威融除了和他的團隊更加努力編輯具有完美品質的書籍外，他也盡自己的力量，自己做行銷。編輯*旅行也是一種 shopping* 時，他親自接洽航空公司和旅行社，凡購買此書的人可參加抽獎，獲得免費機票出國旅行；他也現身說法，義務為旅行社半辦理旅行趣談及如何旅遊購物的座談會。由於作者的參與，航空公司及旅行社認為可以吸引旅遊客戶，也樂意配合。他更跑遍台北市各大書店，以讀者身分詢問這本書排在何處，並給店主「良心的建議」：這種好書，應該放在大門口櫥窗及入口書檯上展示。「自助、人助、天助」，終能感動別人，願意助他一臂之力；而導致最後的成功，他出版的第一本書*旅行也是一種 shopping* 榮登排行榜書籍，他也因此書一炮而紅，但他的成功，不是偶然的。

（二）自我檢討：

靜慧（瑜珈）遭到學生開班且拉走部分學生的挫折後，她以反省的方式自我檢討：因為每個人對老師的教學有不同期

待,她當初也曾覺得有些老師不能滿足她對瑜珈的追尋而換老師;現在她也遭遇到類似的狀況,雖然心態上很難接受這個事實,但是她卻安靜下來,反省自己的教學內容、技巧示範及口語說明等方面,是否有未臻理想之處。藉著自我檢討來改進教學,對自己、對學生都是有益的。若檢討後覺得自己的教學方法並無瑕疵,包含身、心、靈三方面修練的瑜珈內容也很理想;那麼有些學生只想速成地學好一些瑜珈動作,認為教授性靈修為是浪費時間,只好讓他們獨立門戶,自成體系了!

（三）多溝通:

除了自己更努力和自我檢討外,黃威融也注重溝通。他會利用各種機會與出版商溝通,想盡辦法說服他們,書籍出版應該重視行銷工作,正如商品的行銷一般,並且說明行銷的效果。他與出版商訂約時,就力爭行銷的必要性,也不惜與出版商爭辯,只為了爭取書籍的行銷。凡是他認為對的事,他一定會盡力溝通。即便這次不能有好效果,至少讓出版商知道這件事的重要性;慢慢地他會改變,這是一位不屈不撓之成功自我導向學習者毅力的展現。若不把你認為正確、合理的事說出來,只埋藏在自己內心深處,誰會瞭解、誰會改變呢?社會仍然依原樣進行,明天永遠不會更好。

（四）自己忍:

如果自我檢討了,自己更努力做了,也多方面溝通了,仍然無法解除心裡的挫折;黃威融（寫作、編輯）說:「只好忍耐,熬過去。」有些挫折無法解決,靠自己的力量又不能處理掉,但是它也不致於嚴重到終止你的自我導向學習,那麼就自認倒楣或時運不濟,自己忍下來吧!頂多使得學習不那麼意氣風發、一帆風順,學習效果打一點折扣,還是可以繼續學下去

的。既然自我導向學習是自己找來學的，是自己訂的目標，不要因為一點心理上的挫折就打退堂鼓；「小不忍則亂大謀」，「君子忍人之不能忍」，成功的自我導向學習者就有此等胸襟，忍耐熬過去，成功在望。

（五）換個角度想：

　　黃威融對努力後仍無法解決的挫折，採取自己忍的方法熬過去；蔡清波（賞鳥解說）卻採取更具建設性的補救方法──換個角度想。當他出去賞鳥，卻沒看見特殊的鳥或想看的鳥時，他不生氣也不忍著氣或發脾氣；他換個角度想：雖然沒有觀察到鳥，反正到了野外，也呼吸到新鮮的空氣了。採取建設性補救辦法來看待挫折，忽然這個挫折不成為心裡的難處，反而有了新義。俗云：「不氣不氣不能氣，氣壞了身體沒人替」；如果能不生氣，也不必忍耐，以新的眼光和角度來思考，挫折早就不存在了；和前面所提十位無視於挫折的個案一樣，仍然能夠坦然、愉快的學習，豈不比忍耐更理想嗎？

　　綜上所述，成功自我導向學習者處理挫折的方法，包括對自己的檢討和更加努力外，也注重溝通；若仍無法解決，就採取正向的換個角度想，或負向的忍耐。重要的是：他們不曾因挫折而導致放棄了學習的權利，所以他們終能成功。其實劉美珠（身心學舞蹈）在國中時，也可以採用這些方法來渡過難關的：自己反省時間安排是否妥當，自己更加努力學業，受師生嘲諷時挺身做溝通；若都不行或者忍耐熬過去，或者因受欺負而能化悲憤為力量，或不與他人一般見識，可能反而有另一番景緻，而不必經歷八、九年的黑暗時期了。

貳、學習障礙的處理

　　第九章，金篇，曾敘述十位案主所遭遇到的四大類學習障礙，可知成功自我導向學習者也與一般成人學習者一樣，在學習路途上並不一定平順。但是不同的是：他們並沒有倒下來，他們沒有終止學習，他們採用比較積極、正向的解決方法，把障礙處理掉了；這些處理障礙的智慧，值得我們學習。學習障礙的處理情況，敘述如下表。

一、情境障礙的處理

表 10-1-1　　自我導向學習者對情境障礙的處理分析

案主	情　境　障　礙　處　理			
	時　間	交　通	經　費	家　人
王大倍				
王文玲				三個孩子，由先生照顧。
北　燕	選時間學習，選先生出國段去學畫。		教書法，賺些外快，再來學國畫。	孩子大了，時間多了，再學畫畫。
阿　金				小孩上學後，專心製作。
邱國鐘			・無回頭路。 ・學調音係契約行為，為了生活，只得學下去。	
陳逢椿				
黃威融				
崔光宙				
楊厚基				
蔡清波				
劉美珠				
靜　慧		先生調整上班時間來接送。		先生分擔照顧子女的工作，也做的很好。
D-F			大學學推拿時，向朋友借錢，先繳部分學費，其他分期攤還。	
Stacy	只好住在店裡，夜以繼日的工作。		無法負擔店租，只好把店轉讓他人經營。	把小孩的照顧，託付給其他家人。

二、機構障礙的處理：

表 10-1-2　自我導向學習者對對機構障礙的處理分析

案主	機　構　障　礙　處　理				
	課　程	開課時間	老　師	同　儕	資訊/設備
王大倍					
王文玲					
北　燕					
阿　金						託人從美國帶回麵糰攪拌器，採用專用器材，才解決困擾。
邱國鐘					
陳逢椿					
黃威融					
崔光宙					自己動手裝音響。
楊厚基	儘可能以書信表達清楚。		把台灣沒有老師請教的學習障礙當作挑戰，自己摸索。	把沒有同學一起學，當作一項挑戰，自己摸索。	・看英文書找答案。・沒有設備，則憑經驗，以肉眼來判定。
蔡清波					
劉美珠					
靜　慧			講開了，就放手去換老師。		盡力詢問，以尋找合適的老師。
D-F				把缺乏同儕視為衝擊；激勵自己，多看資料，多思考。	
Stacy					

三、意向障礙及先備條件障礙的處理：

表 10-1-3　自我導向學習者對意向障礙及先備條件障礙的處理分析

案 主	意 向 障 礙 處 理				先備條件障礙處理		
	評 價	自我信心	精神/情緒	體能病痛	知 識	能 力	經 驗
王大倍							
王文玲							
北 燕			面對困難能變通，並堅持學下去。	忍耐身體上的痛苦。			
阿 金							
邱國鐘		・強迫自己學習 ・調音師為稀有技術，若學會，可有一技在身。		・努力繼續做。 ・不停地問，找出問題所在。	・更加努力。 ・邊學調琴，邊充實樂理。	邊學調琴，邊學樂器彈奏。	
陳逢椿							
黃威融							
崔光宙							
楊厚基							
蔡清波							
劉美珠	因為薪水不固定及舞齡不長的原因，而決定不做職業舞者，只把它當做業餘興趣。			年紀、體能兩項障礙，都不是她個人可以處理的；只好放棄當職業舞者的想法，選擇舞蹈教育為職業，把跳舞當作業餘興趣。			

表 10-1-3　自我導向學習者對意向障礙及先備條件障礙的處理分析(續)

| 案 主 | 意 向 障 礙 處 理 | | | | 先備條件障礙處理 | | |
	評 價	自我信心	精神/情緒	體能病痛	知 識	能 力	經 驗
靜　慧				無法勝任的動作，可用時間慢慢拉展。		以其他替代的方式（刮痧等），來彌補做不到的動作。	能堅持自己的風格後，教學經驗就逐漸累積下來。
D-F	並不在乎社會評價的高低，只希望能服務受傷的人。						
Stacy					利用自己花店開課，老師教課時，趁機補足有關插花的理論知識。		

　　本研究分析出以下處理的方法，依四類障礙的處理敘述如下：

一、情境障礙的處理

　　情境障礙大多靠自己或家人、朋友來解決。10 位遭遇過障礙的案主，發生情境障礙的有 7 位，在時間、交通、經費及家人四方面，計有 12 種解決方法。靠自己化解的有 5 個，靠家人及朋友的也有 5 個，順其自然的有 1 個，放棄的 1 個。

討論：

情境障礙的處理，有以下四種方式：

（一）靠自己解決：

　　　　靠自己來解決情境障礙，包括：Stacy（花束設計）的花店營業時間太長，她只好住在店裡，夜以繼日的努力工作；北燕（國畫）先生不贊成她學畫，就自己安排先生出國期間學畫畫；沒有錢買國畫顏料，就靠自己教書法，賺些外快再學國畫；阿金（西點、餐飲）要照顧孩子，也自己安排在孩子上學的時間，專心學習和製作點心；邱國鐘（調音）由於鋼琴廠付給邊學邊做之調音工作者的月薪太低，但是他已辭去原有工作、回頭無路，為了生活只得繼續堅持學下去。他們無論碰到時間、金錢或家人照顧的問題，都靠自己努力、自己想辦法，而化解了障礙。

（二）靠家人和朋友來解決：

　　　　也有靠家人和朋友來解決的，家人大多是配偶；既然女性自我導向學習者無法兼顧孩子，就由先生代為負起這個責任。如：靜慧（瑜珈）及王文玲（推拿、整復）的先生代為照顧子女，使她們出去為人群服務；也有託付其他家人，如 Stacy（花束設計）；另外則由朋友協助，如 D-F（手療）沒錢繳交學按摩的學費，向朋友借錢來繳納。當自己無法分身解決問題時，可以向配偶、家人和朋友求援，所以有適當的人力資源，是自我導向學習的成功因素之一。

（三）順其自然：

　　　　若學習障礙並非自己能力或其他人力所能處理的，北燕（國畫）就採取順其自然的方式，等孩子長大些，時間多了再學；只要自己對這項學習仍然渴慕，終生學習並不在乎某一特

定時段，它是終其一生的志業，等到時間釋放了再好好學，也
是一樣的。

（四）放棄不學了：

　　不過，也有人採取另一種斷然的措施：放棄，這發生在
Stacy（花束設計）身上；她實在無法負擔昂貴的店租，只好
把店轉讓他人經營，自己退出江湖。對她來說，這是很痛苦的
抉擇，但是在你沒有經濟支援的狀況下，也只有做此犧牲了。

二、機構障礙的處理

　　絕大多數機構障礙，學習者都視為挑戰，繼續做下去。曾遭遇
機構障礙的有 6 位案主，在課程、開課時間、老師、同儕和資訊／
設備五方面，計有 12 種解決方法。當做挑戰、繼續做下去的有 7
位，採用溝通方式的有 4 位，增加硬體設備的有 1 位。

討　論：

有三種方法，可以用來解決機構障礙：

（一）將機構障礙視為挑戰，繼續做：

　　　碰到機構障礙，卻視為挑戰的，如楊厚基（寶石鑑定）
在台灣沒有老師請益，沒有專業團體，當然沒有學習同伴，圖
書館沒有這類參考書籍，更沒有鑑別寶石專用的儀器；他並不
放棄也不氣餒，他繼續做下去，靠自己摸索，在國外找英文書
和雜誌來讀，憑經驗、在沒有儀器的狀況下，就這樣學出了名
堂。崔光宙（樂評）發現市面上缺乏一流音樂的複製，是因為
做音響的人不懂音樂；那麼他就自己動手裝配音響，他就能欣
賞到最高級的音樂了。D-F（手療）在大學沒有同學學按摩、
推拿，這種被視為低層工作的技術，他沒有切磋的同儕；他並

不以爲苦，他將之視爲一種「衝擊」，激勵自己多看資料、多思考，最後他也學成功了。邱國鐘（調音）的明眼師傅，不知如何教他這個盲生學調音，他就靠自己摸索、多練習，也學成了。

（二）用溝通的方法來解決：

另外，邱國鐘也採用了溝通的方法，既然看不見，他就多問，不斷的發問，向師傅請教，這樣師傅漸漸瞭解盲生的盲點，而能做有效的教導；這等於他引導了明眼師傅，走出一條有效的教學方法。靜慧（瑜珈）由於不滿意老師的教學而感到困擾，後來也採用溝通的方法，一方面盡力詢問同伴和專業團體，以尋找合適的老師；一方面跟老師坦誠的談到自己的需求，講開以後，就放手換老師學了。

（三）增加硬體設備：

阿金（西點、餐飲）製作餅乾老是不順利，無法達到理想的水準，她託人從美國帶回一台麵糰攪拌器，調到「餅乾」那個位置，調出的麵糰正適合製作餅乾，做出來的餅乾真的合乎標準了；阿金採用專業器材後，她的問題迎刃而解。可見適當的硬體設備，對某些學習是不可或缺的。

三、意向障礙的處理

意向障礙，也多靠自己堅持、忍耐和努力來解決。只有5位曾遭遇到意向障礙，在評價、自我信心、精神／情緒及病痛／體能方面，計有8種解決方法。不在乎別人，只要自己認爲好就行了的，有2位；以自己的堅持、忍耐、硬拼和努力來解決的，有4位；用溝通方法的，1位；順其自然的，1位；採替代方案的，有2位。

討 論：

對意向障礙的處理，有五種方法：

（一）不在乎別人、自己認為好就行了：

D-F（手療）對於自己學按摩、推拿及手療，並非社會一般人認定的高層次職業，至少比大學教授差遠了；但是他並不在乎社會評價的高低，他只希望能服務受傷的人，這種不分貧富貴賤的服務精神，是令人欽佩的。邱國鐘（調音）雖然覺得調音十分困難，不容易學會，但是他想調音師在社會上是稀有技術；若真學會了，有一技在身，也是很好的，就努力去學了。

（二）堅持、忍耐和努力：

北燕（國畫）面對困難能變通，堅持下去；至於她自己身體上的疾病和痛苦，她也忍耐下來，忍著不去管身上的腫瘤、尿酸過高、手臂骨質疏鬆等問題，繼續畫下去。邱國鐘（調音）不信自己真學不成，強迫自己學習，硬拼下去；他也不願被人說自己是盲人比較笨，於是更加賣力，努力做，終於能突破自我信心和身體的殘障，而得到成功。

（三）溝通：

溝通可以解決機構障礙，也可以化解意向障礙，邱國鐘（調音）克服自己天生全盲的障礙，就是靠他善於溝通，不斷地向師傅、朋友和客戶發問；他一有懷疑就不停地問，找出問題的所在，再去解決。他的「口」，代替了他所欠缺的「眼」，終於溝通到「真正的通」了，學會為鋼琴調音。

（四）順其自然：

靜慧（瑜珈）對自己柔軟度不夠，有些瑜珈動作無法做到的體能障礙，她並不氣餒，也不因此而認為自己天生不是學

瑜珈的料，還是趁早放棄好了；她反而採取了順其自然的方法，她發現可以用時間做肌肉的拉展，不強求效果，只是繼續練下去。

（五）替代方案：

劉美珠（身心學舞蹈）考慮到職業舞者的薪水不固定及舞齡不長，年紀大了，體力不夠，舞團也不會要老舞者；在評價和體能兩方面的問題都不是她個人可以處理的，因而決定不做職業舞者；而選擇替代的方案，就是以舞蹈教育為職業，把跳舞當作業餘興趣。這樣就不必放棄自己感興趣的學習項目，又不必面對不容易解決的障礙問題了。

四、先備條件障礙的處理

大多數先備條件障礙，靠自己努力堅持而解決。僅 3 位案主遭遇過先備條件障礙，在先備知識、能力與經驗三方面的障礙，計有 5 種解決方法：靠自己努力堅持的有 4 位，另 1 位是採用替代方案。

討　論：

處理先備條件障礙的方法有二：

（一）自己努力堅持：

邱國鐘（調音）缺乏音樂方面的知識，又沒有彈奏樂器的能力，但是他認定先備的音樂知識和能力，對他的調音工作，有很大的助益後；他就自己下定決心，邊學調音，邊充實樂理，也一邊學習各種樂器的彈奏，後來學會彈好幾種樂器，也通過了調音師的執照考試。靜慧（瑜珈）初次教瑜珈，因為沒有先備經驗，以致沒有成功；她後來堅持自己的風格後，教學經驗就逐漸累積下來，以後的教學，大多水到渠成。Stacy

（花束設計）既知自己欠缺有關插花的先備知識，就利用自己花店開課，請老師來教學時，趁機補足這方面的理論知識。這都是靠自己的努力，可補足先備條件不足的例子。

（二）採用替代方案：

　　靜慧（瑜珈）對於自己先天柔軟度不夠，無法做到某些瑜珈動作，她以其他替代方案，如刮痧等，來彌補做不到的動作。她教的瑜珈，就不只注重身體技巧方面的演練，還加強心理和性靈方面的追求，她也學習許多與瑜珈相關的學問和技術，刮痧就是其中一項。

　　先備條件的不充足，可以用以上兩種方法來化解，並未造成自我導向學習的阻攔。

　　綜上所述，成功自我導向學習者處理所遭遇的障礙，在情境、機構、意向及先備條件障礙的處理，共有 39 項次的處理方法，其中靠自己解決的，共有 19 項，佔一半以上。由此讓我們知道，成功自我導向學習者並不是幸運者，沒有遇到險阻；只是他們百折不撓，不承認自己不行，願意把障礙看做挑戰，自己更加努力，想辦法化解不順利的情形，才得以繼續學下去，並得到最後的成功。在 39 項次的處理方法中，只有 1 個項次是放棄的，不到百分之三；可見，成功的自我導向學習者，可以說是「打不死的蟑螂」呢，他們不服輸，對自己有信心，堅苦卓絕，忍人之不能忍，不輕言放棄，真可做為成人自我導向學習者的模範和榜樣。

　　以上討論到自我導向學習者對困境的處理，聽起來和水的往下流動、不強求形態等特色，十分相似。不論困難多大，都有解決的方法，碰到圓瓶子，水灌進去了；若是方形容器，水還是能注入，沒有會難倒人的問題，都可以化解，這是水的特性，也正是成功自我導向學習者的長處，值得效法。

第二節　　學習成果評鑑

　　本研究從評鑑標準、評鑑方法和評鑑結果三方面，分析成功自我導向學習的學習成果，將回答研究問題 5-1、5-2 及 5-3。

　　Knowles(1975)描述，自我導向學習者從氣氛營造、診斷學習需求、形成學習目標、確認所需人力及資料、選擇並執行學習策略等步驟後，就必須評估學習成果。Langenback(1988)更畫出此一模式，身為促進者或教師的人，要做學習結果的評鑑；身為學習者也得進行自我評估。Jarvis(1987)指出，評估是自我導向學習九個主要要素之一。Hammond＆Collins(1991)七要素架構中，反省並評估自己的學習，是其中一項。黃富順(民86)列出自我導向學習的四個步驟，最後一個就是評鑑學習成果。可見評鑑學習成果，是自我導向學習的重要程序，以判定這項學習是否達到預期目標，是否滿意學習的過程和所獲得的結果。

壹、評鑑標準

　　評鑑學習成果所依據的準則，稱「評鑑標準」。依照其嚴謹的程度，分為三個層次，分別是(1)標準檢定或測驗，(2)較嚴謹的考核，及(3)較不嚴謹的考核。十四位案主自我導向學習的評鑑標準及評鑑方法如下表：

表 10-2-1　　自我導向學習者學習評鑑的標準與評鑑方法分析

案主	評　鑑　標　準	評　　鑑　　方　　法		
		自　評	他　評	
			專　家	非專家
王大倍	・游泳競賽。 ・救生員執照的考試。		游泳裁判。	
王文玲	患者病情是否獲得紓解。			求診患者。
北　燕	・全國美展是否受邀。 ・老師的評論。 ・觀眾對畫作有否好評。		・美術專家。 ・教國畫的老師。	賞畫觀眾。

表 10-2-1　　自我導向學習者學習評鑑的標準與評鑑方法分析(續)

案主	評　鑑　標　準	評　鑑　方　法		
		自　評	他　評	
			專　家	非專家
阿　金	點心成品是否好吃；好吃的成品就有訂單。		下訂單的餐廳老闆。	品嚐成品的顧客。
邱國鐘	・琴廠師傅檢驗。 ・政府辦的執照考試，考調音的基本知識及技術。		・琴廠調音師傅。 ・考試院聘請的專家。	請他調音的客戶。
陳逢椿	・專家是否肯定。 ・畫作中的精神（人生價值、生活邏輯、理念）及是否有創意。	自己判斷。	師大美術系教授。	畫展觀眾。
黃威融	・是否成為暢銷書。 ・學習目標的應用性，是否成為「社會天才」（若發揮編輯長才，例如被選入好書排行榜，可名利雙收）。		・學者。 ・資深作家、編輯者。	買書的人；售出量高，成為暢銷書。
崔光宙	樂評是否能得到讀者共鳴。	自信滿滿，不認為別人有評鑑他的能力；不過自評可以的，都很強了。	音樂雜誌的編輯。	雜誌讀者。
楊厚基	美國寶石學院學習成果評鑑；必須正確鑑定十顆鑽石並做成品分析報告。評鑑包括：重量、色澤、車工、純淨度。		美國寶石學院的專家。	拿寶石來鑑定的客戶。
蔡清波	鳥類解說是否讓別人聽得懂，並能引起興趣。	發現新的鳥類，自己做成記錄。	鳥會會員。	各種觀鳥活動團體的參與者。
劉美珠	・符合舞蹈比賽的標準。 ・符合著名舞團的水準。 ・舞蹈作品受到好評。		・林懷民。 ・資深舞蹈表演者。	觀眾。
靜　慧	・是否獲得瑜珈教師執照。 ・學生反應是否良好。		瑜珈專業人員。	學瑜珈的學生。
D-F	・瑞典式按摩成果評鑑。 ・患者是否被醫好，傷處是否不再腫痛，可以正常活動。 ・接受按摩的人是否身心都滿意，不會感覺太疼痛。		瑞典式按摩的教師。	患者。
Stacy	・顧客滿不滿意她送來的成品（滿意就續約）。 ・被選入台北市花綠小站。		插花專業人士評比。	顧客。

討　論：

本研究做以下三點討論：

（一）標準檢定或測驗，多由政府或專業團體執行，是最嚴謹的評鑑標準：

十四位案主共 27 項標準，有 8 項屬於標準檢定或測驗。楊厚基(寶石鑑定)的評鑑標準，是美國寶石學院的學習成果評鑑；每位學生必須正確鑑定十顆鑽石，並做成品的分析報告，包括 4C：Carat(重量)、Color(色澤)、Cut(車工)、及 Clarity(純淨度)。D-F(手療)則是瑞典式按摩的成果評鑑。他們兩位學習成果的評鑑是教學單位，也就是國際專業團體，對所有學習者的考試；凡通過考試可獲得專業證書，可開業服務大眾。對劉美珠(身心學舞蹈)的評鑑，則是在每年各縣市的舞蹈比賽中是否符合比賽標準。而王大倍(游泳)的評鑑，是各項游泳比賽的標準。他們是自己報名參加國際或各縣市政府為推動某項運動而舉辦的競賽，多由專業團體主辦；優勝者可得到獎盃、獎狀或獎品為鼓勵。對於學習者是一種肯定，在專業領域中這是一項公開的測驗，學到某一程度的人，都會主動報名參加測驗。

邱國鐘(調音)共有兩種評鑑標準，其一為政府辦的調音技術考試，考調音的基本知識及技術。其他如王大倍(游泳)參加救生員的執照考試，阿金(西點、餐飲)的中式餐飲技術師考試，靜慧(瑜珈)的瑜珈教師資格考試等，都是以頒發執照為主的考試，或由考試院直接辦理，或由專業團體辦理；通過檢測的，得到執照，才能進行相關的服務或教學。

他們以國家、政府或專業團體執行的檢定或測驗，做為自我導向學習成果的評鑑，是最嚴格、也是最公平的評鑑。

（二）由專家評定，或以訂單位及售貨量為依據的評鑑，嚴謹
　　　　度僅次於標準測驗：

　　對北燕國畫學習的標準評鑑，是全國美術展覽是否受邀
參加；全國美展由資深美術工作者擔任評審，決定畫家是否夠
資格送畫作，參加每年一次的全國美展。這項審查並不對每年
的作品進行審查，而是一次審查畫家歷年來的成品，若符合水
準，則年年應邀參展。

　　劉美珠的一項舞蹈成果評鑑標準是：是否符合著名舞團的
水準；在台灣最負盛名的舞團是雲門舞集；所以若能合乎雲門
的舞蹈標準，應是很有水準的舞者。北燕學國畫的老師對她的
畫作有評論；邱國鐘的調音，在慶聲鋼琴廠時，得通過調音師
傅的檢驗，這都是專家個人的檢測。陳逢椿大多採用自評的方
法做成果的評鑑，不過他也採用是否為專家所肯定的評鑑方
法；他所稱的「專家」，就是師大美術系的教授們。黃威融(寫
作、編輯)的一項成果評鑑標準是：他的書若寫得好、編得精
緻，會被各選書單位選入好書排行榜中；這就成就了他所謂的
「社會天才」；因為排行榜書籍賣得很好，可名利雙收，而成
為社會天才，達到學習目標的應用性。Stacy(花束設計)的一項
評鑑標準，是台北市花絲小站的選拔，由花藝專家對全台北市
幾百家花店做評比，選出六十家來。這些標準以專家認同為依
據，是比較嚴謹的標準。

　　至於阿金(西點、餐飲)，Stacy(花束設計)和黃威融(寫作、
編輯)的標準，是以訂單或售出量為依據的。若點心成品好吃，
花束設計擄獲顧客的芳心，就會有客戶的訂單和續約；若書寫
得好，讀者趨之若鶩，這本書的售出量高，就成為暢銷書。這
些都是有依據的標準，也是比較嚴謹的方法。

　　以上 10 項比較嚴謹的評鑑標準,雖不似執照考試等的標準測驗來的嚴格,但均由專家或某些公開的數字(訂單、售貨量等)為依據,對學習成果的評鑑,也算嚴謹。

(三)服務對象執行的成果評鑑,是較不嚴謹的評鑑:

　　有 9 項比較不嚴謹的評鑑標準,多由服務對象執行,也有自行執行的,如:北燕的國畫作品是否受到觀眾的好評;蔡清波的鳥類解說是否讓人聽得懂並能引起興趣;崔光宙的樂評是否得到讀者共鳴;劉美珠舞蹈作品的內容及技巧是否受到觀眾的好評;學生對靜慧所教的瑜珈是否反應良好;D-F(手療)的患者是否被醫好、傷處可正常運作;另外接受他按摩的人在治療中是否身心都滿意,不會感覺太疼痛;王文玲(推拿、整復)的患者,病情是否獲得紓解。這些成果評鑑都由服務對象,包括參與者、觀眾、讀者、學生及患者來執行;不過並沒有確切的數據或品質方面的要求為依據,是比較不嚴謹的評鑑標準。

　　至於陳逢椿評斷畫作中所表現的人生價值、生活邏輯、理念及創意,均自己一人評斷,又恐失之公允,亦屬較不嚴謹的評鑑標準。

貳、評鑑方法

　　「評鑑方法」是指學習成果由誰來執行評鑑;本研究的評鑑方法有自評和他評兩類。「自評」係由學習者自行評估學習成果,這是自我導向學習的主要評鑑方法。「他評」係由學習者以外的他人,來執行學習的成果評鑑,包括專家評鑑及非專家評鑑兩類。不過,十四位案主很少採用自評法,多由專家評鑑。

討 論：

（一）十四位案主，很少採用自評法：

十四位成功自我導向學習的案主中，不但完全只採自評方法的人絕無僅有，就是兼採自評法的案主也只有三位。蔡清波(鳥類解說)會把他自己在野外發現的新鳥種，做成記錄；這是他自認各種現有記錄中，所未曾記錄的鳥種。崔光宙和陳逢椿兩人自信滿滿，不認為別人具有評鑑其成果的能力，一切作品自己心裡有數，自己評估。自評需要對自己有信心，對學習的項目達到相當水準後，才能進行。

雖然文獻強調自我評估是自我導向學習的趨勢和主流方法(Knowles, 1975; Hammond & Collins, 1991)，何青蓉(民87)也提出自我評估能力是自我導向學習者所應具備之三種能力中的一種。他們是對自己很有信心的學習者，相信自己的評鑑能力還超過他人；不過他們自己的標準是很高的，凡自評可以的，一般都具有很好的成果，這正是自我導向學習所期望的狀況。

（二）「專家評鑑」多由資深專家及有成就的人士執行：

本研究十四位案主，計有34種評鑑方法，自評有3項，他評31項；他評中由專家評鑑的有18項，是主要的評鑑方法。「專家評鑑」多由資深專家或在這方面有成就的人士進行評估。例如：楊厚基由美國寶石學院的專業人員，來評鑑他對寶石鑑定的學習成果；蔡清波由專業鳥會會員討論他所記錄的新鳥種；北燕的國畫由美術資深專家，決定是否邀她參加全國美展；在學習期間，則由國畫老師評估她的學習成果；崔光宙的樂評除自評外，也由音樂雜誌的資深編輯決定，是否向他邀稿並採用他的音樂評論文字；劉美珠的舞蹈曾受每年舞蹈比賽的

資深舞蹈評審來評鑑；後來又受雲門舞集林懷民的評鑑；D-F
的手療由美國俄亥俄州瑞典式按摩的專業教師評鑑；黃威融的
作品由資深作家、編輯者和學者來評鑑，是否列入好書排行榜
中；邱國鐘在鋼琴廠時，由琴廠調音師傅評鑑；考執照時，則
由考試院聘請的調音專家來評定其學習成果；王大倍的游泳由
游泳裁判來斷定；阿金由下訂單的老闆評估他的點心成品，考
執照時由餐飲專家評定其功力；靜慧由瑜珈專業人員，評斷是
否夠資格擔任瑜珈教學；Stacy 的花店是否入選為花絲小站，
由插花專業人士評比；陳逢椿的油畫則由師大美術系教授評
鑑。這些都是資深專業人士或在該方面很有成就的人士；為僅
次於第一類「標準評鑑」的比較嚴謹的考核方法。自我導向學
習尚未達到頂尖水準的學習者，不敢揚言自評，只能採用他評
方式；他評中又以「標準評鑑」及「專家評鑑」較具公信力，
所以大多數的案主，採此二類評鑑方法。這與文獻中提及自我
導向學習多採自評法，略有出入。

（三）「非專家評鑑」多由服務對象執行：

　　「非專家評鑑」大多由客戶、參與者、觀眾、讀者、學
生、患者等接受服務的對象，來進行評鑑，與前述評鑑標準中
第三類比較不嚴謹的考核類似，不再贅述。十四位案主，34
項評鑑方法中，採非專家評鑑的有 13 項；大多為對服務成果
的正向肯定。

參、評鑑結果

　　由不同的評鑑者就評鑑標準，完成學習者的成果評鑑後，得到
什麼樣的結果呢？本研究分為認證、獎賞及其他三方面來描述。「認
證」是學習成果符合某項執照的要求，而頒發證照給學習者，做為

往後執行服務的資格證明。「獎賞」是學習成果輝煌，參加比賽，由專業機構或團體給予肯定或精神、物質方面的獎勵。除認證、獎勵之外，學習者可能得到其他方面的良好反映或回饋，則歸入「其他」類中。十四位案主的學習評鑑結果如下表：

表 10-2-2　　自我導向學習者學習評鑑的結果分析

案主	認 證	獎 賞	其 他
王大倍	救生員執照的獲得。	多次獲得各縣市及國際性泳賽的優勝。	
王文玲	民 80 年，取得衛生署頒發的傳統技藝推拿整復師執照。		・患者有好評，求診者眾。 ・加入專業團體
北 燕		・獲全國美展邀請展，受到專業團體肯定。	・學畫時，老師評論有潛力。 ・教畫後，每年辦師生作品展，獲好評。 ・參加中國美術協會，不斷貢獻所學。
阿 金	通過中式餐飲的丙級技術師考試。		・顧客反應良好。 ・點心訂單源源而來。
邱國鐘	81 年獲得鋼琴技能調音檢定技術士執照。		客戶口碑。
陳逢椿			・自己評鑑，認為自己的油畫很有創意，也具崇高的精神表現。 ・他的畫受師大美術系主任及教授稱讚，並邀請展出，且被帶至大陸參展。 ・自己認為畫畫是為自己高興，不需要討好別人，也不賣畫。 ・自評自己的畫很好，偶有不好，就修到好即可。
黃威融		・出版的書被選中，上了排行榜。 ・讀者反應熱烈，成為暢銷書。	應邀在大學出版課程中演講。

表 **10-2-2**　　自我導向學習者學習評鑑的結果分析(續)

案　主	認　證	獎　賞	其　他
崔光宙			• 自評覺得自己的樂評，很有水準。 • 讀者反應很好，以致雜誌銷售量增加。
楊厚基	1978 年通過美國寶石學院的評鑑，獲得寶石鑑定證照。		客戶對他的評鑑，沒有爭議。
蔡清波			• 擔任鳥類解說員，參與者給予好評。 • 對鳥類生態的紀錄，在鳥會活動中由全體會員討論。
劉美珠		• 自幼，年年參加舞蹈比賽均得獎。 • 甄選上青年友好訪問團。 • 參加雲門訓練，表現突出，雲門邀她當舞者。	所編導的舞作，受到觀眾好評。
靜　慧	參加導師班，經過認定，獲得瑜珈教師執照。		學生對她所教授的瑜珈課程，很滿意。
D-F	在美國俄亥俄州學瑞典式按摩，得到證書。		• 患者的傷痛被治好，且在按摩期間並不覺得疼痛。 • 加入瑞典式按摩協會。
Stacy		獲選為台北市花綠小站（共 60 家）之一。	應邀參加表演賽。

討　論：

（一）凡所學項目有認證制度的，大多均得到認證：

　　　　十四位案主所學的項目，凡有認證制度的，大多都已取得證照。楊厚基得到寶石鑑定證書，D-F 得到瑞典式按摩執照，邱國鐘於民國 81 年獲得鋼琴技能調音檢定技術士執照，王大倍得到救生員執照，阿金通過中式餐飲的丙級技術師執照考

試，靜慧參加瑜珈導師班後，經過認定獲瑜珈教師執照。其他
八位的學習，尚未建立認證制度，故無法取得證照。

（二）參加比賽，大多獲得精神方面的獎賞：

　　有 8 位參加各種比賽而獲得獎賞，較多為精神方面的鼓
勵和肯定。北燕獲全國美展邀請展；劉美珠自幼參加舞蹈比
賽，年年得獎；大學期間甄選上青年友好訪問團，出國宣慰僑
胞；參加雲門舞蹈訓練課後，表現突出，受林懷民邀約當雲門
舞者(唯後來未接受此職)；王大倍多次獲得泳賽的優勝；Stacy
獲選為台北市六十家的花綵小站之一；黃威融所出版的書，被
選入好書排行榜；另外讀者反映熱烈，又成為暢銷書。

（三）服務對象大多表示滿意：

　　除了認證和獎勵外，學習者獲得其他方面的結果，如：
自評很好，服務對象表示滿意，訂單不斷及邀請參賽等。服務
對象表示滿意的最多，如：楊厚基做的寶石評鑑，客戶都心服
口服，沒有爭議；聽了蔡清波的鳥類解說，參與者都給予好評；
讀者對崔光宙的樂評反映很好，以致雜誌的銷售量增加；劉美
珠的舞作，受到觀眾的讚美；邱國鐘調的音很好，有口碑；學
生對靜慧的瑜珈課程很滿意；D-F 患者的傷痛被治好，且在按
摩期間並不覺得疼痛；王文玲的患者對她的診療有好評，求診
者眾。阿金因為點心做得太好吃了，訂單源源不絕；Stacy 因
花束設計得很高貴，也常應邀參加插花表演賽；蔡清波的新鳥
種生態活動記錄，在鳥會中由全體會員討論；王文玲也參加了
專業團體；北燕的國畫老師評論她很有潛力；她也參加中國美
術協會，不斷貢獻所學，這些對他們都是很正向的肯定和鼓勵。

　　這些被評鑑出的自我導向學習成果，猶如水之覆蓋了四分之三
的地表，可見水之豐沛，學習成果也如纍纍的果實，目不暇給。

第三節　學習實踐

　　在訪談過程中，說到學習的歷程，每位案主都自然地流露出愉悅而生動的神情，對有關學習中遭遇到的挫折或障礙，總覺得不復記憶，或未曾留意到發生的細節；這樣「一路順風」的學習心態，一直令人好奇，難道學習歷程中從未遭遇到艱難的阻礙嗎？這樣的困惑在分析訪談資料之後，赫然發覺案主對學習成果的實踐，與生活層面相結合的緊密，也許正類似顏淵「人不堪其憂，回也不改其樂」的「學習之樂」。歸納之後，學習實踐的部分，分為職場、日常生活及社區三方面，其中職場又分為教學、工作及展演，而社區則分為社會服務及回饋兩部分。此節資料可回答研究問題6。

表 10-3-1　　自我導向學習者的學習實踐分析

王大倍	日常生活		保持每日晨泳的習慣。
	職場	教學	
		工作	促進救生訓練的舉辦。
		展演	參加國際分齡泳賽。
	社區	社會服務	免費教導想學游泳的人，學習游泳。
		回饋	
王文玲	日常生活		國術館工作時間長，為有需要的患者做整復，已經成為日常生活的主要部分。
	職場	教學	
		工作	開設學德國術館，每天為患者推拿整復。
		展演	
	社區	社會服務	
		回饋	
北燕	日常生活		由於喜好畫國畫，於是將學習融於生活中，隨時寫生和畫畫。
	職場	教學	教國畫及素描。
		工作	
		展演	參加比賽及展演。
	社區	社會服務	鼓勵各種動的學生參加各項不同的展覽，以提拔美術人才。
		回饋	清寒學生學畫，不收學費。

表 10-3-1　　自我導向學習者的學習實踐分析(續 1)

阿金	日常生活		可以用美味的中西式點心，結識同好。
	職場	教學	
		工作	開設四季坊手工烘焙屋。
		展演	
	社區	社會服務	
		回饋	
邱國鐘	日常生活		與調音工作結識的朋友互動，成為日常生活的一部份。
	職場	教學	教學生學習調琴。
		工作	在鋼琴廠調琴約 18 年；目前為個人調音師，只要他會操作的樂器，他都會為它調音。
		展演	
	社區	社會服務	鼓勵盲人考調音師執照，並將點字資料和題庫捐出。
		回饋	回饋母校，每年免費為惠明學校的鋼琴調音。
崔光宙	日常生活		樂評是生活也是休閒。
	職場	教學	開「音樂鑑賞」的通識課程。
		工作	為雜誌寫樂評。
		展演	
	社區	社會服務	
		回饋	
陳逢椿	日常生活		繪畫與生活結合，是生活的一種表現。
	職場	教學	
		工作	
		展演	
	社區	社會服務	有感而畫，以批判、諷刺的畫來匡正社會風氣，進行社會教育，是台灣鄉土藝術文化的推手。
		回饋	
黃威融	日常生活		寫日記、情書、記札記等，都是創意編輯。
	職場	教學	
		工作	行銷自己，編輯流行、年輕且具創意的東西。
		展演	
	社區	社會服務	偶而在大學出版相關課程中，做經驗分享的演講。
		回饋	
楊厚基	日常生活		學習融入日常生活中，是嗜好，也是欣賞。
	職場	教學	
		工作	為客戶做寶石鑑定。
		展演	發表專文於專業期刊。
	社區	社會服務	成立中華民國寶石鑑定學會，推動研究寶石的風氣。
		回饋	近年來為客戶鑑定寶石不收費，均為義務性。

表 10-3-1　　自我導向學習者的學習實踐分析(續 2)

蔡清波	日常生活		賞鳥成為全家的一項休閒活動。
	職場	教學	賞鳥與教學結合，產生互動，注重學生實驗、觀察的訓練。
		工作	觀察柴山動植物，並紀錄動植物出現聚落。
		展演	將鳥類鑑賞心得，以文學方式表達在兒童文學作品中。
	社區	社會服務	義務為各種團體做鳥類說明。
		回饋	為鳥會撰寫宣傳資料及介紹性文字。
劉美珠	日常生活		跳舞、編舞、導舞，成為生活的一部份。
	職場	教學	以「身心學」觀點，教學生舞蹈的新觀念。
		工作	盡力推廣「身心學」的舞蹈觀。
		展演	編導的舞作在舞台上演出，注重舞者內心深處的感受及台上、台下的心理互動。
	社區	社會服務	以「身心學」的觀點教學，學生受惠，不致有運動傷害，且能與自己的身體溝通。
		回饋	
靜慧	日常生活		與日常生活結合，覺得瑜珈就是生活。
	職場	教學	教學受到好評，並從肢體有殘障的學生身上，體會到練瑜珈的真諦，得到身心的舒展。
		工作	
		展演	
	社區	社會服務	
		回饋	
D｜F	日常生活		若有感冒、外傷，都用到推拿和按摩，用的很多。
	職場	教學	
		工作	為周邊有需要的人做手療。
		展演	
	社區	社會服務	手療不收費用，完全為服務性。
		回饋	
Stacy	日常生活		受花店經營影響，進一步追求一切與美有關的事物。
	職場	教學	教授「花店經營」。
		工作	經營花店。
		展演	在各種場合，展出插花作品。
	社區	社會服務	
		回饋	

討 論：

由以上分析可以發現，十四位案主在學習實踐的項目中，呈現
以下三項共同點：

（一）自我導向學習的成果，均能與日常生活結合：

在自我導向的學習歷程中，從一次學習單元活動的開始
到結束，成果是否能與生活結合，具有重大的影響力；若是結
合程度高，例如阿金的「用美味的中西式點心來結識同好」就
能產生同類相聚的效果，因為多了切磋琢磨的夥伴，使學習更
有趣，而來自同好的讚美，又增強了學習的興趣。再如靜慧將
生活視為瑜珈，在呼吸之間實踐瑜珈精神，因此對她而言，瑜
珈已是不需要「額外再空出時間、專門去學習」的項目了。

（二）學習成果在職場的實踐，是為了「與生活結合」鋪路：

從王文玲國術館的職場實踐中可以了解，她的成果是豐
碩的，但因目前的經濟需求，所以是以工作為主；但從 Stacy
的敘述中可知，當花店經營上軌道、生活步入穩定之後，自我
導向學習的成果，很快就與生活結合，成為生活的一項指標，
因此學習成果在職場的實踐，可以說是為「與生活結合」鋪路。

（三）對社區的回饋，都表現在服務中：

十四位案主中，除經濟壓力大的王文玲及年紀輕的黃威
融外，都有為社區提供免費服務的回饋方式；這樣的結果與自
我導向學習自主性高的特性有關，因為學習者是出於自願的選
擇而發展學習歷程，因此體會到的學習樂趣都是主動的，當他
們累積一些學習成果時，就會願意與他人分享，更願意發揮利
他精神，讓他人一同體會學習的樂趣，因此免費教學或免費服
務，成為大多數案主回饋社區的方式。

　　自我導向學習者，學成之後將學習實踐於職場、日常生活和社區服務之中，正如有水之三態，水或成為固態的冰，在固定的職業場所發揮所學，順應工作的需求和改變；水可能是液態一般的水，與日常生活緊密結合；水也有可能成為氣態的水蒸氣，把學習回饋給社區大眾。

第十一章　　結論與建議

第一節　結　論

第一章第三節所陳列的六個研究問題均得到答案，分別在第六章(木篇)、第七章(火篇)、第八章(土篇)、第九章(金篇)及第十章(水篇)各節中，加以敘述，如下表所示：

表 11-1-1　研究問題陳述章節配合

問題編號	內容	答案陳述章節
1	成功者典範	第五章第二節
2-1	個人興趣、學習動機、學習態度	第六章第一節
2-2	人格特質	第八章第二節
3-1	學習目標	第六章第二節
3-2	先備條件	第八章第三節
4-1	學習方法	第七章第一節
4-2	學習策略	第七章第二節
4-3	學習時間	第七章第三節
4-4	學習增強	第六章第三節
4-5	學習挫折	第九章第一節
4-6	挫折的處理	第十章第一節　壹
4-7	學習障礙	第九章第二節
4-8	障礙的處理	第十章第一節　貳
4-9	學習資源	第八章第四節
4-10	重要他人	第六章第四節
5-1	學習成果的評鑑標準	第十章第二節　壹
5-2	學習成果的評鑑方法	第十章第二節　貳
5-3	學習成果的評鑑結果	第十章第二節　參
6	學習成果的實踐	第十章第三節

為提高一般常民閱讀研究結果，決定以五行之木（學習觸發）、火（學習活動安排）、土（學習的背景與條件）、金（學習的禁制）、水（學習成果）的次序來提出結論。

壹、木 篇（學習的觸發）

　　春季屬木，萬物生機盎然，觸動自我導向學習的生機有：個人背景因素、設定目標、學習的增強和學習中的重要他人四項。

一、個人背景因素

　　個人背景包含興趣、動機和態度三項。

（一）個人興趣

　　個人興趣是投入此項學習的主要原因，在學習過程中，興趣更增進了自我導向的能力。比較明顯的現象有：

1、自我導向學習者的興趣，偏向於能帶來動手做的實踐項目。

2、自我導向學習者的興趣發展，需要手腦並用。

（二）學習動機

　　本研究在學習動機方面，得到的結果是：

1、認知興趣是最重要的動機；為了職業的進展，從事創新領域的學習，是次重要的動機；增進社會福利或幫助家人及親友，則是第三重要的學習動機；因社交關係和逃避或刺激的動機而學的，最為少見。

2、凡學習者與家人、親友關係緊密的，會因外界期望而去學習。

（三）學習態度

　　與學習動機、學習興趣有相當大關係的是學習態度；歸納本研究訪談的案主所具備的學習態度包括：

　　　　1.堅持執著的態度。

　　　　2.學習時專心專注。

　　　　3.對自己的學習負責的態度。

　　Candy (1991)將自我導向學習分成「過程」與「結果」兩個層面；在過程層面，表現出自我控制和自我教育的現象，在結果層面，展現出的是個人自主性和自我管理。依此理論，總和來說，「自我控制」反映在十四位案主學習時專心及專注的態度上，「自我教育」反

映在他們對學習負責的態度上，而「個人自主性」則主要反映在堅持執著的態度上；至於「自我管理」則綜合反映在以上三種學習態度之中。

二、學習目標設定

學習目標的設定，包括學習的觸發和目標的轉換。

（一）學習的觸發：

學習的觸發，指促進自我導向學習者開始去學習的事件，有下列幾項值得關注的現象：

1．自我導向學習的觸發，與個人過去的經驗有關。

2．自我導向學習的觸發，與兒時生活經驗有關。

（二）學習目標的轉換：

本研究根據 Merriam & Caffarella（1991）對有關自我導向的文獻所做的整理，分成三個漸進式的目標，分別為增進自我引導的能力、轉換學習、及解放學習；自我導向學習者最初的目標多半在增進自我引導的能力，且往往與幼時的家庭環境及個人興趣有關。終極目標的設定，主要是轉換學習，偶有解放學習及社會行動的意圖；但不一定所有的學習者，都能達到解放學習及社會行動的層次。

三、學習的增強

學習的增強有精神性增強、物質性增強和文化性增強三類。

（一）精神性增強：

1.因服務而得到的誇獎和讚美。

2.得到他人的肯定和信賴。

3.自己在精神層面的滿意。

（二）物質性增強：

　　1.服務收入，是最重要的物質性增強。

　　2.實物的獎賞，也是一種物質性增強。

（三）文化性增強：

　　1.競賽得獎是榮譽，更是肯定。

　　2.對社會文化的深入了解與感動，對學習具有增強作用。

四、學習的重要他人

　　本研究對「重要他人」的定義是：引發學習者興趣，並指引學習方向與途徑的人；這個角色對學習有關鍵性的作用，其影響有以下幾個層面：

　　1.重要他人為學習者指出了那扇「門」(也就是學習的項目)。

　　2.重要他人推了一把，讓學習者進「門」。

　　3.重要他人讓學習者進「門」後，能走得好。

　　4.重要他人，多為老師或指導者。

　　5.重要他人的角色並非只出現一次，會應需要於不同層面出現。

貳、火 篇（學習活動安排）

　　五行中只有「木」是不夠的，學習只有動機沒有行動也不行，必須要有充滿活力的學習活動之安排，才能把心中的期望燒出來，「不會」的變成「會」了。學習活動包括學習的方法、策略和時間。

一、學習方法

　　本研究在學習方法的探討，融合皮亞傑、布魯那、馬濟洛等人

的理論，發展出適合本研究的四大類型學習方法：初級學習、次級學習、統整學習和發展學習，分別如下：

（一）初級學習：

1.初級學習中，最重要而且幾乎每位成功自我導向學習者都用到的是：「閱讀」及「模仿、練習」。

2.「閱讀」以讀相關書籍為主。

3.「觀察」和「詢問」也是初級學習常用的方法，「詢問」大多是向老師或有經驗的人士請教。

（二）次級學習：

　　本研究所稱的「次級學習」，共有四種方法：比較（或稱區別）、反思、發現和改變；其中以「比較」和「發現」為常見的方法。在初級學中，觀察別人的作品之後，會將自己的成品和別人的做比較。「發現」則大多在觀察、練習、詢問後，自我導向學習者產生了邏輯推理的內生知識。

（三）統整學習：

　　「實務工作」和「教學」是最常採用的統整學習方法；「實務工作」著重經驗和實做的面向，而「教學」是十分有用的經驗統整。

（四）發展學習：

　　發展學習包括「發表」和「創新」兩項；一般來說，「發表」比「創新」為多。

　　綜合四種學習來看，自我導向學習應循序漸進，由初級學習，經過次級學習、統整學習，最後到達發展學習。

二、學習策略

　　除了學習方法外，每位學習者還會選擇自己喜愛的策略來執行學習，本研究十四位案主的學習策略如下：

　　絕大多數採用問題解決式的「做中學」策略，為解決實行上所遭遇的問題才去學習；且多為獨立學習的型態，與 Jarvis(1987)的理論相符。

三、學習時間

　　學習時間從四年到五十四年不等，本研究有四點發現：

（一）學習時間在三十年以上的，大多都是老年人。

（二）學習時間在十年以下的，都是青年人且是專職工作者。

（三）學習二十年左右的最多，中年及青年人各半，專職及非專職者，也各半。

（四）學習時間長短與自我導向的成功，並無絕對關係。

參、土 篇（學習背景與條件）

　　種子要有適合的土壤，學習也要有恰當的背景和先備條件的配合。讓我們看看成功自我導向學習者他們有什麼「好土」，包括人格特質、環境背景因素、先備條件和學習資源。

一、人格特質

　　本研究所訪問的案主在人格上多呈現鎮靜、自得其樂、相信自己被他人接納、勇敢、雄心勃勃、坦然面對生活、創新、內省、興趣廣泛、不在乎社會規範、愉悅、重交際、好交朋友、自立性高、反叛及有同情心、喜好布施、樂於助人等特色；最為顯著的則是：自

信，溫暖，和獨立。

在自我導向學習準備度方面，最特出的是：效率學習、創造學習、獨立學習和喜愛學習四項。

二、環境背景因素

環境背景因素包括：家庭教養和社會文化狀況。

（一）家庭教養

本研究發現十四位案主有兩種教養方式，要求管束和開放自由，對孩童的影響為：

1、要求管束型的教養方式，培養出嚴謹自律的孩子。

2、開放自由型的教養方式，培養出自發性強的孩子。

嚴謹自律和自發性強、自己解決問題並負責的態度，正是自我導向學習所極需的性格。

（二）社會文化狀況

本研究所謂的社會文化狀況，包括時勢、社經地位和性別差異，經過分析，得到：

1、所學內容及項目，多與社會對性別的期望相符。

2、學習項目順應時勢的需求。

3、與原生家庭相較，社經地位均有提昇。

三、先備條件

本研究所謂的先備條件包括：先備知識、先備能力及先備經驗三項，都是學習者在學習前就已具備的。

(一)先備知識—指在學習之前所具有的相關知識，十四位案主中，除了王大倍、邱國鐘、D-F 及王文玲外，有十位在自我導向學

習前，已具有相關的先備知識。

（二）先備能力─包括探索能力、溝通能力、自我管理能力、基本
研究能力及其他相關能力五項。

1、探索能力：

（1）他們對不了解及尚未達到的狀況有極大的好奇；喜歡向未
知的領域及看不見的世界挑戰。

（2）不把所看到和感覺到的狀況視為理所當然，所以有探索的
意願和興致。

（3）願意思考。

2、溝通能力：

溝通能力包含口語表達、文字表達、人際溝通和領導能力四類。
十四位案主都有相當好的口語表達能力，至於無法面對面溝通或
與數目龐大的對象溝通時，他們運用文字表達；再者，他們的人
際溝通能力和領導能力更是有目共睹的，優良的溝通能力，促使
他們的自我導向學習更為平順。

3、自我管理能力：包含時間管理、進度管理、生活管理或情緒管
理等自我管理能力，都十分優良。

4、基本研究能力：大多具有比較、分析、統整和批判的基本研究
能力。

5、其他相關能力：例如記憶力、聽力、回溯能力、動作的敏感性、
音感好、欣賞力、特殊感受及領悟力等，而這些特殊能力都有助
於自我導向學習者開闊自己的學習專長。

（三）先備經驗--

「先備經驗」指在學習之前所具備的相關經驗，包括小時候（十
五歲以前）的經驗，和成長（十五歲）以後的經驗兩類。本研究發

現：實做經驗才能引發學習，豐富的先備經驗可以彌補知識方面的
不足。

四、學習資源

自我導向的學習中，資源的供應是很重要的(Tough,1967；
Knowles,1975)。Tough(1978)及 Penland(1979)均將自我導向學習
的學習資源分為三類：人力資源，如專業人員及朋友等等；非人力
資源，如圖書、雜誌等；及團體資源，如興趣俱樂部等。本研究依
資源性質，分為精神、物質、文化及環境資源四類。

（一）**精神資源：**包括(1)陪伴，(2)鼓勵、支持、指引、督促，和(3)
　　　讚美三類。

（二）**物質資源：**包括(1)服務的收入，及(2)家庭在經濟方面的支援。

（三）**文化資源：**本研究發現三個特點：(1)「學習知識」絕大多數
　　　為專業書報及雜誌，(2)「學習經驗」有純粹以學習為主的經
　　　驗和服務的經驗兩種。「服務的經驗」是學習者藉由他學到的
　　　知識或技能為別人服務時，又學到新東西的經驗。(3)學習資
　　　訊管道，以人際傳播及專業訊息為主。

（四）**環境資源：**本研究發現以下兩點：(1)案主已婚且配偶支持，
　　　(2)自我導向學習項目與工作內容，頗為相符。

肆、金 篇（學習的禁制）

植物生長偶遇天候不佳或蟲蟻啃食而不得成長，自我導向學習
者也會碰到挫折和障礙，都是五行中所說的金—禁制。看看十四位
自我導向學習成功者，是否也受到禁制和約束？

一、學習的挫折

　　本研究將「挫折」和「障礙」做以下區分:「挫折」指學習者在自己心中產生了不利學習的情況;「障礙」指學習者因外在環境及人為因素,而造成學習困難或無法卒學的情況。分析十四位案主的學習挫折,有以下兩項發現:

(一)大多沒有學習挫折:大部分自我導向學習成功者,沒有學習
　　　挫折。

(二)挫折多非個人所能改善:凡有學習挫折的,這些挫折大多均
　　　非個人能力所能改善。

二、學習的障礙

(一)學習障礙之類型:

1.「情境障礙」指學習者在某一時期所面臨物質和環境方面的困難,
　　包括時間不足、交通不便或太遠、經費欠缺及須要照顧家人等。

2.「機構障礙」指學習機構的某些因素,妨礙了學習者的參與,包
　　括課程不合需要、開課時間不合適、老師不夠專業、同儕關係不
　　良、資訊及設備不足等。

3.「意向障礙」指個人所持信念、價值和態度,造成學習活動的障
　　礙,包括對該學習的評價、自我信心、精神及情緒的不安、年紀
　　與體能的不能配合等。

4.「先備條件障礙」指學習者因某項先備知識不足、先備能力不夠
　　及先備經驗缺乏。

(二)學習障礙類型分析結果:

1.四類障礙中,以機構障礙最多,其次是情境障礙。

2.情境障礙,以家人障礙最多,且均為女性有此障礙;而經費障礙
　　也是一項重要的情境障礙。

3. 機構障礙，以老師、同儕和資訊設備方面的障礙為主；老師障礙
　多為教學方法不適當；而同學障礙，最怕的是沒有同儕切磋；資
　訊／設備障礙，以缺乏儀器及設備的最多。

4. 意向障礙，以病痛/體能方面最顯著；而病痛／體能障礙，又以身
　體上的病痛為最多。

5. 先備條件障礙，以先備知識和能力為主；先備知識障礙多為相關
　知識不足，而先備能力的障礙多為缺乏相關能力。

伍、水 篇（學習的成果）

　　植物碰到枯水、乾旱，不適合的天候狀況，從柔處找到生存的
脈絡，絕處逢生，不被擊倒反更茁壯，開花結果，這是五行中的「水」。
成功的學習者也善於處理困境，而將學習成果做評鑑，並實踐其學
習。

一、困境的處理

　　包括學習挫折的處理和障礙的處理。

（一）學習挫折的處理

　　雖然大多數的學習挫折並非個人能力所能改善，但這些案主仍
採用以下五種方法，順利處理了自己心理上的挫折，包括對自己的
檢討和更加努力外，也注重溝通；若仍無法解決，就採取正向的換
個角度想，或負向的忍耐。

（二）學習障礙的處理

本研究分析出以下處理學習障礙的方法，依四類障礙敘述如下：

1、情境障礙的處理：

　　（1）靠自己努力。

（2）.靠家人、朋友支持。

（3）順其自然。

（4）放棄。

2、機構障礙的處理：

（1）將障礙視為挑戰，繼續做。

（2）多溝通。

（3）增加硬體設備。

3、意向障礙的處理：

（1）不在乎別人、自己認為好就行了。

（2）堅持、忍耐和努力。

（3）多溝通。

（4）順其自然。

（5）尋找替代方案。

4、先備條件障礙的處理：

（1）自己努力堅持。

（2）尋找替代方案。

　　綜合來看，學習障礙的處理，大多要靠自己努力或多溝通，再不然就尋找替代方案。為使學習障礙與障礙處理之間的關係更加明確，請參照表 11-1-2。

表 11-1-2　　自我導向學習者學習障礙類型及處理方式

學習障礙名稱	障 礙 類 型	處 理 方 式
情境障礙	學習者在某一時期所面臨物質和環境方面的困難，包括時間不足、交通不便或太遠、經費欠缺及須要照顧家人等。	・自己。 ・家人、朋友。 ・順其自然。 ・放棄。
機構障礙	學習機構的某些因素，妨礙了學習者的參與，包括課程不合需要、開課時間不合適、老師不夠專業、同儕關係不良、資訊及設備不足等。	・視為挑戰，繼續做。 ・溝通。 ・增加硬體設備。
意向障礙	指個人所持信念、價值和態度，造成學習活動的障礙，包括對該學習的評價、自我信心、精神及情緒的不安、年紀與體能的不能配合等。	・不在乎別人、自己認為好就行了。 ・堅持、忍耐和努力。 ・溝通。 ・順其自然。 ・替代方案。
先備條件障礙	指學習者因某項先備知識不足、先備能力不夠及先備經驗缺乏。	・自己努力堅持。 ・替代方案。

二、學習成果評鑑

　　本研究從評鑑標準、評鑑方法和評鑑結果三方面，來分析十四位成功者自我導向學習者的學習成果。

（一）評鑑標準

　　共有以下三種評鑑標準：

1、標準檢定或測驗：由政府或專業團體執行，是最嚴謹的評鑑標準。

2、由專家評定或以訂單及售貨量為依據的評鑑：嚴謹度僅次於標準測驗。

3、由服務對象執行的成果評鑑：較不嚴謹。

（二）評鑑方法

「評鑑方法」是指學習成果由誰來執行評鑑；十四位案主學習成果的評鑑方法有自評和他評兩類。「自評」係由學習者自行評估學習成果，這是自我導向學習的主要評鑑方法。「他評」係由學習者以外的他人，來執行學習的成果評鑑，包括「專家評鑑」及「非專家評鑑」兩類，發現以下三個共同處：

1、自我導向學習者很少採用自評法。

2、專家評鑑，多由資深專家及有成就的人士執行。

3、非專家評鑑，多由服務對象執行。

（三）評鑑結果

依不同評鑑方法就三項評鑑標準，完成學習成果評鑑後，得到什麼結果？本研究分為認證、獎賞及其他三方面敘述。「認證」是學習成果符合某項執照的要求，而頒發證照給學習者，做為往後執行服務的資格證明。「獎賞」是學習成果輝煌，參加比賽，由專業機構或團體給予肯定或精神、物質方面的獎勵。除認證、獎勵之外，學習者可能得到其他方面良好的反應或回饋，則歸入「其他」。發現以下三點：

1、凡所學項目有認證制度的，大多均得到認證。

2、參加比賽，大多獲得精神方面的獎賞。

3、服務對象多表示滿意。

三、學習實踐

成功自我導向學習者的學習實踐分為職場、日常生活及社區三方面，我們發現：

（一）學習成果在職場的實踐，是為「與生活結合」鋪路。

（二）與日常生活結合。

（三）對社區的回饋，都表現在他們的服務之中。

第二節　　建　議

余光中在他「五行無阻」的詩中，提及「頌金德之堅貞，訟木德之紛繁，頌水德之溫婉，頌火德之剛烈，頌土德之渾然。……死亡啊，你豈能阻我，回到光中，回到壯麗的光中。」他希望能裡各種方法，包括：土頓、金遁、木遁、火遁或水遁的任何途徑，逃離死亡，回到新生。此研究並不在於逃離死亡，我們想對自我導向學習者提出一些良心的建議，使大家的學習能有好結果。所以，根據本章的研究結果，依照木、火、土、金、水的次序提出以下建議：

壹、木

一、學習目標要能隨著學習歷程的進展適時調整，使目標隨時都能成為引導學習前進的指引方針，猶如植物的傳粉、受精，在合適的環境中就能成為種子，發芽成長。

二、學習務要專心、執著，對自己的學習負責到底；類似植物體內的化學元素與生長激素，雖然看不見，卻是不可缺少的要素。

三、在學習的歷程中，找出對自己有效的正增強模式，正如溫度對植物生長的幫助，在合適的溫度下欣欣向榮；如精神性增強、物質性增強或文化性增強等，朝著對自己有效的方向努力，較能增進學習成果。

四、認定學習上的重要他人，成為自己的終生導師(mentor)，像植物獲得足夠的陽光，可以行光合作用，製造養分，也有助於開花結果，將獲益匪淺。

貳、火

五、自我導向學習的項目與成長經驗相關聯者，就像小片的木片，
　　接觸空氣的面積大，比起大木塊易於燃燒，也較易獲得學習上
　　的成就感。

六、學習方法要適合學習者和學習內容，正如氧氣之於火的燃燒，
　　可以補充氧氣，而愈益發旺。再者，要能循序漸進，從閱讀、
　　模仿、觀察、詢問、老師指導等方法，經過比較、分析、反思、
　　發現和改變，然後在實務工作中應用，最後才可能有具爆炸威
　　力的發展和創新。

七、選擇對自己最有利的評鑑方式，評估學習時間是否足夠，是否
　　達到燃點，足以讓可燃物燃燒起來；也就是選用自評或他評等
　　方法，讓自己了解學習的成果。

八、自我導向學習的過程中，應盡量累積實做的經驗，正如土壤空
　　隙中的空氣，讓學習有喘息的空間，以結合成人的經驗，增進
　　學習成效。

九、學習已具先備經驗、先備能力及先備知識的項目，學起來容易，
　　成功機會也大大提高；先備經驗，尤其是幼時實做的經驗，觸
　　發自我導向學習，是不可或缺的引爆力；先備能力讓學習更有
　　效、更容易；先備知識將學習的內容以合適的邏輯和理論架構
　　起來。所以，以先備經驗、能力及知識作基礎的自我導向學習，
　　猶如土壤中的腐植質，讓植物充分吸收土中養料，成長得快，
　　較易成功。

參、土

十、發掘可得的學習資源並善加運用，就像土壤中飽含水分，不但
　　可供根部吸收，也能鬆土，對學習有無比的幫助。

十一、社會文化狀況如同土壤縫隙中的空氣，讓植物的根在土壤中
　　　得以自由呼吸和喘息。自我導向學習者必須順勢而興，絕對不
　　　要固執於自己的偏好，多考慮世界潮流和社會情勢，順水而下
　　　易如行舟，水到渠成，成功是遲早的事；而且本研究發現：成
　　　功者的社經地位均較原生家庭有所提升，好處多多。

肆、金

十二、遇到挫折和障礙，不要心慌，這是大多數自我導向學習者都
　　　經歷過的事件，換個角度想，泰然處之即可。

伍、水

十三、要能善用面對學習挫折的方法，就像水有浮力、有隨容器變
　　　形的特長，不怕擠壓及向下流動的特色，自我導向學習者也可
　　　更加努力、自我檢討、多與他人溝通、忍耐一陣子、或換個角
　　　度來想。

十四、若遇到學習障礙，就像植物遇到秋季肅殺的天候或岩礫地形
　　　的外在限制，要靠自己努力或多做溝通；再不然，則找尋替代
　　　方案，自我導向學習者仍然可以發芽長葉的。

十五、運用所學回饋社群，正如豐沛的水之覆蓋地表，又如水有三
　　　態，可以表顯在職場、日常生活和社區中，這些都是增進自己
　　　學習動機的有效方式，應加以善用。

　　綜合以上所建議的十五點,自我導向學習者在學習觸發時,思考是否為自己多年來的興趣,先設定短程目標再慢慢轉化為終極目標,善於發現該項學習的增強和引你進門的「重要他人」,將如光度和溫度,對種子的發芽有很大的助益。好的老師,會挑選合適的學習方法和策略;若所用的方法不當,勇於發問,甚至更換指導者並改變策略,正如搧風入爐或澆油於木,使火勢發旺,效果自然呈現。另外,時間也要注意,學習時間不夠,無法生出果效;自我導向學習者不要勤問成效,只管埋頭苦學,水到自然渠成。再回頭檢視種子是否栽種在「好土」中了?成功自我導向學習者溫暖、熱忱、獨立的性格,在準備度方面,表現出愛思考和對學習負責的態度,這是他們成功最重要的關鍵。當然他們選擇了學習自己已經具備先備條件的學習項目,並善於運用身邊各種學習資源,更助長了他們「向下紮根,向上成長」的自我導向學習。

　　雖然一路尚稱順利,但是也遇到秋涼的肅殺時節,心中有挫折,外面有障礙,似乎無法自己導引自己的學習了;不過,這都是生命常有的歷程,不必太在意;換個角度看事情,又是海闊天空。枯水期總會過去,豐沛的水源有細水長流的供應,處理了難關,解決了困境,「柳暗花明又一村」,學習成果展現,證照、獎賞或受到服務對象的肯定,最後能如水的三態,在職場、日常生活及社區中,都實踐了自我導向學習的精神和豐富、愉悅的生命力。

　　此一成功自我導向學習,從五行的觀點來看,可描述為:

> 觸發深處激動的木,
> 安排學習活動的火,
> 以背景為基礎的土,
> 處理挫折障礙的金,
> 終獲成果豐沛的水。

第三節　研究者的反思

　　對自我導向學習成功者的研究，前後大約有三年之久，反思一路的研究歷程，有以下幾點值得一提：

一、對主題感興趣，歷久不衰，所以持續相當長久。

二、與十五位曾經訪談過的研究對象，都成為了莫逆之交，並且從他們身上學習很多，這應是最大的收穫。

三、針對研究理論及文獻，不斷詰問，尤其是英文資料，都捫心自問：適合東方文化嗎？合用於我國的自我導向學習嗎？一般教育方面的理論可以直接用到成人教育領域嗎？

四、與二位研究助理，有非常好的質疑、溝通和互動。大約一年，有二位合作，對十四位研究對象訪談資料的整理，不下十數次的長時間討論，是很愉快的經驗，也學習傾聽的功夫。

五、研究三人組中，若有人存有先入為主之主觀觀點，均會受到另二人之辯駁，而改變為較客觀、合理之觀點，真理之爭，使我們成長不少。

六、雖然研究主題是成功者，卻經常以自己的自我導向學習之不成功、之失敗為例。以此詰問和以我不成功呢？以分辨他人成功之真正原因。

七、學習質性研究中，為資料命名及歸類的高度技術，凡有問題之處，則向四位諮詢專家請益，獲益良多。

八、成為研究者生病一年中，最大的安慰。

九、學習以通俗方式來說明高深的理論和枯燥的內容，竟然是最難處理的一部份。

附錄
附錄一：案主的故事

1、王大倍的故事

　　今年已經七十多歲的王大倍，在游泳的領域中，建立的自我導向學習成就，令人讚嘆。民國八十六年在摩洛哥參加世界成人游泳比賽，獲得六十五到六十九歲分齡組一百公尺蛙式的第五名。這樣的成就，是如何一點一滴建立起來的呢？

　　王大倍說：「從五、六歲起，看到水就很喜歡。」這種喜歡，在一次下水玩，遇到意外幾乎淹死，被同伴救起來以後，有了另外一種積極的想法：「從那個時候開始，我說我一定要學好游泳。」

　　從五六歲的好玩，進展到有姿勢的泳技，是他十九歲到了金蘭灣才開始的。當時他有一位朋友叫黃謨，看他游得不錯，就說要教他，王大倍問：「教什麼式？」黃謨說：「蛙式」。於是就這樣，王大倍開竅了，一個禮拜就學會了蛙泳；這樣對有興趣的事物用心，加上努力，配合與環境的互動，造就了他口中的「開竅」。

　　第一次在游泳上有成果，是在民國四十年三月二十九日，參加游泳比賽得了第一名；之後在金蘭灣舉行的運動會中，又得了兩百公尺的第二名和四百公尺的第一名。

　　談到有關天份的問題，王大倍認為：「游泳上的天份，應該是有一點吧。」至於所謂天份，就在「懂」與「不懂」的差別。而除了天份，還要那些條件才能夠學習成功呢？王大倍談道：「持續啊！民國五十年左右，我們是夏天游泳，從民國六十九年以後，我就開始學自由式、仰式、蝶式等，不斷練習到現在。」歸納他學習所秉持的態度，有專心、努力及持續，所以是能夠一輩

子進行的工作。

　　在學習的歷程中，第一個階段總是模仿，他對游泳的興趣表現在模仿同伴水中的動作。但因為並未真正了解游泳的原理，所以游不快也游不好；但在接受正確指導後，一方面他勇於設定屬於自己的目標，一方面藉由是否達成這些階段性目標，進行形成性評量。因此，一次又一次的比賽得名，可說是他最好的正增強手段，為他提供一個可以進一步發展的領域，尋找下一次參賽的目標。

　　游泳的過程中，當然也有挫折，像是練習一段時間後，成績仍然停留在原點，或是無法掌握住方法的真諦，這些都會減低練習的熱情；然而他也摸索出來一套應對的方式，就是暫時移轉學習目標，不要執著於同一件眼前解不開的謎題上。從更長遠的眼光來看，一件一輩子都要做的事，當然會隨著年齡的不同而有不同的學習目標；因此年紀越大，越有本錢將練習暫時擱置。只要身體健康、心情愉快，時候到了，原來困擾的問題，自然能從別的方面獲得解答。

　　在學習的過程中，別人的協助是非常重要的，王大倍最大的優點在於能找到適合自己的教練，問他是如何挑選教練的呢？他說：「會知道的，....你像這個人我學得差不多了，我就找另一個人來學，比如姿勢校正啦，還有換氣啊，還有其他....」。在接觸教練的時候，坦誠與專注是重要的訣竅；一定要將自己的缺失坦白提出，與教練探討改進方法，再專心地集中於教練擬具的計劃。這樣透過分析整個游泳過程的方式，可以讓他掌握住學習的全貌；再經由分別向各具特長的教練請益，才造就了他在游泳上的成績。

　　由自己學習進而到教別人學習，是自我導向學習的一大進程；因為學生的反應會激發出自己潛藏的問題，在解決學生問題的過程中，等於對自己的學習成果作深入的評鑑。一個動作平常自己做起來毫無困難，並不表示已經把這個動作的每個面向都摸透了；經由學生的困難，也許會找出更多發展的可能性，如此日積月累的成效，大大地提昇了他評鑑的能力，印證了「教學相長」的功效。

　　展望未來，推動救生訓練的活動是他最大的職志；因為每年從事水上活動遇難的事件，都是他心中重重的痛。所以他一定要努力推廣救生訓練，也要推廣游泳教學，使人人在下水前，至少能有自保的能力。這個心願在他領導與溝通俱佳的條件下，結合一路與他一起成長的碧潭早泳會的力量，已經漸漸看得到成果。因此下一次，如果你遇到一位免費又熱心教你學游泳的教練，別懷疑，他是受過這種好處，願意與人分享，只要將來有機會再教會別人，就是他們最大的滿足了。

2、王文玲的故事

　　民國五十五年出生的文玲，專長是推拿和整復，開了一家名叫「學德」的國術館；對一般女人而言，是相當特殊的經驗，加上她的成功之處主要在於自我導向的學習，因此更值得我們分析探究。

　　小時候文玲常受傷，因為住的與開國術館的外公家很近，因此常接受從事推拿、接骨的外公治療。照文玲的說法是：「我就是他的實驗品，誰叫我小時候常受傷嘛，不過就是因為這樣，我很早就熟悉了有關草藥和接骨的一些事物。」

　　高職畢業後，文玲學過美髮，還從中啟發了做接骨整復的機緣，她說：「美髮學成後，公司還要調我到台北，所以是蠻成功的，可是媽媽覺得太累了；尤其還要幫客人按摩，其實按摩就是放筋，我是很感興趣的，還買書回來看，也在不知不覺中種下了今天做這一行的種子。」

　　文玲結婚後，到了 24 歲那年，外公的身體漸漸不行，她母親希望他們夫妻能幫助外公把店顧好。而文玲當時是希望她先生能接下外公的工作，她先生也願意，因此她先生就跟著外公學了三個月，每天回家還把一天的學習心得和文玲一起討論。她也因為住得近常去幫忙，開始時是先了解病人的病況或受傷位置，以便減少外公看診的時間；之後外公體力更差，她就開始幫病人疏筋；到後來外公連起床都有困難，她就憑感覺及看外公治療的經驗，出手幫病人推拿。她說：「我一開始是幫外公包藥，後來是先疏筋，最後外公都下不了床了，可是客人還在外面等，沒辦法，我只好靠感覺幫客人做。」

　　第二年文玲在外公的帶領下，拿到衛生署頒發的傳統技藝推拿整復師執照，第三年也就是 81 年外公就過世了；事實上外公只教了她三個月，因為外公認為就學習而言，三個月就很夠了。而所謂的「學」，不過就是在旁邊看，然後依樣畫葫蘆，但她另有看法：「我覺得有興趣的就會去找書看，但外公是不贊成看書的，因為他認為會受到影響而使自己的手法搞混。」

　　對於從開業至今促使她成長的因素，文玲認為是地點和客人。因為外公原先的長記國術館由小舅承接，且將店面搬到大馬路上；文玲只好留在位居小巷底的老店，並將店名改為學德國術館。但這樣的地點，卻使得文玲接不到容易治療的病人，到店裡來的都是大馬路上看不好的，這種從困難的病例著手的經驗，大大提昇了文玲的治療功力。她說：「手感靠經驗累積，比如做一個客人和做五個客人是不一樣的，我又都是從比較難治療的客人開始；幾乎相同的情況很少，每一個客人都是一個新經驗。加上我是女孩子，客人都覺得我一定比男生細心又有耐心，所以會仔細的說明情況；而我也會把自己不明白的狀況問清楚，所以做起來很順利，經驗也累積的很快。」

　　遇到病人的狀況摸不清楚、無法看出療效，或病人表示治療無效時，文玲並不會將這種情形視為「失敗」。她說：「遇到做不好的客人，我都會要求給我三次的機會，如果還治不好我承認是我技術不好。不過，也要看客人的配合，有時候你叫他要按時來回診，給我巡一巡，可是他覺得有好了，不想來了，病根就留在裡面。或者是交代他要配合的事項，他嫌麻煩沒照著做，這些都會影響到治療的效果，所以要我承認客人沒好，就是我的失敗，我覺得比較難接受。」

　　問到文玲如何將自己的工作做得更好時，她說：「我一直很喜歡看書，尤其是與工作有關的書，因為書中說的情形大部分我都做過，只要看他說的手法和我做的有什麼不同；如果我覺得還是自己的比較好，就跳過去，如果覺得書裡面說的比較好，就會停下來想，為什麼他要這樣做，以後我是不是也能這樣試試。但是這要看手法的基本功有沒有一樣，如果一樣，我會接受，如果不一樣，我就不會接受。因為我始終覺得外公的話很有道理，他認為會受到影響使自己的手法搞混，不過外公沒想過如果手法相同，其實是應該接受的，因為那也可以算是一種經驗的累積，能幫我們把客人看好。」

　　文玲也為未來做好了規劃，她希望以後能擴充設備，類似復健中心，但是她會把那些復建的機器運用的更好，因為她比較專業，一定可以把器具運用得更靈巧，來幫助舒緩病人的痛苦，醫治傷害。

3、北燕的故事

北燕女士，生於民國 27 年，現年 63 歲。天資聰穎，IQ 測驗「太高了，190 多分」；不過家人仍認為「女孩不大需要讀書」。哥哥開活字版印刷廠（當年她十三歲），一家人一起在印刷廠幫忙，「因為他開印刷廠，所以我就沒機會去讀書了。」她每天背上揹著姪兒，還要幫忙做撿字、清洗機器及拆字等工作，非常忙碌又勞累，但是也認了很多字，並訓練了好的記性及精確的習慣。直到二十歲那年家人才勉強答應她去唸萬華商職初中部商科的夜間部，白天在郵局上班；商職初中畢業，又考上延平高中普通科的夜間部，「讀書算是半工半讀」。

二十八歲那年結婚並離開郵局，考上某大公司，負責出納及總務工作，並兼辦員工勞保及出國事宜。工作認真、聰穎，甚至自行設計座標式的員工薪資資料表（正如以後發明的電腦所使用的資料表）。後來因身體虛弱又懷了孕，辭去工作；一年後在板橋買了房子，搬往板橋，一住十六年。住家離國立藝專及百康育樂中心很近，也為以後就近學習美術，提供了方便之門。

北燕女士興趣廣泛，不過從小就很喜歡畫畫，曾看過三哥為她女友畫的畫像，十分細膩，心生憧憬。父親曾在舊貨地攤為她買過金色和銀色的彩色鉛筆，當時她非常興奮，也激勵了她畫畫的心意。就讀西門國小時，一位從美國聘來台灣各地講學的拿老師來教她們美術，帶了一個金色如翁龍螺的貝殼，讓大家畫；北燕畫的那張，交給拿老師後，竟被拿老師帶回美國了。「我想拿老師這麼好，我要好好畫，說不定我長大以後，他會帶我去美國，好高興啊！」這些原因讓她更熱衷於塗鴉和素描，小學、初中、高中，多次參加各種寫生比賽、美術比賽，均獲特優獎；

畫畫成為嗜好，一直沒有中斷過。

　　婚後曾修教育學分，且在幼稚園實習，擔任幼稚園老師及主任兩年，畫海報、製作教材，在在都訓練她運用自己的美術才能。在板橋百康育樂中心康樂部，跟隨洪德貴老師學國畫及素描。「後來他（洪德貴老師）去藝專任教，我就去投考藝專，民國 56 年順利考上，我的畫畫生涯，跟他脫不了關係。」

　　民國七十一年搬往木柵，開始教書法課，藉書法課的收入，來學國畫及買畫畫所需的材料。「後來到木柵後，景美女中好多老師來學書法和織毛線，說『老師，妳國畫畫得那麼好，怎麼不教我們國畫呢？』……我能做很細的講解，他們又鼓勵我教；我說：『好！你們愛玩，我有空就和大家一起來研究好了！』也是免費就帶他們畫起國畫來了。」

　　民國七十年代，曾跟多位老師學習國畫，如：跟涂燦琳學山水，跟杜簽吟、王詩漁、范璐學花鳥等；民國七十八年，又到師大美術系學傳統國畫。

　　生活中仔細觀察動、植物的形象及動作，包括家中園藝及家禽、寵物等；看電視時，喜收看動物奇觀、影片、影集、科學實驗之類的節目，並錄下大自然景觀、動植物形象及其動態表現。也常參觀動物園、植物園、蓮花池、鳥園、孔雀園等地，並拍照存查。自己訂購不少畫冊，「我們家書櫃中有歷史博物館、故宮及讀者文摘的套書，都是好的、值得參考的。」時常翻閱欣賞，找出表現創新之處，也批判性地找出作品不合邏輯、不符生態學的地方，警惕自己不犯類似的錯誤。凡有書畫展覽，盡量挪出時間前往參觀，雖是「名家手筆，也偶有穿幫之處」；至於獨到的技法及神來之筆，除欣賞之外，則加以內化吸收。

自民國 71 年開始，教素描及國畫近二十寒暑，指導畫圖表現的方法，對學生畫不出來的地方給予示範及補充，作品不正確的則指點修正，以收教學相長之效。「當初 23 個學生，我沒有讓一件學生的作品沒完工的；前一小時我負責講解，一小時後，我就開始個別改稿……然後讓學生蓋上自己的章，拿著成品回家去。畫壞了、畫錯了，就把它改成好的。」

經常參加各種比賽及邀請展，自己思考、佈局或出外寫生；此外，實景做畫也有不少啟發和收穫。

學習期間，由於領悟力快、能舉一反三、興趣濃厚、全心投入，只在旁邊觀看老師示範，即能明瞭其中三昧，進步神速。不但遭到同儕排擠，甚至老師也見不得學生「青出於藍而勝於藍」，專門潑冷水、諷刺譏笑溢於言表。「但是你如果想跟他學的話，你就要裝『呆』一點；比如說他用比較刻薄的言詞，你就假裝聽不懂，忍著！」。人與人的溝通困難，成為學習上最大的挫折。北燕女士大多採大智若愚、假裝不懂的方式；時間久了，同學知道她的心地良善，也多成為相知相許、互相切磋的好朋友。老師若持續譏諷，無法再忍下去，只好不學了，另找高明。教室中的學習支持很少，家庭中丈夫反對，經濟環境又差，但為了自己的興趣，仍堅持學下去，才能得到全國美展邀請展的榮譽。

在自我概念方面，北燕女士自尊心強、富於自信、想做的事一定完成。在自我意像方面，對生活的滿意度差，和諧性中等，活動性強，各方面之能力均佳，分析、歸納、批判的能力都高人一等，尤其創造理想生活的能力高昂。情緒穩定、堅忍、獨立，屬內控性人格、自治性強。學習態度是用心學習，也不怕向人請益，尤其保持快樂地學習。希望自己一生畫畫，享受快樂的生活，看畫展，拓展視野；也教導並啟發學生，成為愛畫畫的人。

4、阿金的故事

　　阿金的特出之處，在於她沒接受過任何烹飪訓練，卻開起一家點心工作坊，平時以提供西點麵包店的餅乾為主，偶爾也接雞尾酒會的中西點心備置工作，這樣的自我導向學習歷程，值得一起分享。

　　出生在四川人家庭裡的阿金，很早就注意到食物的互動性，也就是製作食物的人，要注意到食用對象的感受。她說：「小學以前....就覺得，怎麼搞的我媽媽做菜的顆粒都這麼大顆，而媽媽只會覺得說，我怎麼這麼挑嘴，但我卻覺得說這個就是我對食物的要求，應該是要這樣的品質。」

　　由於小時候家庭環境的需要，媽媽賣元宵、做月餅，工作很忙，需要幫手，因此雖然不是心甘情願，也早早地開始了實做的歷練。這一段經驗，培養出阿金仔細、專注的學習態度，她說：「我會把我所有的外務通通排掉，我現在就是要做餅乾；我也不希望我的孩子他們來打擾我，然後我在做東西都很專心。」加上她天生靈巧的雙手及充滿自信的個性，很快就掌握住原料的特性和製作的技巧。她說：「我自己要吃的東西我就會仔細，....然後我切的東西，都是按照我自己的方式切啊！」

　　至於與製作麵食的第一次接觸，則早在小學時，學媽媽和麵桿餅，將桌上的剩菜包起來，煎成香香的盒子；除了自己吃得很滿意，鄰居媽媽們的讚美，更給了他極大的增強。不過這一階段的實做，仍停留在模仿，缺乏反思的能力。真正進入實做階段是從結婚以後，她說：「我是結婚以後才開始真正掌廚煮飯，我都打電話問我媽媽怎麼煮。」必須天天接觸柴米油鹽醬醋茶，對於烹飪的天份就有了發展的天地，在「有興趣→入迷→陶醉→產生

成就感→進一步學習」的循環中，阿金找出自己的品味定位，就是在有限的經濟裡發揮最大的效益。同時，也建立了對外在環境的敏銳度，發現中國人的口味是趨向多變的；這個觀察的結果，有助於她後來從事的西點製作，更能因應不同的要求，做出適當的變化。

　　學習的過程中，書是他最好的老師；她閱讀食譜，不但印證實做的經驗，更能比較出不同的做法。她說：「我母親都是口耳相傳，聽人家教的對不對，那我們還要去看書，然後書裡面都有解釋說，這些的用途，……又再去找一些食譜，然後就發覺說應該要把這些東西混合在一起，所以我覺得我做得比我媽媽更好。」然而，與別人不同的是，她在摸索的過程中，並沒有其他的朋友支持他、鼓勵她，家人也持消極的態度，因此更顯得成果的難能可貴。

　　對於學習歷程中遭遇到的挫折，她是用尋找資源的方式解決，她說：「我在這方面做不好的時候，我就必須要休息一下，然後我才能突破我的瓶頸。我一定會去找書來看，我唯一的知識來源都是到書店去找，因為那裡有很多中西式的食譜，…… 我知道問題在那邊以後，然後我就調整。」

　　阿金對於批評，自有一套認知的哲學觀：若是專家的批評，她認為這是學習的一種方式；若是一般消費者的負面看法，她會認為是對方缺乏品味。也就是這樣充滿自信的態度，才能讓烹飪這件工作，充分與她的生活融合。她說：「我現在等於是完全入迷在我這個手工點心工作坊裡面了，……我陶醉在這個裡面，這是一種成就感。」

　　除了食譜外，更進一步閱讀營養方面的論述，目的想為大家

提供更沒有負擔的美食，她說：「我看了一本食品營養的書，我看了三四遍，我把那一本書整個背起來，所以我把它融會在我的生活裡面。」

　　另外一絲不苟的精神，也充分發揮在願景的塑造中，她認為烹飪不但是她這一輩子再也離不開的一項工作，更希望有朝一日，能開一家只賣自己想做的東西的西點麵包店，再寫一本精確的食譜給孩子；清清楚楚地說明要用哪一樣食器來盛裝，配料要用多少，一大匙就是一大匙，照片都要登出來，才能讓大家都能享受做美食的快樂。

5、邱國鐘的故事

　　由於父母近親結婚,造成住在屏東的邱國鐘先生和四哥天生盲目。五歲離家進入台中惠明學校（專收盲生及弱視學生）住校讀書,完成國小及國中學程。個性好動,眼睛看不見;為免被人撞到,得用其他感覺並且更認真聽,所以自幼聽覺能力很強,很敏感。在學校喜歡運動,好玩,卻不喜歡唸書,認為對盲人來說,唸書沒有用,以後不過去做按摩,不需要讀書。但是學校教育還是提供了基本能力的培養,包括認字、應變能力及思考方法等;尤其惠明常常播放大眾名曲及小品等音樂節目給學生聽,紮下了音樂的根。不過他並沒有機會學習樂器,也不太瞭解樂理;但他的音感不錯,曾參加小合唱,唱歌也不會走音,後來還學會吹口琴、吹簫和彈電子琴。

　　國中畢業後,學校介紹他到附近一家裁縫機工廠做生產線的操作員;工作單調死板,又得兼做工友,工資低且受歧視,自尊心受到打擊。他四哥唸神學院時,學了鋼琴調音,賺到一些外快;四哥建議他也來學調音,並親自教他一些樂理,然後送他去屏東慶聲鋼琴廠學調音,四哥可說是他學習調音的「重要他人」。由於誤以為鋼琴廠的待遇高過裁縫機工廠數倍,所以欣然辭去工作,前往離母校很遠的屏東,學鋼琴調音。一個月後拿到薪資,竟然只有六百元,少得可憐;想賺大錢的動機遭到挫折,調音又難,離母校又遠,他很失望,他說:「我就後悔了！」很想放棄。但是,已無退路,為了糊口,只好繼續學下去。又不相信自己真的那麼「含慢」（笨）學不會,在這樣的環境中,竟然激發出他努力不懈的學習毅力;況且調音在台灣還是稀有技術,學會了,有一技在身總是好的。跟著師傅學習調鋼琴的音,不過才學了兩

個多月，民國六十三年三月起，就開始為出廠的新鋼琴調音了。

　　前後在兩個鋼琴工廠調音十八年，認真負責，頗有名聲；後來老闆想移民海外，無心經營鋼琴廠，讓邱國鐘產生了危機意識─若工廠關門就失業了；不如自己出來做鋼琴調音師。八十一年考照，獲得鋼琴技能調音檢定技術士執照，八十二年成為個人調音師，出來為客戶調音，有不錯的收入。目前住在屏東姊姊家，生活起居由姊姊照顧，另外他有很多明眼的好朋友，大多是基督教教會的弟兄姊妹，他還高票被選為教堂合唱團的隊長。

　　他的生活多采多姿，喜歡各類運動：壘球、棒球、保齡球、游泳、浮潛、滑雪、騎腳踏車等；交遊廣闊，朋友很多，經常出國旅遊，資訊豐富，他還會攝影、玩電子琴、彈鋼琴、操作電腦、組合收音機等，似乎眼盲並不成為他的障礙，比明眼人更富於好奇和冒險的精神。

　　全國僅三位盲人擁有鋼琴調音師執照，他是唯一一位全盲者，「我也是唯一一個沒有學過音樂的，……可是我學得最快。」在學習調音的過程中，他遇到啟發他的四哥和鋼琴廠師傅。他的學習方法，「四哥先教比較基本的，琴鍵位置、琴弦和聽的方面。」到了慶聲，師傅教，自己摸，「樂器我不會，可是我會聽，我會去撥動。我在學校什麼都不行，我只有一個東西很行，就是感覺，我在我們學校，是數一數二的。」最初他就是憑感覺調音，再由師傅檢查，是一對一、針對問題的教導及指正。他也會不停的問，為什麼這樣、為什麼那樣，「我如果學到了，就不會忘記了，就是我的了。」然後繼續做，每天勤奮的練習。他的學習態度很堅定，對自己的感覺很有信心，又能面對問題請教別人，找出解決的辦法，他說：「不管你要學什麼東西，你不可以沒有意義去學。」他不願意做無意義的學習，他要知道自己到底在做什麼。他也認

為學習速度快慢不重要，真正重要的是，要學得會。

他生性好動，喜歡多變化、富挑戰、動態、能接觸人的工作，個人調音師正符合他的個性。他記憶力好、感覺敏銳、應變力及適應力均強，「即使我們學校的同學，他們也都以為我是看得見的，因為你躲不過我。」雖然全盲，卻連弱視同學都勝不過他。此外，他很好奇，他說：「好奇，會勝過所有的怕。」所以雖然看不見，心裡害怕，卻因為太好奇了，而不顧一切去嘗試。他自尊心強，分析力好，能做全面性思考，也常自我反省，不受先天所限，時常強迫自己學習，並坦然面對本身的缺點，請別人指導，好的意見則欣然接納。他不願被人看做是盲者，又不想僅僅跟別人一樣，對於學習，就格外努力。

在學調音的人中，也有人是學不好、學不成而被淘汰的；邱國鐘卻能經歷各種評鑑，一枝獨秀。對他調音技巧的評鑑：在琴廠由師傅評斷他調的好不好，後來通過政府的檢定考試後，受到社會認可；出來做個人調音師，則看客戶的滿意度。為了讓客戶更有信心，他學習彈鋼琴等樂器，也聽很多不同版本的音樂，不斷「閱讀」了解樂理和鋼琴的特質；他不只會調音，也懂音樂。更特別的是：他不只調鋼琴的音，凡是他會操作的樂器，如簫、電子琴等，或有人告知其樂器各絃的位置和轉動的方法，他都能為這個樂器調音。學調音以來，他對音樂有了很大的興趣；「把一個亂七八糟的樂器的音，調成漂亮的音」是他從事調音工作最大的快樂，所以他會把調音當作終生職；和調音專業有關的事，他都會去學、去做、去參加。他每年回到惠明，免費為學校的鋼琴調音，更把準備調音執照考試有關的點字書和題庫，捐給盲人機構，並鼓勵盲朋友去應考，這種回饋及利他的精神，令人欽佩。

6、陳逢椿的故事

在台北美術館還沒開辦之前，春之藝廊是唯一一所展式各類美術作品的地方，這個藝廊就是陳逢椿先生創辦的。他自學成功畫油畫，師大美術系邀請他去為學生開課，可惜他沒有接受；不過他曾在師大舉行個展，所長也選了一些他的作品和該系教授的作品，一起帶到四川成都去展覽。去年，又在台南高工創辦美術館，回饋母校，對文化藝術的推動不遺餘力。

「我從小的時候，本身就喜歡塗鴉，但是我沒有機會學；現在是事業有成以後，趕快辦退休，就可以讓我兒童時候的希望把它達成，是我一生的願望。」家中也只有他一個人，在藝術方面有成就。後來他唸台南高工，學土木，當然多少也要畫圖；他三、四十歲在建築業就已經很有成就，蓋了西門町的實業大樓及萬年商業大樓。「我賺了一點錢就開始做回饋工作，從收藏藝術品，再來創辦春之藝廊也繼續收藏，到現在為止，有六、七百件的收藏品。」二十年前，大安扶輪社徵求社旗，他的作品入選，至今還在使用。多年的看畫、選畫、改畫，雖然從未拜師學過，卻累積了深厚的功力，民國八十五年第一次畫了兩張油畫，就有模有樣；此後用自己的方法、不同的工具，畫了很多表達內心理想的畫。他的個性積極、自由、開朗、豪放、輕鬆、民主、沒架子、自尊、自信、不喜歡受拘束、我行我素、不畏強權。

他畫畫的動機是「好奇和對藝術的嚮往」，他自幼就喜歡畫圖；對藝術的興趣，一直維持到中年時期收藏畫，將近老年才提筆畫畫。事業有成後開始收藏畫，但收藏前要多看、要懂畫，要評鑑畫的好壞，所以，他說：「我畫看得比任何人多。」他看畫不只欣賞畫作，還要「瞭解他（畫家）的內心世界，他的哲學」，

也就是要看畫家的人品，「你這個人，品行不好，你畫得再好，我也不會收。」可見他收藏的標準，是十分嚴苛的。另一方面，他一邊看畫，也一邊想，假使我自己畫這幅畫，我要怎麼畫，他說：「其實我三十年前，就在畫畫啦！」所以欣賞各種畫作、探討畫家的內在並思考自己如何表現，這是他自我導向學習畫畫的歷程。其實，評鑑就是整合，評鑑的次數越多，建構的體系越完整，在陳逢椿學畫的歷程中，得到了證明。

他學畫的方法很特別，他沒有老師也不看書，只看畫；不過他會做比較，分辨不同的畫風，不同社會現象下的表現，他也常做試驗和研究，「我肯花很多錢下去研究」。他連畫畫的工具，都跟別人不一樣，「我不跟人家一般傳統，因為我搞不清楚那是怎麼一回事。」他畫畫，用色、畫法都只為「創造出美來」，很自知性的選擇，自創畫法，經過試驗後得到他認為滿意的結果。更特別的是，他也常將家中收藏的畫作拿來修改，使它更完美；畫看多了，他有批判的能力，及自己認定的一套標準，知道哪兒好、哪兒不好，也知道如何把不好的地方修改好，「改畫」竟成為他的學習方式之一。

他學畫畫的目的，在尋找美的表現境界，實際的目標設定在成為「畫家」，而非只做「畫匠」。依他的看法：畫匠只求寫實、畫得像，是沒有感情的；而畫家是「超脫的、超越的、有理想的、有抱負的，要畫你自己心裡天地思想所追求的東西」。別人說好或說壞，他不在乎，「因為我不是畫給你」，他也不賣畫，「你也管不到，我畫我高興！」畫畫是為自己，繪畫只是一個工具，用以傳達他的思想、紓解他的情緒。心情好可以畫，心中有怒氣或不滿，也可藉畫畫來發洩，求醜也可以；紓解情緒的畫畫，成為

他學習的正增強，所以會終生持續畫下去。

　　他在繪畫方面無師自通，得力於他所具備的特殊能力，包括欣賞、比較及批判的能力。另外，他有很好的自我反省能力：會解讀自己，深入剖析自己的價值觀及所處社會之缺失，並思考改進之道，再建構自己的邏輯。他更有豐富的創新能力，能自創畫法、使用各種不同於傳統的工具，來表現自己內心的想法。在人力資源方面，親密家人均支持他的興趣，更有一位促成他提筆畫第一張油畫的後輩—師大美術研究所的張德文先生，是他走上畫畫途徑的「重要他人」。在非人力資源方面，他有豐厚的環境歷練，「基礎在於我看的多，我的人生過程比人家豐富的多，你看我的履歷……都是一個腳步、一個腳印，沒有一個是代理的地方。」由於人生的歷練，尤其是苦的環境，讓他有自己的思想、哲學、生活邏輯和生命價值，藝術上才有創新的表現。很可慶幸的是：他從未進入任何藝術學校，也未曾拜師學藝，所以沒有學院派框架的束縛，可以自由發揮。但是畫畫的興趣卻和他的生活結合在一起，穿衣、炒菜的配色和繪畫都是藝術，也都是生活的一種表現。

　　在生活上，他不跟別人有大衝突，被人欺負，過去就算了，散掉就沒事。在畫畫方面，若畫不好怎麼對待？他認為「畫不好你就要修正，把它修到好」，修到符合自己內心的想法，所以他沒有什麼障礙，他以自信來面對挫折。他對畫作的評鑑標準有兩方面，其一是畫家的人格，他說：「我是買那個人的人格，也是買他的尊嚴，那畫家的尊嚴。」其二是畫作的精神，包括所表現出來的人生價值、生活邏輯和理念等。

　　他畫畫是有感而畫，對社會事件做批判或諷刺性的畫作，是

為了匡正社會。他畫畫絕不與利益掛勾，只為回饋社會，「人要有尊嚴，要有價值，你能夠貢獻的，盡量要貢獻給社會。」他要做台灣本土藝術的推手，他認為：要提昇台灣人民的生活品質，一定要往文化藝術方面下手，所以他創辦春之藝廊，來達成他的理想。他也常把收藏的作品「捐給醫院、給社團義賣，做他們的社會救助基金」，這都是很有意義、回饋社會的工作。

7、黃威融的故事

　　黃威融是 1988 年暢銷書*旅行也是一種 shopping* 的作者，繼之又出版了 *Shopping young* 及*生存在台北的100 個理由*兩本名列排行榜上的圖書。他也為幾本雜誌和報紙寫專欄，「自由作家」似乎是大家對他的認識。其實，他做過廣告，現在正找尋最能發揮他自己專長、且自己感興趣的工作方向；他代表著新一代年輕人的形象。

　　國中二年級起，發現自己不喜歡理工、數學方面的科目，高中在建中，就只得選擇不被學校重視的社會組。高二喜歡文學及人文，也讀了很多課外讀物，並負起編輯班刊的工作，這個傳統倒造就了他日後的發展。他自己分析，「我蠻會做資料的，會做報告，那大概是天生的。」高一做歷史報告，老師很肯定，對他是正向鼓勵；雖然「我考試成績奇差，可是我很會做報告。…先找出所有有關的資料，然後決定哪些是我要的，再把他們連在一起就行了，做報告是很自然的。」高二編班刊，他覺得：「編輯就是蒐集」；作文及週記，寫讀書或看電影的心得，寫得好的就被校刊轉載，「寫文章這件事，對我來說，好像是一項本領。」當時他很羨慕一些特別有才華、可以寫很多文章的「明星同學」。

　　大學進入台大哲學系，但他想當記者，就參加了大新社的社團，並編輯「*大學新聞*」。後來當了社長，「自己採訪、當主編、拍照，所有的事都自己做，有時還要自己寫，通通要幹啦！」他會先把過去十年的報紙雜誌都拿出來看，以資料為師；「好的、可以用的，就學著做，這是最笨的方法」，但他就是用這種腳踏實地及經驗累積的方式，摸索出如何編報紙。

　　畢業服完兵役後，進入意識形態廣告公司工作，專門看「高

手過招」，其實這個工作並不適合初入此行、缺乏「基本工」的人來作；不過他還是參與了許多天馬行空、發揮創意的案子，也培養了批判的辨識能力。兩年後轉往聯廣，未得充份發揮，時常與上司衝突，短短數月即辭去工作。這段期間，竟悟出對生涯發展的啟發：石頭與袋子。「袋子裡裝了很多石頭，通常都是圓的，卻有一個是尖的；你就一定會戳破袋子；問題在於說，你也要找對袋子。你如果找了一個很奇怪的袋子，太硬了，戳不出來，那絕對出不來了。」也就是說：「正確的人，要找到正確的位置」，才能與環境相配，成為「社會天才」，為社會所用，「他所創造出來的企業報酬，不可限量」，自己也同時大發利市。

他發現自己很有創意，也很有才能，「但並不是所有有創意的人，一定要去做廣告。」黃威融開始從事他所感興趣的編輯「比較流行（popular），比較年輕（young）」之類的東西，並且從編輯的過程中，獲得了成就感。

在學習富創意之編輯的目標中，他的態度是執著而專心的。他相當堅持自己的想法，甚至是很主觀的；想盡辦法與他的團隊溝通想法，和出版者爭辯他自己的行銷（marketing）技術。他的學習方法是向資料學習；此外，他擅長於蒐集，尤其注重對客觀事實及事件的觀察和記錄，從高中起寫日記，大學時更把什麼都記下來；所以同學都說他有「記錄癖」、有「資料癖」。平常生活的點滴記載，就是他的學習累積；也可以說，他的自我導向學習是和日常生活融在一起的，寫日記、記札記、寫情書等。同時，他也注重比較、分析，將蒐集到的資料串連起來；再加上多年來持續編班刊、校園報刊的經驗，終於造就了他的「編輯癖」。

他編輯的東西，強調突破傳統、做出創意，他先觀察、模仿，

勾勒出自己的理念，就堅持貫徹，並走出自己的創意。他是有效率、重視時間分配的人，能在不到三個月時間，出版一本書；每週與編輯團隊成員開會，評估上週進度的達成率，並列出下週的工作程序。不過，他也常遭遇挫折，面對困難時，只有「忍下來」和「熬過去」；他對自己很有信心，絕不相信有自己做不到的事，所以總是憑毅力渡過了難關。

　　他對人文的愛好及對寫文章和編輯的興趣，加上他蒐集、整理、分析、比較和串連的能力，對創意的執著，深入瞭解年輕及流行的趨勢；又正趕上社會轉型，青少年文化抬頭，老舊制式工作模式的不討好，他能抓住 popular、young、creative 的表現方法，成為炙手可熱的編輯奇才。一群有相同理想的同儕和出版界及讀者的反應，造成了自導學習成功的這麼一個編輯高手。他主張英雄應該自我出擊，往社會上去找時勢，然後時勢才會造就你這位英雄。

　　他重視行銷自己，他評鑑自己學習的方法是，看看學習目標的應用性；除了發揮自己的長才，還要名利雙收。不只為社會好，他自己也要得到相對的報酬才行，就是他所謂的「社會人才」，而非單純的學者；這真是當前年輕一代與傳統成功者，最不同的地方。

8、崔光宙的故事

音樂評論家崔光宙先生，絕非您想像的是音樂科班出身，他目前是某大學教育系所主任、所長，音樂評論是他自學成功的。他從小住在台北，上面有四個成績優異的姊姊，母親給他們的教育是「很特殊的」，就是說採用「開放式的教育」。例如：母親出門的時候說：「你自己想辦法弄吃的。」家裡的鐘壞了，就拿給兒子說：「修好它。」記得唸幼稚園的時候，媽媽從香港帶回來一台名牌的五燈收音機，用了一陣子，它就不響了，媽媽叫他去看看；他拆開來看，有一根真空管不亮，到電器行買了一根一樣的，插回去就好了，這時他才國小二年級呢！雖然全家並沒有人喜歡音樂，可是他就是很喜歡聽音樂。從小學二年級起，就開始買唱片；中午不捨得吃飯，把錢省下來去買唱片，尤其是四、五十分鐘長的交響樂曲，他說：「聽得很過癮，因為很長。」小學成績並不好，六年級還唸了兩次；可是家人並不給他壓力，也不罵他，父母親只告訴他：「假如你考不上中學的話，就只好去做工。」所以像他這樣「成績很爛的人，還是很有自信。」

一路接觸音樂相關的事項，由於聽的多，聽力也訓練得很好；初中時已有相當水準，「我唸初中的時候，就在那個校刊上寫了一大堆文字，音樂老師看了都嚇了一跳。」唸高中時，做過性向測驗，機械推理、抽象推理跟空間觀念三項是接近滿分的，只有數字能力不太好；所以後來他學音響、汽車和電腦等，都很順利。

大學考上某大學教育系，成功嶺受訓時，認識一位台北工專的同學，他會裝配音響；回學校後，把兩三個月的公費湊起來，由他幫忙組裝了一台音響，聽起音樂來。不幸兩個月後，擴大機

燒掉了,想找他幫忙修理,他卻一直沒空,只好自己拆開來,照朋友電話中指示的去做,卻還是修不好;「就找一些簡單的電子書來看」,結果也無法起死回生,只得放棄。太想聽音樂,可是音響太貴,公費生又窮,買不起。但是自己買零件組裝,卻很便宜,既然經濟環境無法配合,只好自己裝,如此逼出了對音響機件的摸索和研究。

　　他學的是教育,喜歡的是音樂,他說音樂是「心靈核心的一部份」,是深層的文化表現,教育和文化又有不可分的關聯,其實他最大的興趣是在「對整個文化的了解」。他又選了歷史做為輔系,可見他的興趣很廣,包括文化、文學、寫作、音樂、歷史、哲學、音響、汽車、電腦、文化旅遊介紹、烹飪、股票等,尤其難能可貴的是:樣樣精通。他認為「興趣是天生存在的,不是去找出來的」;不過應該擴大生活範圍,若碰觸到自己的興趣,一定馬上會知道,這就是你所要的。

　　他常跑國家音樂廳,聽世界第一流的高貴音樂,現場經驗豐富;他喜歡音樂、懂音樂、聽的多、又有好的聽力來判別音響之優劣,對音樂不只是興趣,還講求「品味」,要求完美。但是買到的唱片、音碟卻都是「爛的音樂」,高貴的聲音沒有被做出來,因為做音樂的人不懂音樂。他評論音樂,完全以現場精緻的聲音做為標準;許多專業雜誌都找他寫稿,沒有他的稿子,連雜誌都賣不好。在大學通識教育課程中,開有音樂鑑賞,深獲同學喜愛。

　　他的學習策略是問題導向的,例如:想聽音樂,只好學習組裝音響;不甘心二流的旅遊導覽,就自己學著來做。方法則是實際動手操作,直接面對問題來解決,尤其注重親身經驗,例如:親自到現場聽一流音樂;而親身聽、看或接觸的目的,是為了「找

出道理」。學習態度是積極絕對的，而且不輕言放棄。他很有目標，也會先立下短程目標，達到再往前走，有方向感，知道自己要學的是什麼，不懂的會找人問到底，或找更多資料來研讀。學習的歷程是自然的，因為對音樂有興趣，就會注意音樂中的細節，也會多接觸、多聽，結果就把聽力訓練成行家了；他的學習也就是他的休閒，更是他生活的一部份。不過他和一般自我導向學習者最大的不同是：進入一個新領域，從不準備，「直接就跳進去」；大多是碰到問題了，只好跳進去再說，若有需要，就會去研究。自導學習成功後，到國家音樂廳或聽自己組裝之音響中流洩出的高貴音樂，能達到他品味的要求—「更好、最好的」，得以享受他的生活，這是他學習的正增強，也是對他辛苦的回饋。

他有絕對的自信，自信讓他全然沒有挫折感；經過自我反省及分析，對自己有強烈的肯定，能客觀判斷自己東西的好壞；所以不怕朋友的批評，也不受旁人之影響，擇善固執。他喜歡變化、不怕新，生活中隨時隨處都有吸引他的新事物，他也不斷增廣見聞、多方接觸，來發現新興趣，他說：「我已經轉過很多行了。」可見他的興趣拓展很快。他是很積極、主動的，不服人事、環境的不理想，勇於自己跳出來改進，不只動口批判，他是行動派，自己來做，說改就改。「這樣可以享受到更好的東西，為什麼要去忍受次級的。」但是，他也很有彈性，認為自己可以做的事很多，若「真做不來的事情，你就不要勉強自己去做。」因為這可能不是你的興趣，有興趣的事，一定也有能力去做。

能寫出一針見血的樂評，他擁有文字表達及批判的先備能力，另外對音樂的深入了解，及對音響的敏銳辨別力，則是他所獨具的特殊能力。在資源方面，技術性問題他會找人問，比較快，

他有三教九流的各類學習同儕;學術性問題,則大多自己找資料來讀。年輕時經濟拮据,激發他自己組裝音響;學成後寫樂評,也因為有雜誌須要這類稿子,有發表的機會;所以環境的機緣,也很重要。

　　他是以現場的標準,來判斷音樂的好壞,這是絕對高水準的評鑑。他的樂評,原則上由他自己來評斷,因為他求完美,對自己的要求很高,也不認為別人有資格評論他的作品;在客觀方面,則由雜誌讀者及其銷售量來評鑑。他很少有挫折,就算真遇上了,他也以建設性方式來處理,例如:機器修不好卻有了新發現,他認為自己原有的知識增加了,是很快樂的事。他的自學方式也應用到教學上,讓學生親身經歷困難,去面對,再輔導他解決,學生才能學到精髓;教學不隨便給高分,也是「有品味」的老師。

9、楊厚基的故事

　　看到美女手上戴的鑽戒，你知道價值多少嗎？自己會不會買到假的寶石？這裡要介紹一位自學成功的寶石鑑定家，楊厚基先生；民國六、七十年代，台灣只有三位鑑定寶石的專家，他是其中一位。他父親一直在台中市開銀樓，從小就和哥哥兩人在店裡幫忙洗金子，哥哥還會做首飾加工；後來又增加了鐘錶部門，哥哥也學會了。漸漸，店裡有關鐘錶的事由哥哥負責，銀樓就由楊厚基負責；不過銀樓的生意大多是楊厚基太太經營的；他自己則一直在高職教書，課餘才幫忙店裡的工作。自幼實際操作與接觸的經驗，培養了他對寶石的興趣；少年時也喜歡打球，不過其他專長則無，只對寶石，情有獨鍾。

　　銀樓工作面臨「區別真寶石與人工合成寶石的需要，做為定價錢的依據」，他開始積極尋找這方面的知識，但當時台灣的寶石鑑定還是一片荒原，沒有資料可讀，也沒有人可以請教。後來加入美國寶石學院的函授寶石鑑定課程，獲得寶石鑑定證書，開業為各銀樓及顧客，進行寶石鑑定並定出價格。

　　由於他仍是全職的高中教師，開業幾年後改為義務性寶石鑑定，不收費，時間也比較自由；不為利益，完全是自己的興趣使然。教書之餘，仍不斷閱讀相關的外文雜誌，也在中文寶石雜誌上發表專文，探討寶石處理的新技術及新知識。近年來，從美國寶石學院畢業的學弟妹越來越多，他又發起成立全國性的寶石協會，結集同好，一起討論專業問題。1997 年，還參加了*寶石與寶石學季刊*（*Gems& Gemology*）所舉辦的挑戰（challenge），「全球共 200 餘人獲得滿分，亞洲有四人，我是台灣的唯一一人。」他不斷吸收新知，切磋鑑定技巧，寶石鑑定將成為他終生

的嗜好，樂此不疲。

　　森林系畢業，在台中高農任教並兼圖書館館長的他，利用課餘之暇，自己尋找學習機會，無遠弗屆的向美國寶石學院取經，藉函授方式修課，完成每單元的作業，通過筆試和鑑定實作，得到證照。這種自我導向學習的精神源於他自幼對寶石的興趣，碰到職業上對寶石真偽、等級、價格之鑑別需要，讓他定下了非學不可的決心。台北手工藝推廣中心，由張心恰先生所開的寶石鑑定課程，是台灣僅有的學習機會，他每週從台中趕到台北上課，更觸動了他的學習動機。等到獲得美國寶石學院有寶石鑑定證照課程的消息後，便如獲至寶地註冊上課。採用遠距教學的函授方式，校方寄來兩大本原文教科書，都有十公分厚，他自己讀，完全是自我導向式的學習。「該課程約有五十個單元，讀完每一單元要做作業，再寄給導師（instructor）評閱。導師評分後寄回給學生，並在作業中，指導學生該加強的部分。學生如有困難或問題，可以在作業中提問題，由導師指導解答，如此絕大部分的問題都可解決。」可見該校的課程設計十分優良，導師輔導，更是功不可沒。

　　他長期訂閱美國寶石學院所發行的*寶石與寶石學季刊*，每週大約花三至五個小時閱讀，以吸收新知。他的學習歷程是：自己訂進度、自己唸書、自己找答案做完函授課程的作業；當時缺少中文參考書，連寶石專用的英漢字典都沒有，唸英文書的辛苦可想而知。他很有毅力，又有銀樓接觸寶石、鑽石的經驗，才能略有領悟；不懂得的地方，就以書面方式，向導師請教。不過，「有時候提問一個專有名詞，老師解答中，更有一大串我看不懂的專有名詞，這是最困難的地方。」他不自誇又能腳踏實地的學習，

勇於發問，才能學成。

在學習資源方面，經濟支持不成問題，要買寶石、鑽石來鑑別，家中都供應不缺。家庭方面，妻子很配合，從協助家中銀樓生意開始，夫妻同心。在人力資源方面，函授課程的導師，是他學習中最重要的校正標準，評閱作業並對問題給予回答，是他的「重要他人」。學習之初，從報上看到余玉雲女士，從美國學成的消息，給了他一個學寶石鑑定的夢；後來鄰居同行，統一珠寶少東劉銘智先生，告訴他美國寶石學院的地址，兩人一起註冊去學習，都是很重要的人物。不過，前述兩人，都是住校生在美國上課，楊厚基一個人採函授方式，在台灣並無同儕可以相互切磋商討，是他學習時最感苦惱的事。此外，沒有專業團體的資源，沒有參考資料，沒有工具書，也沒有精密的鑑別儀器，一切靠自己摸索，若非過人的毅力、才智、極大的興趣、森林系曾修過礦物學的先備知識及銀樓的實務經驗做後盾，是無法做到的；尤其他有強烈的學習動機，才得以克服如此多的學習障礙。

美國寶石學院對函授學生的學習成果評鑑，包括筆試和實作兩項。筆試由學校寄考題給由學生推薦的監考人員，考四小時，收卷後，寄回美國評分。實作檢測要評鑑寶石的 4C：Carat（重量）、Color（顏色）、Clarity（純淨度）及 Cut（切割）。「每個學生必須正確地鑑定分析十顆鑽石的品質，並作成品分析報告，包括標出瑕疵的位置。」這樣嚴格的評定，楊厚基函授自學一年後，就順利通過了，並得到寶石鑑定證書，對他是一種專業上的肯定。此後，他利用課餘之暇，評定分析鑽石品質並定價，成為本省寶石鑑定的權威。他也發表專文或做演講，對後學有很大的幫助；更成立珠寶協會，希望集合眾人之力，作專業的推展。他因

為有興趣，不為名利，對學習中所遇到的困難有建設性的看法，將之視為挑戰，所以對別人來說十分艱難的寶石鑑定，他卻能適當地融入他的生活內；而且他說這會是他退休後終生鑽研的領域，真是一位自我導向學習成功的終身學習者。

10、蔡清波的故事

　　從小生長在鄉村農家，上學前要先挖蘆筍，放學後也要下田工作；農家生活中實做的經驗與對農事的了解，培養了他對植物及大自然的興趣。後院榕樹上，有白鷺鷥寄居，他很好奇，就爬上樹觀察，從此喜歡鳥，也開始觀察鳥類的生態。

　　進入屏東師專就讀時，碰到把生物課教活了的恩師，這位老師教學生做動物標本，將生物與生活結合，並宣導生態及保育觀念；蔡清波深深被自然生態所吸引。畢業後在國小任教，每天教孩子們認識當地的花和草各一種，使生物知識與地方生態結合在一起，「我請小朋友和家長幫我製造兩個竹筒。他們每天早上來的時候，兩位值日生，一位採一朵花，一位採一把草；我就從這些花草當中，要他們認識和瞭解。…不知道的就查年鑑或回去問爸爸媽媽。」他上課時，也注重科學方法和觀念的引導及延伸。

　　後來考上高雄市國中老師，並協助籌辦三民家商的建校工作。對學校的建築、景觀及樹木的規劃，都有幸參與；尤其對每種植物的名稱、生態、瞭如指掌。接著就到三民家商任教，並先後兼圖書館主任、總務主任及教務主任，「我做什麼事，就扮演什麼角色。」希望把自己想做的事做好。

　　他腳踏實地，曾獲師鐸獎及木鐸獎的表揚。他一邊教書、一邊進修，完成台灣師大教研所及高師大國研所四十學分；目前更利用夜晚在中山大學國研所進修正式的碩士學位。除了教學與進修之外，他還肩負許多額外的任務─擔任兒童文學學會的理事長、翰林文教基金會執行長、為中華鳥會撰寫宣傳資料、擔任賞鳥解說員等，並出版有十多種專業文章及出版品。

　　在賞鳥的自我導向學習中，自幼對自然的喜好，師專生物課

的培養，任教後引導學生認識鄉土植物；又遇到志同道合的同事，一起賞鳥、觀察、了解鳥類生態，參加鳥會活動，再將心得報告記錄下來；更轉化為兒童文學形式，啟迪孩子們愛鳥的感情。妻子也賞鳥，全家一起在國內、外觀察並記錄鳥類行蹤，成為他們日常生活及教學生涯中，不可或缺的一部份。

　　他很樂觀，「我這個人是很樂觀，而且常常自我滿足。」更是一位厚道、謙虛、專注、為自己的學習負責任的終身學習者。他努力、細心、思考敏銳、整合力強、善於管理時間、重視互動和創新，奠定了他「快樂中學習」及「滿意中求進步」的學習態度。他擅長蒐集資料，包括各國、各地的鳥類圖鑑、網路資訊、專業刊物，並利用與專業團體與同儕，到田野實際賞鳥活動及研討，累積相關知識。賞鳥的學習歷程，包括問題思考、觀察、蒐集相關資料、查證資訊、發現解答，增加了專業知識後，再做整理和發表，並接受他人指正、修訂；更甚則轉為較容易為兒童或初入門者接受的形式，做創意性的文學介紹。

　　他不好高騖遠，先設定近期目標，達成後再往前走。「我的過程是比人家慢、比人家辛苦一點，但是我還是很有自信的走我要走的路；就是說，走到這一步我就會看下一步，這樣的走下去」。對於挫折，他更採用建設性的補救方法來看待，例如，有人指正錯誤，代表有改進的空間；退稿不氣餒，可更精進；受老師體罰不生氣，知道其背後的意義；賞鳥未見到特殊的鳥種，沒關係，反正也呼吸到了新鮮空氣。遇有成就也不自誇，只知道自己樂在其中。他更將賞鳥的功力，應用在平時的教學中，書寫介紹性文字，義務擔任各種團體的鳥類解說員，發現新奇鳥類蹤跡，則寫專業報導，或轉化為文學方式，傳遞鳥類鑑賞的心得。

　　在教學方面，他注重引導和啟發，讓學生發表自己的想法，充分討論，並培養創造思考的能力。教學盡量旁徵博引，時常變更教學內容及方法，督導學生上網查資料，整理、分析、比較，甚至做觀察實驗，再做成研究報告，對學生獨立研究能力的訓練，功不可沒。他具有文字表達的先備能力；這是來自他對兒童文學方面的興趣及寫作的經驗。另外，他具有相當紮實的研究能力，包括研究方法的訓練及時間管理的技能；均得力於研究所的培養及他自己切實執行時間分割，抓住瑣碎時間的身體力行之結果。在人力資源方面，師專生物老師是他的「重要他人」；志同道合的朋友及配偶的導引與支持，更是他持續下去的力量。相關資料及器材等非人力資源及鳥會等專業團體的支持，更是促成他自我導向學習不可或缺的重要項目。

11、劉美珠的故事

　　劉美珠小的時候住在台東，家境清苦；卻得天獨厚地受到未婚、住在他家之義父的栽培。從小學了許多藝術方面的相關才藝：舞蹈、唱歌、體操、國劇、電子琴、鋼琴等，而一直持續參與的項目有：舞蹈、花式溜冰、外家武術、內家拳（太極）和瑜珈。由於有興趣又有舞蹈天份，最喜歡這方面的活動，每年參加舞蹈比賽都得獎；不但義父高興，她自己也很有自信，總在得獎的光環下過日子。國中時，被選為體操校隊，且擔任隊長。

　　體操校隊每天都要練習；後來升入全年級只有兩班的「好班」後，情形有了很大的變化。前段班的同學每天都在背書、補習；她練體操佔去很多時間，也沒有補習，學業成績總是「吊車尾」，「整個人從自信到自卑，到完全跌落谷底。」在以學業成績為唯一品評學生標準的風氣下，她總是抬不起頭來，不只受到老師的嘲諷，同學也會用掃帚打她，這是她人生中的「黯淡期」。這期間，只有在體操隊中找到自我，她覺得「在舞蹈的情境中，是唯一能夠自我滿足，找回一點自信的地方。」從國中以來，一直是自信心不夠，覺得自己不好，對很多事都很害怕，更不敢去做，「都在人家的眼光裡面活」，在別人建構的框框裡扮演自己。

　　大學聯考，考上師大體育系，跟麥秀英老師學習舞蹈，打開了她的視野，更培養了優良的教學能力。大學時交了男朋友，林大豐，此人成為她日後生命中的「重要他人」，林大豐不斷鼓勵並支持她。例如她要參加青年友好訪問團的甄試，她身懷多種才藝，卻一直認為自己「不行」，林大豐卻不斷告訴她「妳行」；考試時還是林大豐用力把她推進考場去應考，就在三百多應考者中，脫穎而出。大學期間，她加入了各種職業舞團，每年都參加

他們的舞展；她什麼舞都不排斥，從民族舞蹈、芭蕾舞、現代舞到社交舞都跳。大三時還參加雲門舉辦的舞蹈營，表現優秀，林懷民找她簽約，當他們的舞者。要把舞蹈當成專業或只是業餘嗜好，這是很困難的抉擇；後來考慮到職業舞者生存及舞齡不長的問題，又因她另一項「當老師」的濃厚興趣，而選擇了教職。

她從小就很喜歡當老師，「在舞蹈教室，體操隊中，我就是一直扮演小老師的角色。」老師也常請她代課或帶著其他隊員練習，自幼累積了豐富的教學經驗。她對動作的敏感度很高，一向在保護學習者的肢體及分析動作等方面，很有概念。選擇做為舞蹈教育者，不但有自己當老師的工作，又可以兼顧跳舞的興趣，她覺得很愉快。

自己在教舞的過程當中，發覺許多舞者，雖然年紀輕輕的，脊椎、骨盆、膝蓋、腳踝都有問題；都是過度使用，及技巧的要求超出身體負荷的程度所造成的。在師大體育研究所時，運動哲學課曾經介紹過「身心學」（somatics）--透過動作和心靈的感覺與整合，使舞者能思考、反省並整合過去的經驗，讓自己的學習紮根；這些觀念和瑜珈、國術，尤其是太極拳的觀念相吻合──反求諸內心。她體會良多，覺得舞者不只是技巧的訓練，要練習「時時的跟身體對話，傾聽身體的聲音。」

後來前往美國俄亥俄州立大學體育研究所博士班進修，更接觸了身心學方面的課程。舞蹈、健身的過程中，要「不斷跟身體溝通，了解自己的有限性在哪裡，哪邊可以再伸展開來」，這是一個身心調整的過程，而不是把肢體當機器，不停的操練而導致運動傷害。目前，她在台東師院的體育系所任教，並利用假期在俄亥俄州立大學進修舞蹈教育碩士。

　　劉美珠自幼學舞蹈，但都沒有進入專業的舞蹈學校，一直以自我導向學習的精神，找舞蹈社的老師學舞，參加職業舞團練舞並演出；後來也從事舞蹈教學及編舞、導舞，尤其從身心學的觀點來解析舞蹈的內涵和自我的限制，然後做最適合的表達，提升了侷限於「技術」層面的舞蹈意義。在她學習的各階段中，她不斷進行「整合」：將自己從老師學到的，和自己體會到的整合起來，再以「小老師」的角色，去指導其他成員。她對舞蹈的興趣，被義父發掘，並培養了相關才藝之前置能力，在舞蹈教室及體操隊擔任小老師的正增強，加上舞蹈演出與得獎的肯定，由身心學體會出的自信，對於她的學習都是十分重要的。她更是一位很堅持的人，對動作敏感、善於向內反省並自我覺察。對身心學有深刻體會後，舞蹈不再只是舞台上的行為，而是與自我息息相關的生活之一部份。她所強調的是心靈、感覺、情緒和思考的身心統合，「先知覺到什麼叫緊，什麼叫鬆；有了區別，你才能選擇，有選擇，你才能改變。」舞蹈、體操、健身不是一味苦練，是先要去知覺，做比較，再選擇自己可達到的情況，去做改變；這種反省式的學習程序，專注於自己。

　　經由身心學引出她對人體動作的不同看法及教學態度。她的教學注重口語引導，隨時讓學生回想自己這個動作在做什麼，和另一個動作有什麼不同；她不注重繁複多變的姿勢，卻運用技巧簡單的動作來說明；並利用抽象的概念，引發學生的思想和互動，以整合他們自己的經驗。她鼓勵學習者，不但要知道自己身體的情形，也要觀察自己的心理狀態，以促進自我成長。舞者應學會探索自己內心深層的感受，並設計如何聯合舞台上、下雙方的心理感受，舞蹈不祇注重外顯的技巧而已；舞者跟身體對話，

聽身體的聲音，順著身體的意願和情緒來展現。至此，舞蹈成為一種紓解心靈的共鳴，是更為深入的生命表達。這種革命性的舞蹈觀，及自我反省式的舞蹈教學法，對今後的舞蹈教育有舉足輕重的影響。她為舞蹈所設定的目標就是：「出神入化，從有形進入無形的境界」，若非採用身心學的觀點，怎麼能達得到呢？

要扭轉目前舞蹈教育，重技巧演練的傳統是很艱難的工作，不過她體會到身心學觀點的益處，她盡量在自己的教學，和同行間正式、非正式討論中，宣傳這種著重心靈層次的舞蹈表現法及教學法的必要性，這種利他的崇高理想，是自導學習者的特色。

12、靜慧的故事

　　民國五十二年出生的靜慧是瑜珈老師，小時候因為家境不錯，所以學過舞蹈、鋼琴；到了國中階段，因為胖了起來，高中時就有減肥的念頭，引發了學瑜珈的機緣。她說：「高一那時候，大概高一下學期，有一次去書展，看到瑜珈的書，每個圖片都讓身材弄得很漂亮、很吸引人，所以就買了書回來看。....中間覺得蠻有成就的感覺，就是一個月以後瘦了5公斤。」

　　可是大約就在這段時間，靜慧的媽媽發病、住院了，得的是紅斑性狼瘡；靜慧畢業後，就到醫院照顧媽媽直到出院，當時媽媽的身體不好，她就想讓媽媽做點運動，對身體會有幫助。剛好那時候邱淑真在電視上廣告瑜珈的好處，因此搬到岡山後，她就去找瑜珈老師開始學瑜珈。不過，在她認為，這不算是她第一次拜師學瑜珈，「我第一個瑜珈老師，應該算是我高中的體育老師，因為她導引我進來，岡山算是第二個老師，第一個老師並不是很刻意去拜，但是她給我一個很好的觀念：瑜珈並不只是做運動、讓身體的扭轉，而是應該要有靈性方面的修持。」

　　跟著這位老師，學了一年多以後，同班的一位媽媽同學提醒她，以她的資質，可以到外面的世界，去學更精進的瑜珈；同時，靜慧的爸爸也提醒她做選擇的原則。她說：「我當時學瑜珈、又學插花，插花也學得不錯，插花老師也認為我蠻可以走插花路線。但是我爸爸他提醒我，站在比較經濟的立場來看這件事，插花只要你用心每個人都可以插得很好，瑜珈每個人能做得好的可能比較少，瑜珈這條路，站在經濟立場上，應該比較可行。」

　　於是她開始加入瑜珈團體，也聯絡上當時在華視「今天」節目中，負責瑜珈教學的華淑君老師，慢慢擴大了她的瑜珈世界。

「華老師算是在我們台灣比較元老的大師，我慢慢找，後來跟她聯繫上，知道他們在南部要開個導師班，因為畢竟我們要走這條路線，還是需要拿到執照，一個認定、一個肯定，所以我就慢慢跟她聯繫上，參加她的導師班，慢慢發現好多大師、一些南部的老師都在瑜珈學會裡頭，然後才慢慢把事業擴開。」

參加瑜珈導師班時，靜慧已經開始教瑜珈了，但導師班的學習經驗，讓她有了另一種看法：「我接觸外面東西，我發現學的東西是真的很少，我有那種感覺，反而別人給我掌聲，我好像真的不夠，你這樣給我鼓勵，我反而有一種壓力那種感覺，然後會提醒自己要再多學習、多學習。」

正如同靜慧自己說的多學習，她在學習這條路上，真的走的相當寬、也相當遠：「當初這條路，是我自己跌跌撞撞這樣子一直摸索出來的，....什麼都是我自己去找，找到資料，趕快去問這個老師在那裡？要怎麼樣去找到這個老師？什麼、什麼，各方面都是我自己去聯繫，各方面去找這老師適不適合？適合就留下，不適合就再換老師，一直、一直就這樣子。」

靜慧在選擇老師上有自己的標準，她說：「像我們瑜珈，真的除了就是動作上的指導，其實個人的修養很重要，....是一些對自己身體的那種認識，或者是一些理論啊、或者是靈修啊、靜坐這方面的東西，我倒是覺得，需要有一個老師來開啟我，所以那時候我找老師是比較放在這方面的。」

然而學習過程中也會有挫折，當不順利的情形發生時，經過多年的摸索，她得到一個心得：「有的時候真的是太疲累了，就會使用過度了，就會有那種酸痛心要產生，然後到那階段，你就會覺得就算再怎麼來都沒辦法去突破、再怎麼來都沒辦法去進

步。在那時候我就會用另一種角度去看，然後會告訴自己，瑜珈不只是在身體上看自己，我到了這種極限以後會在另一個角度，可能是靈性各方面再去加強。比方你在飲食方面配合了，你的心情放輕鬆了，你的各方面都在幫助身體的柔軟度，所以當我碰到這種問題時，通常都把問題轉移。」

　　這種轉移學習焦點的方式，使靜慧大大地拓展了學習領域，目前她除了瑜珈外還學：「比較上說起來，還是與瑜珈有關的，像針灸、刮痧、氣功，都是瑜珈的統合。....我碰到問題時，會在這些方面做精進，來幫助我。」

　　除了學習上的堅持，靜慧在教學上也很執著，她認為：「我有我的堅持，今天我既然來這裡教，你就要尊重我；....我覺得我教的東西是你要的，你跟我有緣，你就留下來，如果你要的東西不是這些，那你可以另外再換老師。」

　　一路走來，她認為對她幫助最大的人非她先生莫屬，因為：「我先生是比較會支持我的人，有問題請教他時，他會評估並給我他的看法。」

　　展望未來，靜慧認為瑜珈與她已經是不可分割的整體了，她說：「我想這輩子是絕對不會停了，因為我不會把瑜珈定位在瑜珈就是瑜珈，我會覺得生活就是瑜珈。瑜珈是幫助我們過比較正常生活的方法，所謂『正常的生活』，第一個你的身體一定是健康的，你的精神是健康的，你的各方面一定都是健康的。這是一種生活的東西，所以我這一輩子，就是這樣瑜珈下去了。」

13、D-F 的故事

　　D-F 小時候住在台中鄉下，六個孩子中排行老五，家裡做「尤龜丫粿」的生意，家境貧窮，賃屋並常遷徙，學費繳不起；居住空間不夠，反造成手足間感情很好，人際互動頻繁。從小幫忙揉麵糰，練出手勁，尤其手的感覺很好；而且「什麼工作都做，那裡有錢賺就去哪兒，蓋房子、綁鐵條、灌水泥、磨石子、做樓梯，我都做過。鋁門窗什麼的，大概家裡的東西，都能自己用、自己修。」他也喜歡拆卸東西，「像收音機，我不把他拆開，就覺得難過。」拆完了，想辦法把它裝回去，修理好，而且都還是「用自己的方法，去解決它」。父母親生意太忙了，從來不管孩子學校的事和功課的事，放任自由，倒培養了孩子發展出自己待人處事的原則，和對自己負責的態度。

　　進了國中，因為從來沒有考過智力測驗，智力測驗成績不理想，被分發到「放牛班」。在放牛班被選為風紀股長，他個子不高，卻以「同理心去了解同學們」，用自己的方法，把班級管得好好的。只是放牛班一向被學校放棄，老師都不太好，同學們也自認自己是沒有用的人。他覺得國中三年「上課根本對我一點用處都沒有，我都是自己看書，全都靠自己。」習慣於自學，「我要學什麼，我一定先去找各方面的資料，然後就先看，看了之後，有興趣再學。」由於來自窮苦家庭，國中同學大多生活在黑道色彩濃厚的複雜環境中；他痛恨自高的人，不排斥低層社會大眾，對各種人都有興趣，人際關係也很好，他會因對象不同而做不同的應變，他可以和同學、朋友，甚至公車上的乘客、路人有很好、很誠懇的接觸，能察覺他人的疾苦，也能讓對方信任他，並接受他的手療服務。

　　高中唸台中縣私立立仁中學，聯考進入師大體育系，主修網球；開始對傳統推拿、按摩、手療等發生了興趣。其實，幼年時，母親常用刮砂等民間療法來治療家人的小病，後來也跟老人家學過一些，對這些東西很感興趣。高中曾經受傷，被人推拿治好過，就想要學這個技巧；大學撐竿跳，腳受傷，自己看書推拿，也把傷治好了。大二時，有位學長到體育系講運動按摩，更直接引發了他的興趣，第二天就去他的診所學了起來。此後，斷斷續續的學習，「推拿、按摩，變成了他生活裡面的一個部分。」唸研究所時，又學了針灸，也做了相關的研究報告；針灸可以彌補按摩所無法處理的問題。到美國俄亥俄州後，更學了瑞典式按摩且得到證書；唸博士班時，也以手療的身心學為主題，進行實驗和深入的探討，並且得到博士學位，目前在台東師院體育系所任教。

　　他一向關懷別人，樂於助人，學習手療為常常發生運動傷害的體育系同學解決痛苦。他對自己的決定很有自信，不太受他人影響；他不逃避問題，也會自己找出解決的方法。「我學東西，就是一頭栽進去，我一定要學到一個相當的程度。」只要是有興趣的，就去鑽研；以體育系學的解剖學和生理學等相關知識為基礎，加上自己看書找資料或去問別人，弄懂為止；再應用出去，為自己和朋友推拿，或申請專案來做研究和發表研究報告。把自己和朋友的疼痛治好了，得到正增強，就更加努力去學；可見他採用的學習策略，是以解決問題為取向的。不過他和一般自導學習者不同的是：他並不為學習手療，設定什麼想要達到的目標或成就，他認為這樣「反而失去樂趣了。」

　　他除了學習手療，解除別人的痛苦外，他希望對按摩、推拿能有特殊的貢獻，就是：「我要把按摩的技術再做一些努力，讓

大家來認同，做些努力提升它的技術層面，符合現代社會的需要，譬如說，腳底按摩，可以不要那麼痛苦等。」他為別人推拿，從不收錢，都是義務性服務，與一般自導學習者一樣，擁有崇高的理想，完全沒有利益的意念。

　　他為人做手療會非常投入，「我一邊做，一邊會研究這個人，而且好像是一個雕塑家那種心態，會把每一塊肌肉，按摩到我覺得他滿意了為止。」他要與對方的身體做溝通，要不停的摸索，達到雙方都滿意的地步才可以，這是他對自己技術的評鑑。但是按摩和推拿的效果是慢的，有時按摩無法克服的狀況，就得以針灸來彌補：一針下去，立即見效，所以他也學針灸。學習時面臨的困難，就是沒有可以相互切磋、討論的同伴，因為他的環境中並沒有人學手療。不過，他卻能換個角度來看這件事，把它看成是另一種衝擊力，激勵自己更多方蒐集資料、多思考；在學習過程中，依然充滿了喜悅，而沒有什麼失敗。他也很感謝被他按摩過的人，他認為是這些人提供了他，學習和瞭解患者的機會，他真是位知道感恩的人。

　　在學習方面，他很有自信並且能夠自由地學習，他認為「學習是沒有界限的」，他不為自己設限，也不被別人設限。學習是他生活最大的動機，「我有樂趣，我的生活很充實」，他覺得活得有價值、人生有意義，是因為他可以做自己覺得有興趣的事、做他喜歡做的事。他說：「當你走對了路，你才能一輩子快活；就是要找到一個最大的樂趣，一個讓你能持續去發現學習樂趣的事。」這是一位成功自我導向學習者的心聲。

14、Stacy 的故事

　　大學中文系畢業的 Stacy，在民國八十五年到八十七年間，開了三年的花店，後來雖然抵不過經濟不景氣的壓力，將花店轉讓出去，但是開花店的經驗，卻足可視為她自我導向學習成功的一個範例；下面就讓我們來看看她的故事。

　　在個性上，Stacy 有兩種不同的面向：一方面，她是個完美主義者，好強、喜歡變化，對作品的要求總是效果重於成本的控制；她說：「他們插的我都不滿意，……每天都要做到三更半夜，就是每一盆出去的花我插到最後，我會不計較成本，一定要好看，我絕對沒有辦法忍受人家說，我店裡出去的東西是不好看的；然後再來就是，我一定會挑出最好的花來插。」但是另一方面，現實的經歷卻又塑造了她自我了解、務實的一面，對目標的設定絕對不會好高騖遠，一次設定一個具體可達成的目標，完成之後，再思考下一個目標的擬定，她說：「我的毅力會堅持到我所設定的一個標準，就是說：我可以堅持到我最後到達了，就夠了。」

　　在沒有學習過插花，就經營成功花店的過程中，她與人不同的先備能力在於，對美的事物特別敏銳，能夠判斷花藝的好壞；也就是說，具有對佈局、結構、色彩的評鑑能力。這種能力，在小學時代是表現在一筆漂亮的字，而當時師長的讚美，更增進她對美感的追求；經過國中及高中時代學藝股長的歷練、校內外書法、美術比賽的焠鍊，都成為她插花時的重要能力。

　　由於練習書法，需要相當長的時間才能見到成效，因此養成她堅持的毅力，對設定的目標一定努力達成，又由於書法的學習，需要用心才能有所領悟，因此不知不覺間，就培養出專心思

考的學習態度，而長時間的練習，訓練出來的肌肉穩定度，對於後來插花也有很大的幫助。

民國八十五年，Stacy 原本只是要協助姊姊獨立，因此兩人合開了一家花店，由已經學過十幾年插花的姊姊負責花藝設計，她負責經營。誰知三個月後，姊姊經不住人情壓力，又回到原來的花店，她只好自己開始摸索花藝設計。從一個對插花一無所知的門外漢，要按照顧客的要求，送出各式各樣的花藝成品，Stacy 的歷程是從模仿入手，先依樣畫葫蘆地按照書上的方法，插出大眾化的成品，穩住客源，再進一步到閱讀理論的書籍，思考「為什麼」的答案；接著注意到生意中能接觸到的所有花藝成品，去感覺、去理解、去分析，最重要的是要評鑑出每件作品是好是差，如果她自己做，又能怎樣發揮，希望的就是將心中抽象的感覺，能具體的藉由花藝表現出來。她說：「剛開始的時候，我只是照單全收；第二個階段，再看這本書的時候，我就知道原來他為什麼要把這個東西跟那個東西搭在一起，他還是有他的道理在；然後到最後的階段，我可以選擇，知道什麼樣的書寫的好，什麼樣的書，寫的不好。」。

在這一段摸索的過程中，她採取的重要方式是綜合別人的方法，舉一反三，按照一種模式再引伸出不同的作品來；這種秉持變化而不是創新的秘訣，是 Stacy 能夠迅速開創出花店格局的重要原因。她說：「我去學這些東西，絕對跟人家學的方式不太一樣，我要的東西是我沒見過、沒看過的，我從他這一堂課下來，就可以做很多，....不是說我是很有創意的人，只是說我比較能夠舉一反三。」在與花相處的過程中，沒開花店之前，第一次在過年前的市場，賣五天花賺四萬塊的經驗，可說是重要的敲門

磚;之後在花店經營的過程中,被選入台北市的花綠小站,與其她知名花店負責人平起平坐的經驗,給予她充分的自信心。她相信學習能否成功,主要關鍵還是在自己,不過基本的概念是,每一種學習都有它不可錯過的重要基石;即便她已經能對客人的要求應付自如,她仍抽空從基礎學起。也因此,才了解到自己先天具備評鑑美的能力,原來已經將色彩的搭配、平衡與比重考量進去,對從事與「美」有關事務的信心,就更增強了一些。

雖然花店轉讓出去了,但買花、插花、佈置生活空間,已經成為她生活的一部份,她相信只要有機會,還是會在一間花店中,看到她充滿自信的笑臉問你,她能提供你哪些服務?

附錄二 ：訪談大綱

1. 可否請你談談你的家庭情形？父母、配偶、家人、子女等

2. 請談談你的學歷好嗎？

3. 說一下你的職業經歷？第一次工作、工作轉換及工作的性質

4. 你的興趣何在？

5. 當你尚未投入這個領域之前，你對具有這方面的專長，有些什麼樣的期盼？

6. 為何決定學習這個項目，或這方面的內容？

7. 曾思考過，這個學習會成功嗎，或會失敗？

8. 想過，學成後有何好處嗎？

9. 為何採用自我導向的學習方式？這種學習方式有何優缺點？

10. 你投入這個領域中多久了？這段期間是持續的，還是斷斷續續的？大約都在什麼時候學習的（週間，週末，早、中、晚……）？

11. 你對於「學習」採取什麼態度？你覺得學習有興趣嗎？

12. 你向誰來學習？怎麼找到這（些）位老師？或是資料？這位（些）老師的特色何在？老師的教學方式如何？這些資料、資訊的特點何在？資料的檢索方式如何？

13. 你對自己的期望是什麼？

14. 影響你最大的「人」是誰？或是那件「事」？

15. 你曾經放棄或轉換跑道嗎？為什麼？後來為何又再重操舊業？

16.在學習過程中,你經歷過什麼樣的挫折?你是如何克服這些
困難的?還有尚未克服的困難嗎?這些經歷對你有哪些影
響?

　　(1)　「時間」是你的學習障礙嗎?

　　(2)　「經濟條件」會是你的學習障礙嗎?

　　(3)　「健康狀況」呢?

　　(4)　家庭是否阻礙你的學習?

　　(5)　同儕朋友間的競爭,是否會是學習的障礙?

17.在學習的過程中,你曾獲得哪些幫助?對你來說,什麼樣的
幫助是重要的?

　　(1)你如何看待所謂的「專家指導」?

　　(2)你覺得學習的夥伴重要嗎?

　　(3)家人的支持,對你的學習重要嗎?家人如何支持你?

18.學習時,不可或缺的資源、設備、工具等,有哪些?

19.你如何學到精髓?運用哪些技巧,例如:尋找資料,分析,
歸納,組織,變成通則,記憶,運用,創新,抽象思考或模
仿等?

20.可否談談第一次作品發表或表演的情況?你的感覺如何?對
以後的學習有何影響?

21.你對「成就感」的定義是什麼?如何追求成就感?

22.你認為什麼才是「成功」?如果失敗或不成功時,怎麼去面
對?

23.你學習的成果如何產生?約在學習進行了多久以後才產生?

（6） 有了成就感之後，有沒有對你的學習計劃產生變化？

（7） 到目前為止，你所獲得的成就，具體的有哪些？

（8） 在這個領域中的成就，如何影響你的日常生活？是否影響你的職業進展？

24.你認為哪些要項，是讓你成功的重要元素？

25.要成為這方面的專家，基本須具備什麼能力或素養？

26.除了前面所提的這項學習外，你還熱衷於哪些學習？

27.這些學習，為何沒有像前面所提的專才一樣，得到充分發揮？可以做個比較嗎？

附錄三 ： 訪談原則

1、先以電話或親訪，邀約參加此一研究為研究對象。

2、以電話約定訪談時間及地點，並告知大致的訪談方向及問題。

3、訪談前，研究人員先對研究對象做一般性瞭解，並查閱相關資料，明白其成功項目之大概情況；若有疑問或某些特殊之處，則註記於訪談大綱上，以便訪談時隨時詢問。

4、請求研究對象准予錄音，方便謄寫逐字稿；但保證謄寫後立即銷毀錄音帶。訪談之前，檢查錄音機功能，並攜帶電池，以備訪問場所無插座時，仍可錄音。

5、評估訪談地點，必須安靜，無他人干擾亦無其他聲源，如：音樂、市聲、人言、犬吠等，以便取得質優的錄音資料。

6、準時到達訪談地點。

7、訪談前，先向研究對象的成功表示欽佩，並向他(她)願意合作及公開「成功秘笈」，予以致謝。

8、原則上以兩位研究人員一起訪問，一搭一唱，比較容易掌握討論方向。

9、若有研究對象熟識的其他相關人員，同學、朋友、配偶等，樂意加入訪談，也表示贊同，順便可以做三角檢測，使訪談資料更正確。

10、一邊錄音訪問，研究人員仍一邊速記重點及非語文溝通符碼，對特殊停頓或表情等，均予以註記。

11、一項問題談完後，在訪談大綱上做記號；並由研究人員重點重述一次，以免誤解原意。

12、隨時注意訪談大綱，尚未鉤上「已訪問」記號的事項，要趁機提出詢問。

13、事前曾記下待詢問的疑點及特殊事件，找適當機會發問。

14、若談話內容離題太遠，想辦法委婉拉回研究主題。

15、注意控制時間，大約一小時完成訪談；否則時間太長會令人生厭，尤其謄長的逐字稿很費力。

16、訪談中，絕不堅持或起爭執，完全以研究對象主訴為準。

17、訪談結束後，向研究對象致最深的謝意；並請求若有不清楚之處，能以電話補充訪問或澄清疑點。

18、訪談之後，盡快將錄音帶轉為逐字稿。

19、每一階段訪問兩、三位研究對象，而非一次將所有研究對象訪問完畢。兩三個研究對象一組，訪問後謄稿、修訂訪談大綱；才再邀約兩三位訪問，直到資料飽和為止。

附錄四：自我導向學習準備度量表

　　為瞭解我國常民社會中的一般成人，能成功進行自我導向學習
的情形，乃進行此一自我導向學習成功模式之研究，您的答案對我
們十分重要，可做為其他成人自我導向學習的參考。特奉上問卷一
份，請您填答，謝謝您的熱心協助。

敬祝

　　萬事如意

國立台灣師範大學社會教育系

郭麗玲　敬啟

　　　　　　　　　　　　　　　　　　　　　　八十九年十二月

一、作 答 說 明

　　本問卷是在瞭解您如何學得最好，及您對學習的感受如何，讀完
每一個句子請選擇一個最像您的答案，每個問題均請回答。這裡的
答案沒有所謂的對或錯，因為每個答案是在表示您的感受如何，通
常看到問題後，第一次呈現自您腦海中的答案，對您而言是真實的。

通常有下列反應：

1、從未如此感受

2、偶而如此感受

3、有時如此感受

4、大都如此感受

5、總是如此感受

二、以下請回答

<table>
<tr><td>總是如此感受</td><td>大都如此感受</td><td>有時如此感受</td><td>偶而如此感受</td><td>從未如此感受</td></tr>
</table>

↓↓↓ ↓↓

□□□□□　1.我經常想要學習。

□□□□□　2.我知道要學什麼。

□□□□□　3.當我對一件事情不瞭解時,我就不去管它。

□□□□□　4.對我想學的事情,我會設法去學習。

□□□□□　5.我喜歡學習。

□□□□□　6.我希望指導我的人能夠明白告訴我,該做什麼。

□□□□□　7.我自己無法單獨把一件事做得很好。

□□□□□　8.我知道從哪裡去獲得自己所需的資料。

□□□□□　9.我比大多數的人,能夠自我學習得更好。

□□□□□　10.即使我有很好的想法,但我無法發現實現的辦法。

□□□□□　11.在學習的時候,我參與決定學什麼及如何學。

□□□□□　12.如果對所學的東西有興趣,我會認真學習。

□□□□□　13.我是唯一能夠對所學的東西負責任的人。

□□□□□　14.我能知道什麼時候學得不錯。

□□□□□　15.我想要學的東西很多,真希望每天多幾個小時。

□□□□□　16.只要我決定學習,不論多忙,我都會抽空去學。

總大有偶從
是都時而未
如如如如如
此此此此此
感感感感感
受受受受受
↓↓↓　↓↓

□□□□□　17.要瞭解所學的東西，對我來說有困難。
□□□□□　18.如果我不能學得很好，那不是我的錯。
□□□□□　19.我知道什麼時候我需要學習得更多。
□□□□□　20.只要我得到誇讚就好了。

□□□□□　21.我認為圖書資料及資訊，都是枯燥乏味的。
□□□□□　22.我羨慕總是在學新東西的人。
□□□□□　23.我能夠想到許多不同的方法，來學習新東西。
□□□□□　24.我嘗試思考所學的東西，如何與自己的計畫配合。
□□□□□　25.任何我需要知道的東西，我都能自己去學習。
□□□□□　26.我樂於尋找困難問題的答案。
□□□□□　27.我不喜歡思考沒有正確答案的東西。
□□□□□　28.我對事情常有很多疑問。
□□□□□　29.我完成學習時，感到很高興。
□□□□□　30.我不像其他人那樣，對學習感到興趣。

□□□□□　31.當我決定探討某些事情時，我就會去做。
□□□□□　32.即使不能確信結果怎樣，我仍然喜歡學新的東西。
□□□□□　33.我不喜歡別人指出我的錯誤。

總大有偶從
是都時而未
如如如如如
此此此此此
感感感感感
受受受受受
↓↓↓ ↓↓

☐☐☐☐☐　34.我擅於提出做事的新方法。

☐☐☐☐☐　35.我喜歡思考未來。

☐☐☐☐☐　36.我比多數人更能發現需要學的東西。

☐☐☐☐☐　37.我不為困難的問題所阻擋。

☐☐☐☐☐　38.我能做自己認為該做的事情。

☐☐☐☐☐　39.我的確擅於解決問題。

☐☐☐☐☐　40.我會在學習團體中，成為一位領導者。

☐☐☐☐☐　41.我喜歡討論一些想法。

☐☐☐☐☐　42.我不喜歡學習困難的東西。

☐☐☐☐☐　43.我實在很想學新的東西。

☐☐☐☐☐　44.學習愈多，世界變得更美好。

☐☐☐☐☐　45.學習是一件有趣的事情。

☐☐☐☐☐　46.使用我認為可行的方法，要比嘗試新的方法更好。

☐☐☐☐☐　47.我想要學得更多，因為它可以使我越來越好。

☐☐☐☐☐　48.整天不停的學習，令人厭煩。

☐☐☐☐☐　49.懂得學習的方法，對我來說是重要的。

☐☐☐☐☐　50.不管我年紀多大，我仍能繼續學習。

總大有偶從
是都時而未
如如如如如
此此此此此
感感感感感
受受受受受
↓↓↓　↓↓

□□□□□　51.我會終生學習。
□□□□□　52.每年我都自行學習許多新的東西。
□□□□□　53.不論在何時、何地，我都是一位好的學習者。
□□□□□　54. 能繼續不斷學習的人是領導者，因為他的知識能
　　　　　　　　與時俱進。
□□□□□　55. 我想知道自己是否能解決問題。

參 考 文 獻

中文部分：

丁興祥、李美枝、陳皎眉（民77）。<u>社會心理學</u>。台北：空大。

布魯克菲爾德（Brookfield, S.）著，李素卿譯（民86）。<u>成人學習者，成人教育與社區</u>。台北市：五南。

卡瓦諾夫(Cavanaugh，J. C.)著。徐俊冕譯（民86）。<u>成人心理學－發展與老化</u>。台北：五南。

克拉漢（Kellaghan, J.）等著，吳國醇譯（民85）。<u>家庭環境與學校教育</u>。台北市：五南。

史特勞斯（Strauss, A.）& 苛賓（Corbin, J.）合著，徐家國譯（民86）。<u>質性研究概論</u>。台北市：巨流。

幼獅文化事業股份有限公司（民72）。<u>幼獅少年百科全書</u>。台北市：幼獅文化。

光復書局編輯部（民79）。<u>光復科技百科全書</u>。台北市：光復。

朱敬先（民75）。<u>學習心理學</u>。台北市：千華。

朱瑞玲（民75）。<u>青少年心目中的父母教養方式</u>。台北市：中央研究院民族研究所。（專刊乙種之16）

何青蓉 (民87)。促進自我導向學習：一個契約學習教學實驗的省思。<u>Proceedings of the National Science Council, 8</u>(3)，頁417-426。

余光中（民87）。<u>五行無阻</u>。台北市：九歌。

林進財（民 87）。學習自主權：自我導向學習理論在教學上的意義。國教之友，50（2）：13-20。

洪世昌（民 84）。我國空中大學學生自我導向學習傾向及其與學習成就關係之研究。國立台灣師範大學社會教育研究所碩士論文。

胡幼慧(民 85)。質性研究：理論、方法及本土女性研究實例。台北市：巨流。

胡夢鯨（民 85）。自我導向學習理論及其在成人基本教育上的意義，在蔡培村主編，成人教學與教材研究。高雄市：麗文文化，頁 207-227。

格瑞德樂(Gredler, M. E.)著，吳幸宜譯(民 83)。學習理論與教學應用。台北市：心理。

郭重吉（民 76）。評介學習風格之有關研究。資優教育季刊，23：7-16。

郭麗玲（民 88）。從我國圖書資訊專業人員自我導向學習談資訊素養教育，在國立台灣師範大學社會教育系主編，資訊素養與終生學習社會國際研討會會議論文集。台北市：國立台灣師範大學社會教育系，頁 337-359。

張秀雄 (民 82a)。自我導向學習與成人教育。國立台灣師範大學公民訓育學報, 3:125-142。

張秀雄（民 82b）。發展自我導向學習能力的途徑。成人教育，15：33-39。

張秀雄（民 83）。自我導向學習初探。成人教育，17：42-48。

張春興（民 64）。心理學。台北市：東華。

張春興（民 90）。現代心理學。台北市：東華。

陳貞夙（民 84）。空中大學學生成年前家庭成長經驗與自我導向學習準備度之關係研究。國立中正大學成人及繼續教育研究所碩士論文。

黃明月（民 86）。博物館與自我導向學習。博物館學季刊，11（4）：31-36。

黃富順（民 76）。自我導向的學習及其在成人教育上的意義。社會教育學刊，16：77-94。

黃富順（民 86）。成人心理與學習。台北市：師大書苑。

黃富順、陳如山、黃慈（民 85）。成人發展與適應。台北縣：空大。

梅義爾 (Mayer, R.)著，林清山譯 (民 86)。教育心理學：認知取向。台北市：遠流。

游伯龍（民 87）。習慣領域：IQ 和 EQ 沒談的人性軟體。台北市：時報文化。

項必蒂（民 80）。師院生學習教育心理學之動機與策略及其相關因素研究。台北市：國立政治大學教育研究所博士論文。

楊國樞（民 75）。家庭因素與子女行為：台灣研究的評析。中華心理學刊，28（1）。

台灣省政府教育廳兒童讀物編輯小組（民 67）。中華兒童百科全書。台北市：台灣書店。

鄭惠美（民 84）。自我導向學習衛生教育策略工作手冊。台北市：國立台灣師範大學衛生教育研究所。

鄧運林（民 84）。成人教育與自我導向學習。台北市：五南。

劉瓊慧（民 89）。國中補校成人學生閱讀策略及其相關因素之研究。台北市：國立台灣師範大學社會教育研究所碩士論文。

盧美貴（民 69）。國小教師教導方式與學生學習行為之關係。台北市：國立台灣師範大學教育研究所碩士論文。

錢　蘋（民 46）。教育心理學。台北市：學人。

鄺芷人 （民 81）。陰陽五行及其體系。台北市：文津。

（隋）蕭吉（民 72）。五行大義。台北市：武陵。

蕭錫錡、陳聰浪（民 85）。自我導向學習在教師專業發展上之應用。成人教育，34：32-37。

蕭錫錡、張家仁（民 86）。自我導向學習的概念及其在成人教育的應用。社教雙月刊，80：18-25。

英文部分 ：

Adams, A.（1992）.An Analysis of locus-of-control and self-directed learning readiness in relationship to age, gender, and education level in older adults. Doctoral dissertation, University of South Florida. Dissertation Abstracts International, 53：2219.

Adenuga, B. O.（1989）.Self-directed learning readiness and learning style preference of adult learners. Doctoral dissertation, Iowa State University.

Alspach, J. G.（1991）.The self-directed learning readiness of baccalaureate nursing students. Doctoral dissertation, University of Maryland College Park. Dissertation Abstracts International, 52：1980A.

Atkinson, J. W. & Raynor, J. O(1974).Motivation and achievement. Waskington, D. C.: Winston.

Baldwin, A. L(1945).The Appraised of parent behavior.

Barnes, K. L.（1998）.Curiosity and self-directed learning readiness among a sample of baccalaureate nursing students. Doctoral dissertartion, The University of Oklahoma. UMI ProQuest Digital Dissertations.

Bayha, R. A.（1983）. Self-directed learning of Northwest Missouri farmers as related to learning resource choice and valuing. Doctoral dissertation. Kansas State University.

Becker, H. (1970). Sociological work. Hawthorne,N.Y: Aldine.

Beder, H., Darkenwald, G., & Valentine, T.（1983）.Self-planned professional learning among public school adult education directors: A Social network analysis. Proceedings of the Adult Education Research Conference, no.24. Montréal: Universitié de Montréal.

Bitterman, J. S. (1989).Relationship of adults' cognitive style and achieving style to preference for self-directed learning. Doctoral dissertation, Northern Illinois University.

Bonham, L. A. (1989). Self-directed orientation toward learning: A Learning style .In Long, H. B. & associates (Eds.), Self-directed learning: Emerging theory and practice. Norman, OK: Oklahoma Research Center for Continuing Professional and Higher Education, University of Oklahoma.

Box, B. J. (1982).Self-directed learning readiness of students and graduates of an associate degree nursing program. Doctoral dissertation, Oklahoma State University. Dissertation Abstracts International, 44：679A.

Brockett, R.G.(1982).Self-directed learning readiness and life satisfaction among older adults. Doctoral dissertation, Syracuse University.

Brockett, R. G. & Hiemstra, R. (1991). Self-direction in adult learning: Perspectives on theory, research and practice. London: Routledge.

Brookfield, S. (1985). Self-directed learning: A Critical review of research.in Brookfield S.(Ed.). Self-directed learning: From Theory to practice. San Francisco, CA: Jossey-Bass.

Brookfield, S. (1986). Understand and facilitating adult learning. San Francisco, CA: Jossey-Bass.

Bruner, J. S. (1966). Toward a theory of instruction. Cambridge, MA: The Belknap Press of Harvard University

Press.

Caffarella, R.(1993).Self-directed learning. New Direction for Adult and Continuing Education,57:25-35.

Caffarella, R. S. & O'Donnell, J. M.（1988）. Research in self-directed learning: Past, present, and future trends. In Long, H. B. & associates（Eds.）, Self-directed learning: Application and theory. Athens: Adult Education Department, University of Georgia.

Candy, P.C. (1991). Self-direction for lifelong learning. San Francisco, CA: Jossey-Bass.

Cavalier, L.A.（1992).The Wright Brothers' Odyssey：Their flight of learning. In Cavalier, L. A., & Sgroi, A.（Eds.）, Learning for personal development . （New Directions for Adult and Continuing Education ,no.53. ） San Francisco, CA： Jossey-Bass.

Chang, H. H. (1990). The relationships among contract learning, self-directed learning readiness and learning preferences of undergraduate students at National Taiwan Normal University (Taiwan, China). Doctoral dissertation, University of Missouri—Saint Louis. UMI ProQuest Digital Dissertations.

Cheren, M. (1983). Helping learners achieve greater self-direction. In Smith, R. M. (Ed.), Helping adults learn how to learn. New Directions for Continuing Education, 19: 23-38.

Conway, M.T.（2000）.Personal factors in the success of early adopters of a major technology：Faculty experiences with interactive video teaching. Doctoral dissertation, University of

Illinois at Urbana-Champaign. UMI ProQuest Dissertations.

 Coolican, P.M. (1974). Self-planned learning ：Implications for the future of adult education. Technical report 74-507. Syracuse, N.Y.: Syracuse University. (ED095 254)

 Costa, P. T. Jr.,& McCare, R. R.(1980). Still stable after all these years: Personality as a key to some issues in adulthood and old age. In Baltes, P. & Brim, O. G. (Eds.), Life-span development and behavior.Vol. 3. Orlando, Flo.: Academic Press.

 Cranton, P. (1996). Professional development as transformative learning. San Francisco, CA: Jossey-Bass.

 Cross,K.P.(1986).Adult as learners. San Francisco, CA: Jossey-Bass.

 Danis, C. (1992). A Unifying framework for date-based research into adult self-directed learning.In Long, H.B. & others (Eds.), Self-directed learning: Application and research. Norman, Okla: Oklahoma Resaerch Center for Continueing Professional and Higher Education, University of Oklahoma.

 Diaz,P.C.(1988).Life satifaction and learner self-direction as related to ethnicity in the older adult. Doctoral dissertation, The Ohio State University.

 Durr, R.E. （1992）. An Examination of readiness for self-directed learning and selected personal variables at a large midwestern electronics development and manufacturing corporation. Doctoral dissertation, Florida Atlantic University.

 East, J. M.(1986). The Relationship between self-directed learning readiness and life stisfaction among the elderly. Doctoral dissertation, The Florida State University.

Ellsworth,E.(1989).Why doesn't this feel empowering?Working through the repressive myths of critical padegogy. Haward Educational Review, 59(3): 297-324.

Elsey, B.(1974). Voluntary organizations and adult education. Adult Education (UK)46:391-6.

Even, M.J. (1979). Overview of cognitive styles and hemispheres of the brain research, and Interpolation of cognitive styles and hemispheres of the brain research into adult education terminology toward formulation of research hypotheses. (A two-part paper). Paper presented at the meeting of the Adult Education Research Conference, San Antonio, Tx.

Fellenz, R. A. (1985). Self-direction: A Clarification of terms and causes. Eric Document Reproduction Service. No. Ed 254627.

Flannery, D.D. (1993). Global and analytical ways of processing information. In Flannery, D.D. (Ed.), Applying cognitive learning theory to adult learning. San Francisco, CA: Jossey-Bass.

Frisby, A. J. （1992）. Self-directed learning readiness in medical students at the Ohio State University. Doctoral dissertation, The Ohio State University. Dissertation Abstracts International, 52：2896A.

Gardner, B. S.(1989). A Study of the relationship between self-directed learning readiness and work environment among various state government employees. Doctoral dissertation, University of Missouri-Columbia.

Garrison , D. R. (1997).Self-directed learning ：Toward a

comprehensive model. Adult Education Quarterly,48(1): 18-33.

Gersterner, L. S. (1992). What's a name? The Language of self-directed learning. In Long, H. B. & others (Eds.), Self-directed Learning: Application and research. Norman, Okla: Oklahoma Research Center for Continuing Professional and Higher Education, University of Oklahoma.

Gibbons, M., Bailey, A., Comeau, P., Schmuck, J., Seymour, S. and Wallace, D. (1980). Toward a theory of self-directed learning: A Study of experts without formal training. Journal of Humanistic Psychology, 20(2):41-56.

Griffin, V. R. (1989). Self-directed learning: Theories. In Titmus, C. T. (Ed.), Lifelong education for adults: An International handbook. New York: Pergaman.

Gross, R. (1981). Independent scholarship: Passion and pitfalls. Chronicle of Higher Education, 22(16): 56.

Grow, G. O. (1991). Teaching learners to be self-directed. Adult Education Quarterly, 41(3): 125-149.

Guglielmino, L. M. (1977). Development of self-directed learning readiness scale. Doctoral dissertation, University of Georgia. UMI: MI.

Guglielmino, P. J. & Guglielmino, L. M.（1983）. An Examination of the relationship between self-directed learning readiness and job performance in a major utility. Unpublished manuscript.

Haan, N., Milsap, P., & Hartka, E. (1986). As time goes by: Change and stability in personality over fifty years. Psychology and Aging, 1: 220-232.

Haggerty, D. L. （2000）. Engaging adult learners in

self-directed learning and its impact on learning style. Doctoral dissertation, University of New Orleans. UMI ProQuest Digital Dissertations, 9970118.

Hammond, M. & Collins, R. (1991). Self-directed learning: Critical practice. London: Nichols/GP Publishing.

Handford, G. E. (1991). Comparison of self-directed learning readiness scores among nurses in critical-care and medical-surgical areas. Master dissertation, California State University.

Harriman, J. P. III. (1990). The Relationship between self-directed learning readiness, completion and achievement in a community colloge telecourse program. Doctor of Education dissertation, University of Georgia.

Hassan, A. M. (1982). An investigation of the learning projects among adults of high and low readiness for self-direction in learning. Doctoral dissertation, Iowa State University. UMI ProQuest Digital Dissertations.

Hersey, P.& Blanchard, K. (1988). Management of organizational behavior: Utilizing human resources. (5th ed.) Englewood Cliffs, N.J.：Prentice Hall.

Hiemstra, R. (1976). The older adult's learning projects. Educational Gerontology, 1: 331-41.

Hiemstra, R. (1985). Self-directed adult learning: Some implications for facilitators (CEP 3). Syracuse, N.Y.: Syracuse University Printing Service. (ERIC Document Reproduction Service. No. ED 262 260)

Hiemstra, R. (1988). Self-directed learning: Individualizing instruction. In Long，H.B. & associates (Eds.)，Self-directed learning: Application and theory.（pp.99-124）.Athens, Georgia: University of Georgia, Adult Education Department.

Hudspeth, J. H.（1991）. Student outcomes : the Relationship of teaching style to readiness for self-directed learning. Doctoral dissertation, Montana State University. Dissertation Abstracts International, 52:3514.

Hutchins, S. E.（2000）. Adult perspective on self-directed learning. Doctoral dissertation, The Fielding Institute. UMI ProQuest Digital Dissertations.

Isaacson , E. K.（1987）.Cognitive learning processes of successful adult learners : A Phenomenological study.Illinois： Dekalb.

James, W. B., & Galbraith, M. W. (1985). Perceptual learning styles: Implications and techniques for the practitioner. Lifelong Learning, 8(40): 20-23.

Jarvis, P.（1987）. Adult Learning in the social context. London：Croom Helm.

Jones, C.J.（1989）. A study of the relationship of self-directed learning readiness to observable behavioral characteristics in an adult basic education program. Doctoral dissertation, University of Georgia. Dissertation Abstracts International, 50 : 3446A.

Kathrein, M A. (1981). A study of self-directed continuing professional learning of members of the Illinois Nurses' Association: Content and process. Doctoral dissertation. Northern Illinois University.

Keith, T., Sylvia, T. & Yvonne, R. (1990). Health education: Effectiveness and efficiency. New York: Chapman & Hall.

Kidd, J. R. (1973). How adults learn. Chicago: Association Press.

Knowles, M. S. (1975a). Self-directed learning. New York: Association Press.

Knowles, M. S.(1975b).Self-directed learning：A Guide for learners and teachers.

Chicago：Follett Publishing Company.

Knowles, M. S. (1980). The Modern practice of adult education: From pedagogy to androgogy. (2nd ed.) New York: Cambridge.

Kolb, D. & Fry, R. E. (1975). Towards an applied theory of experiential learning. In Cooper, C. (Ed.), Theories of group processes. London: John Wiley.

Kolb, D. A. (1980). Learning styles and disciplinary differences. In Chichering, A. W. & associates (Eds), The Modern American college. (pp. 232-255). San Francisco, CA: Jossey-Bass.

Kreszock, M. H.（1994）. A study of the motivational orientations of autodidactic adult learners （self-directed learning）. Doctoral dissertation, The University of Tennessee. UMI ProQuest Digital Dissertations.

Kuo, L. L. (1977). Factors related to management skills of high school library directors in the Republic of China. Ph. D. dissertation, Ohio State University.

Langenback, M. (1988). Curriculum models in adult education. Florida: Robert E. Krieger.

Langston, L. C. （ 1989 ）. Self-directed learning, achievement, and satisfaction. Doctoral dissertation, University of Geogia.

　　Liebert, R. M. & Wicks-Nelson, R. (1981). <u>Developmental psychology.</u>(3rd ed.)

　　Long, H. B. (1989). "Self-directed learning: Emerging theory and practice." In Long, H. B.& associates (Eds.), <u>Self-directed learning: Emerging theory and practice.</u> Norman, Okla: Oklahoma Research Center for Continuing Professional and Higher Education, University of Oklahoma.

　　Long, H. B.,& Agyekum, S. K.（1983）. Guglielmino's self-directed learning readiness scale:A Validation Study. <u>Higher Education, 12</u>: 77-87.

　　McCatty, C.(1973). <u>Patterns of learning projects among professional men.</u> Ph.D. Doctoral dissertation. Toronto: University of Toronto.

　　Mc Carthy, W. F.（1986）. The Self-directedness and attitude toward mathematics of younger and older undergraduate mathematics students. Doctoral dissertation, Syracuse University. <u>Dissertation Abstracts International, 46</u>:3279A.

　　McKeachie, W. J. (1988). Psychology and adult cognition. In Fellenz, R. A. (Ed.), <u>Cognition and adult learner.</u> Bozeman, Mont. :Center for Adult Learning Research.

　　Mancuso, S. K.（1988）. Self-directedness, age, and nontraditional higher education. Doctoral dissertation, University of Washington. <u>Dissertation Abstracts International, 49</u>:699.

　　Manz, K. P. & Manz , C. C.（1989）.Integrating self-directed learning and self-leadship theory：Questions and issues for research and practice.Presented at Visions 89：An International Conference On Adult Education, Calgary, Canada.

Maslow, A. H. (1954). Motivation and personality. New York: Harper & Row.

Mayer, R. E. (1987). Educational leadership, 17-24. approach. Boston, MA: Little, Brown and Company.

Mayer, R. E. (1988). Learning strategies: An Overview. In Weinstein, C.E., Goetz, E.T. & Alexander, F.A. (Eds.), Learning and study strategies: Issues in assessment, instruction, and evaluation. New York: Academic Press.

Merriam, S. B. & Caffarella, R. S. (1991). Learning in adulthood: A Comprehensive guide. San Francisco, CA: Jossey-Bass.

Mezirow, J. (1985). Concepts and action in adult education. Adult Education Quarterly, 35(3): 142-151.

Moore, M. G. (1973). Speculations on a defition of independent study. Proceedings of a Conference on Independent Learning, W.K. Kellog Report 7. Vancouver, Bsritish Columbia: Center for Continuing Education, University of British Columbia.

Moore, M. G. (1980). Independent study. In Boyd, R.D., Apps, J.W. & associates（Eds.）, Redefining the discipline of adult education. San Francisco,CA: Jossey-Bass.

Morstain, B. B. & Smart, J. C. (1974). Reasons for participation in adult education courses: A Multivaviate analysis of group differences. Adult Education, 24(2): 83-98.

Mourad, S. A. (1979). Relationship of grade level, sex, and creativity to readiness for self-directed learning among intellectually gifted students. Doctoral dissertation, University of Georgia.

　　Nah, Yoonkyeong.（1999）. Can a self-directed learner be independent, autonomous and interdependent？: Implications for practice. Adult ﹠ Continuing Education, 11（1）:18-19.

　　Oddi, L. F.（1986）.Development and validation of an instrument to identify self-directed continuing learners. Adult Education Quarterly,36（2）: 92-107.

　　Owen, T. R.（1996）. The relationship between wellness and self-directed learning among graduate students. Doctoral dissertation, The University of Tennessee. UMI ProQuest Digital Dissertations.

　　Penland, P. R. (1977). Self-planned learning in America. Final report of Project 475 AH COO58, Office of Libraries and Learning Resources, U.S. Department of Health, Education, and Welfare. Pittsburgh: Graduate School of Library and Information Science, University of Pittsburgh. (ED 184 589)

　　Penland, P. R. (1979). Self-initiated learning. Adult Education, 29: 170-9.

　　Peters, J. M. & Gordon, S. R. (1974). Adult learning projects: A Study f adult learning in urban and rural Tennessee. Knoxville,　Tennessee: University of Tennessee. (ED 102 431)

　　Pilling-Cormick, J.（1996）.A framework for using instruments in self -directed learning research. In Long, H. B. & others（Eds.）,Current development in self-directed learning. Norman,O.K. : Public Managers Center,University of Oklahoma.

　　Pilling-Cormick, J. (1997). Transformative and self-directed learning in practice. In Cranton, P. (Ed.),

Transformative learning in action: Insights from practice. San Francisco, CA: Jossey-Bass.

Presnell, B. A.(2000). Small business manages and adult learning: A Sudy of how small business managers acquire the knowledge necessary for success. Doctoral dissertation, The Florida State University. UMI ProQuest Digital Dissertations.

Reed, A. W.(1980). Relationship of selected demographic characteristics of adult learners and academic success in a self-directed learning program. Doctoral dissertation, University of Cincinnati. UMI ProQuest Digital Dissertations.

Resnick, L. B. (1987). Learning in school and out. Educational Research, 16(9): 13-20.

Richards, R. K.(1986). Physicians' self-directed learning. Mobius, 6(4): 1-13.

Roberts, D. G. (1986). A Study of the use of the self-directed learning readiness scale as related to selected organization variables. Dissertation Abstracts International, 47: 1218A-1219A.

Rogers, C. R. (1969). Freedom to learn. Columbus, OH: Charles E. Merrill.

Rogers, C. R. (1983). Freedom to learn for the eighties. Columbus, OH: Charles E. Merrill.

Russell, J. W. (1988). Learning, preference for structure, self-directed learning, readiness, and instructional methods. Doctoral dissertation. Ann Arbor, MI : University Microfilms International..

Sabbaghian, Z. S. (1980). Adult self-directedness and self-concept: An Exploration of relationships. Doctoral dissertation, Iowa State University. Di,ssertation Abstracts International, 40: 3701A-3702A.

Safman, P. (1986). Illiterate women: New approaches to new lives. Paper presented at the Annual Conference of the American Association for Adult and Continuing Education, Hollywood, FL. ERIC Document Reproduction Service, No. 275856.

Sears, E. J. B. (1989). Self-directed learning projects of older adults. Doctoral dissertation, The University of North Texas.

Shelley, R. (1992). Relationship of adult's field-dependence-independence and self-directed learning. Doctoral dissertation, University of Idaho. Dissertation Abstracts International,52: 4190A.

Shimray, S. L. (1999). An analysis of the relationship between Christian maturity and self-directed learning readiness of Asian women in Tarrant County, Texas. Doctoral dissertation. Southwestern Baptist Technological Seminary. ProQuest Digital Dissertations.

Six, J. E. (1989). The generality of the underlying dimensions of the Oddi Continuing Learning Inventory. Adult Education Quarterly, 40(1): 43-51.

Skager ,R.W. (1978).Lifelong education and evaluation practice. Oxford, MA：Pergamon Press.

Skaggs, B. J. (1981). The relationship between involvement of professional nurses in self-directed learning activities, locus of control, and readiness for self-directed learning measures. Doctoral dissertation, University of Texas at

Austin. Dissertation Abstract International, 42: 1906A.

Spear, G. E. (1988). Beyond the organizing circumstance: A Search for methodology for the study of self-directed learning, In Long, H.B.& associates (Eds.), Self-directed learning: Application and theory. Athens, GA: Department of Adult Education, University of Georgia.

Spear, G. E. & Mocker, D. W. (1984). The organizing circumstance: Environmental determinants in self-directed learning. Adult Education Quarterly, 35(1): 1-10.

Strong, M. (1977). The Autonomous adult learner. M.Ed.dissertation. Nottingham: University of Nottingham.

Stubblefield, C. H.（1993）.Childhood experiences and adult self-directed learning. Doctoral dissertation, Auburn University. UMI ProQuest Digital Dissertations.

Thiel, J.P.（1984）.Successful self-directed learning styles. Proceedings of the Adult Education Research Conference, no.25. Raleigh, N.C：North Carolina State University.

Tompson, L. M.（1999）. Love of learning as the driver for self-directed learning in the workplace. Doctoral dissertation, Case Western Reserve University. UMI ProQuest Digital Dissertations.

Torrance, E. P. & Mourad, S.（1978）. Some creativity and style of learning and thinking correlates of Guglielmino's self-directed learning readiness scale. Psychological Reports, 43:1167-71.

Tough, A. M.（1966）.The assistance obtained by adult self-teachers. Adult Education U.S.,17（1）：31-37.

Tough, A. M.（ 1967 ）.Learning without a teacher.

（Education Research Series, no.3.）Toronto, Canada：Ontario Institute for Studies in Education.

Tough, A. M.（1968）.Why adults learn；A Study of the major reasons for beginning and continuing a learning project. Toronto：Ontario Institute for Studies in Education.

Tough, A. M. (1971). The Adult's learning projects: A Fresh approach to theory and practice in adult learning. Toronto: Ontario Institute for Studies in Education.

Tough, A. M.（1978）.Major learning efforts：Recent research and future directions. Adult Education,28（4）: 250-63.

Tough, A. M. (1979). The Adult's learning projects. (2nd ed.). Toronto: The Ontario Institute for Studies in Education.

Tough, A. M.（1982）.Intentional changes：A Fresh approach to helping people change. Chicago：Follett.

Varlejs, J. (1999). On their own: Librarians' self-directed, work-related learning. Library Quarterly, 69(2): 173-201.

Witkin, H., Moore, C., Goodenough, D., & Cox, P. (1977). Field dependent and field independent cognitive styles and their educational implications. Review of Educational Research, 47: 1-64.

Weinstein , C. E. & Mayer , R. E .（1986）.The teaching of learning strategies. In Wittrock, M.C.（Ed.）, Handbook of research and teaching.（3rd ed.） New York：Macmillan.

West, R. F. & Bentley, E. L. (1990). Structural analysis of the self-directed learning readiness scale: A Confirmatory factor analysis using Lisrel modeling. In Long, H. B. & associates (Eds.), Advances in research and practice in self-directed learning. Norman, Okla.: Oklahoma Research Center for

Continuing Professional and Higher Education of the University of Oklahoma.

Young, L. D. (1985). The relationship of race, sex, and locus of control to self-directed learning. Doctoral dissertation, University of Georgia. Dissertation Abstracts International, 46: 1886.

國家圖書館出版品預行編目

成功自我導向學習與五行 / 郭麗玲著. 一版
　　臺北市：秀威資訊科技，2002 民 91
面 ；　　公分. -- 參考書目 ： 337-357 面
　　ISBN 978-957-30429-2-1(平裝)
　　1. 學習方法
　　2. 學習心理學

521.1　　　　　　　　　　　　91003203

應用科學類　　AB0001

成功自我導向學習與五行

作　　者 / 郭麗玲
發 行 人 / 宋政坤
執行編輯 / 林秉慧
圖文排版 / 劉醇忠
封面設計 / 劉美廷
數位轉譯 / 徐真玉　　沈裕閔
圖書銷售 / 林怡君
網路服務 / 徐國晉
出版印製 / 秀威資訊科技股份有限公司
　　　　　　台北市內湖區瑞光路 583 巷 25 號 1 樓
　　　　　　電話：02-2657-9211　　　傳真：02-2657-9106
　　　　　　E-mail：service@showwe.com.tw
經 銷 商 / 紅螞蟻圖書有限公司
　　　　　　台北市內湖區舊宗路二段 121 巷 28、32 號 4 樓
　　　　　　電話：02-2795-3656　　　傳真：02-2795-4100
　　　　　　http://www.e-redant.com

2006 年 7 月 BOD 再刷
定價：350 元

讀　者　回　函　卡

感謝您購買本書，為提升服務品質，煩請填寫以下問卷，收到您的寶貴意見後，我們會仔細收藏記錄並回贈紀念品，謝謝！

1. 您購買的書名：_____

2. 您從何得知本書的消息？

　　□網路書店　□部落格　□資料庫搜尋　□書訊　□電子報　□書店

　　□平面媒體　□ 朋友推薦　□網站推薦　□其他_____

3. 您對本書的評價：(請填代號　1.非常滿意 2.滿意 3.尚可 4.再改進)

　　封面設計____　版面編排____　內容____　文/譯筆____　價格____

4. 讀完書後您覺得：

　　□很有收獲　□有收獲　□收獲不多　□沒收獲

5. 您會推薦本書給朋友嗎？

　　□會　□不會，為什麼？_____

6. 其他寶貴的意見：_____

_____

_____

_____

讀者基本資料

姓名：_____　年齡：_____　性別：□女 □男

聯絡電話：_____　E-mail：_____

地址：_____

學歷：□高中(含)以下　　□高中　　□專科學校　　□大學

　　　□研究所(含)以上 □其他_____

職業：□製造業 □金融業 □資訊業 □軍警 □傳播業 □自由業

　　　□服務業 □公務員 □教職　□學生 □其他_____

秀威與 BOD

BOD（Books On Demand）是數位出版的大趨勢，秀威資訊率先運用 POD 數位印刷設備來生產書籍，並提供作者全程數位出版服務，致使書籍產銷零庫存，知識傳承不絕版，目前已開闢以下書系：

一、BOD 學術著作—專業論述的閱讀延伸
二、BOD 個人著作—分享生命的心路歷程
三、BOD 旅遊著作—個人深度旅遊文學創作
四、BOD 大陸學者—大陸專業學者學術出版
五、POD 獨家經銷—數位產製的代發行書籍

BOD 秀威網路書店：www.showwe.com.tw
政府出版品網路書店：www.govbooks.com.tw

　　永不絕版的故事・自己寫・永不休止的音符・自己唱